权威·前沿·原创

皮书系列为
“十二五”“十三五”国家重点图书出版规划项目

江西蓝皮书

BLUE BOOK OF JIANGXI

江西设区市发展报告（2016）

ANNUAL REPORT OF JIANGXI CITIES WITH SUBORDINATE DISTRICTS (2016)

主　编／姜　玮　梁　勇
副主编／龚建文

社会科学文献出版社
SOCIAL SCIENCES ACADEMIC PRESS (CHINA)

图书在版编目(CIP)数据

江西设区市发展报告. 2016/姜玮，梁勇主编. --
北京：社会科学文献出版社，2016. 10
（江西蓝皮书）
ISBN 978 - 7 - 5097 - 9503 - 3

Ⅰ. ①江… Ⅱ. ①姜… ②梁… Ⅲ. ①城市发展战略
- 研究报告 - 江西省 - 2016 Ⅳ. ①F299. 275. 6

中国版本图书馆 CIP 数据核字（2016）第 176227 号

江西蓝皮书
江西设区市发展报告（2016）

主　　编 / 姜　玮　梁　勇
副 主 编 / 龚建文

出 版 人 / 谢寿光
项目统筹 / 桂　芳
责任编辑 / 张　媛　桂　芳

出　　版 / 社会科学文献出版社 · 皮书出版分社（010）59367127
地址：北京市北三环中路甲 29 号院华龙大厦　邮编：100029
网址：www. ssap. com. cn
发　　行 / 市场营销中心（010）59367081　59367018
印　　装 / 北京季蜂印刷有限公司

规　　格 / 开 本：787mm × 1092mm　1/16
印 张：18. 25　字 数：276 千字
版　　次 / 2016 年 10 月第 1 版　2016 年 10 月第 1 次印刷
书　　号 / ISBN 978 - 7 - 5097 - 9503 - 3
定　　价 / 79. 00 元

皮书序列号 / B - 2016 - 543

摘 要

《江西设区市发展报告（2016）》以江西全省 11 个设区市为研究对象，以习近平总书记在视察江西期间提出的“新的希望和‘三个着力、四个坚持’”为总体要求，紧紧围绕“经济发展新常态”“五大发展理念”“供给侧结构性改革”的核心要义，紧扣各设区市发展中的热点、难点、焦点问题，确立系列选题，从不同视角、不同层面全面剖析各设区市发展现状、取得成绩、存在问题。全书分为总报告、专题报告、区域报告和典型调查四个部分。

总报告首先回顾了过去五年江西 11 个设区市经济发展基本情况，对未来五年各设区市的发展格局与态势进行了科学分析，并就加快各设区市经济稳定快速发展提出对策。其次借鉴国内外综合竞争力评估的通行做法，结合江西 11 个设区市基本情况，构建了一套相对科学的评价指标体系，通过对全省 11 个设区市综合竞争力的科学评估，找出存在的差距，并提出有效对策。

专题报告主要围绕新型工业化、新型城镇化、农业现代化、现代服务业、创新能力五个方面，以数量模型分析为主，在客观分析比较 11 个设区市工业、城镇化、农业、服务业和创新发展现状的基础上，结合各地发展重点和发展战略，有针对性、差异化地提出相关对策建议。

区域报告和典型调查紧紧围绕江西 11 个设区市与发展相关的战略性、前瞻性问题进行研究。重点对昌九一体化、昌抚一体化、赣南等原中央苏区振兴发展、吉安革命老区脱贫攻坚、景德镇陶瓷产业发展、上饶市旅游产业发展、鹰潭眼镜及国际眼镜城专业化市场、新宜萍与长株潭开放合作、重振樟树药都风采等进行了专题研究。

Abstract

Annual Report of Jiangxi Cities With Subordinate Districts (*2016*) lists 11 districts and cities in Jiangxi Province as the research objects, implementing the request of "one new hope and 'three priorities and four insistence'" put forward by General Secretary Xi Jinping inspecting Jiangxi as the general requirement, and focusing on the central issue of "New Normal Economy" "Five Development Concept" and "Reform of the Supply Side". Meanwhile, this book also concentrates on the hot and point issues in each city with subordinate districts, and establishes the series topics, in order to comprehensively analyze their current situations, performances and problems from different viewpoints and levels. The book is composed of four parts—general reports, monographic reports, regional reports and typical investigations.

The first general report reviews the basic economic situations in the past five years of Jiangxi's 11 districts and cities, and scientifically analyzes their development patterns and trends in the coming five years, and also puts forward suggestions about the rapid and stable development of these cities. The second general report references domestic and international established practice of comprehensive competitiveness evaluation, on the basis of these cities basic situations, to construct a scientific assessment indicator system. From the systematical evaluation of the comprehensive competitiveness of these 11 cities, the report finds out the existing gap and effective measures.

The monographic reports mainly focus on five aspects —new-type industrialization, new-type urbanization, agricultural modernization, modern service industry and innovation capability, putting forward suggestions on the basis of objective comparison of the current situations of these five aspects among these cities.

The regional reports and typical investigations firmly concentrate on the strategic and prospective issues that are relevant to these 11 cities' development, especially some major issues including the integration of Jiujiang and Nanchang, the integration of Fuzhou and Nanchang, the revitalizing development of Gannan and other former Soviet districts, the Poverty Relief of Ji'an old revolutionary base areas, the development of Jingdezhen ceramics industry, the development of Shangrao tourism industry, the professional market of Yingtan international glasses center, the open cooperation of new Yichun-Pingxiang district and changsha-zhuzhou-xiangtan district, and the medicinal city revitalization of Zhangshu.

目录

Ⅰ 总报告

Ⅱ 专题报告

Ⅲ　区域报告

Ⅳ　典型调查

皮书数据库阅读**使用指南**

CONTENTS

I General Reports

Ⅱ Monographic Reports

Ⅲ Regional Reports

Ⅳ Typical Investigations

总 报 告

General Reports

B.1

“十三五”时期江西设区市经济发展形势分析与预测

江西省社会科学院课题组 *

“十二五”时期，是江西设区市经济发展史上不平凡的时期。在省委、省政府的正确领导下，各设区市深入贯彻习近平总书记系列重要讲话精神，全面落实省委“十六字”方针，齐心协力，扎实工作，攻坚克难，保持了经济平稳快速增长。“十三五”时期是江西全面建成小康社会的关键时期，加快设区市经济发展，对于江西实现小康提速、绿色崛起具有十分重要的意义。

---

* 课题组组长：梁勇；副组长：龚建文、麻智辉；成员：高玫、郭佳、薛飞。

一 “十二五”时期江西设区市经济发展情况回顾

（一）经济总量跃上新台阶

生产总值稳步增长。“十二五”期间，江西生产总值实现大幅增长，2015 年全省完成生产总值 16852.6 亿元，相比 2010 年增长 77.25%，实现年均增长 12.13%。其中，各设区市生产总值的年均增长幅度处于 8.45% ~13.28%。增长最快的是鹰潭，2015 年生产总值为 639.3 亿元，相比 2010 年大幅增长 86.54%，实现年均增长 13.28%；增长最慢的是新余，2015 年生产总值为 946.8 亿元，相比 2010 年增长 50.00%，实现年均增长 8.45%。生产总值最多的是南昌，2015 年为 4000.0 亿元，年均增长 12.63%；生产总值最少的是鹰潭，2015 年为 639.3 亿元，年均增长 13.28%。

财政总收入快速增长。“十二五”期间，江西财政收入实现大幅增长，2015 年全省完成财政收入 2839.3 亿元，相比 2010 年增长 146.45%，实现年均增长 19.77%。其中，各设区市财政总收入的年均增长幅度处于 10.50% ~27.00%。增长最快的是九江，2015 年财政总收入为 385.6 亿元，比 2010 年大幅增长 230.43%；增长最慢的是新余，2015 年财政总收入为 132.9 亿元，比 2010 年增长 64.78%。财政总收入最多的是南昌，2015 年为 628.8 亿元；财政总收入最少的是景德镇，2015 年为 111.6 亿元。

公共财政预算收入大幅增长。“十二五”期间，江西公共财政预算收入实现大幅增长，2015 年全省完成预算收入 2165.5 亿元，相比 2010 年增长 178.39%，实现年均增长 22.72%。其中，各设区市公共财政预算收入的年均增长幅度处于 14.60% ~28.31%。增长最快的是九江，2015 年公共财政预算收入为 247.2 亿元，比 2010 年增长 247.83%。增长最慢的是新余，2015 年公共财政预算收入为 98.8 亿元，比 2010 年增长 97.64%。公共财政预算收入最多的是南昌，2015 年为 389.2 亿元；公共财政预算收入最少的是鹰潭，2015 年为 83.0 亿元。

社会消费品零售总额增长明显。“十二五”期间，江西社会消费品零售总额实现明显增长，2015 年为 5896.2 亿元，比 2010 年增长 101.03%，实现年均增长 14.99%。其中，各设区市社会消费品零售总额的年均增长幅度处于 13.17% ~17.12%。增长最快的是南昌，2015 年社会消费品零售总额为 1662.9 亿元，比 2010 年增长 120.34%；增长最慢的是抚州，2015 年社会消费品零售总额为 428.2 亿元，比 2010 年增长 85.59%。社会消费品零售总额最高的是南昌，2015 年为 1662.9 亿元；社会消费品零售总额最低的是鹰潭，2015 年为 171.7 亿元（见表 1）。

表 1　江西各设区市经济发展主要指标

单位：亿元，%

地　区	生产总值				财政总收入			
	2010 年	2015 年	增长幅度	年均增长	2010 年	2015 年	增长幅度	年均增长
南昌市	2207.1	4000.0	81.23	12.63	259.3	628.8	142.49	19.38
景德镇	461.5	772.1	67.29	10.84	53.1	111.6	110.25	16.02
萍乡市	520.4	912.4	75.33	11.88	64.1	130.5	103.62	15.28
九江市	1032.1	1902.7	84.36	13.01	116.7	385.6	230.43	27.00
新余市	631.2	946.8	50.00	8.45	80.6	132.9	64.78	10.50
鹰潭市	342.7	639.3	86.54	13.28	55.1	112.4	103.90	15.31
赣州市	1119.5	1973.9	76.32	12.01	128.3	353.3	175.36	22.46
吉安市	720.5	1328.5	84.38	13.02	88.6	220.0	148.44	19.96
宜春市	870.0	1621.0	86.32	13.25	107.9	308.8	186.08	23.40
抚州市	630.0	1105.1	75.42	11.90	74.0	165.2	123.19	17.42
上饶市	901.0	1650.8	83.22	12.87	113.9	290.2	154.75	20.57
地　区	公共财政预算收入				社会消费品零售总额			
	2010 年	2015 年	增长幅度	年均增长	2010 年	2015 年	增长幅度	年均增长
南昌市	146.5	389.2	165.75	21.59	754.7	1662.9	120.34	17.12
景德镇	38.7	90.6	133.90	18.52	140.4	268.3	91.11	13.83
萍乡市	41.1	106.1	158.02	20.87	158.1	303.1	91.64	13.89
九江市	71.1	247.2	247.83	28.31	284.1	578.6	103.66	15.29
新余市	50.0	98.8	97.64	14.60	112.6	213.8	89.76	13.67
鹰潭市	29.5	83.0	181.29	22.98	86.6	171.7	98.23	14.67
赣州市	79.0	245.5	210.77	25.46	372.3	705.2	89.43	13.63
吉安市	57.0	161.7	183.62	23.18	196.3	396.5	101.97	15.09
宜春市	66.3	215.0	224.29	26.53	266.5	530.7	99.11	14.77
抚州市	55.4	126.8	128.79	18.00	230.7	428.2	85.59	13.17
上饶市	72.6	222.4	206.46	25.11	330.5	637.2	92.81	14.03

资料来源：江西省统计局公开数据。

（二）固定资产投资取得新成效

“十二五”期间，江西固定资产投资[①]取得新成效，2015 年，全省完成固定资产投资 16993.9 亿元，比 2010 年提高了 147.71%，实现年均增长 19.89%。其中，各设区市固定资产投资的年均增长幅度处于 10.98% ~ 24.22%。增长最快的是赣州，2015 年固定资产投资为 1892.2 亿元，比 2010 年大幅增长 195.74%；增长最慢的是新余，2015 年固定资产投资为 822.6 亿元，比 2010 年增长 68.32%。固定资产投资完成最多的是南昌，2015 年完成 4000.1 亿元；固定资产投资完成最少的是鹰潭，2015 年完成 531.6 亿元（见图 1）。

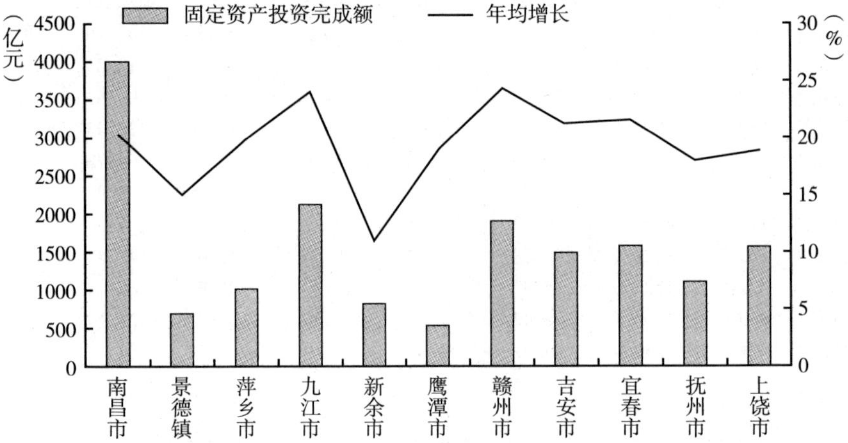

图 1　2015 年江西省各设区市固定资产投资情况

（三）规模以上工业增加值稳步提升

“十二五”期间，江西规模以上工业增加值稳步提高，2015 年全省完成规模以上工业增加值 7268.9 亿元，比 2010 年提高 134.34%，实现年均增长

① 固定资产投资包括建设项目投资和房地产开发投资。

18.57%。其中，增长最快的是宜春，2015年增加值为870.5亿元，比2010年大幅增长201.65%；增长最慢的是新余，2015年增加值为320.0亿元，比2010年增长18.36%。规模以上工业增加值最高的是南昌，2015年为1451.8亿元；工业增加值最低的是景德镇，2015年为271.0亿元（见图2）。

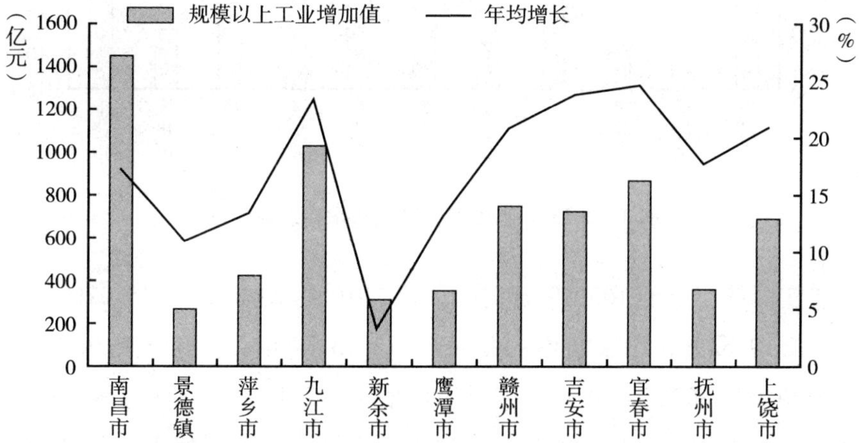

图2　2015年江西省各设区市规模以上工业增加值情况

（四）开放型经济快速发展

"十二五"期间，江西出口总额取得快速增长。2015年全省出口总额2060.8亿元，比2010年大幅增长126.97%，实现年均增长17.81%。其中，增长最快的是宜春，2015年出口总额为148.1亿元，比2010年大幅增长292.42%，实现年均增长31.45%；增长最慢的是新余，2015年出口总额为78.7亿元，比2010年下降42.26%，实现年均增长-10.40%。出口总额最多的是南昌，2015年为532.7亿元；出口总额最少的是景德镇，2015年为48.4亿元（见图3）。

2015年，全省外商直接投资实际使用金额947321万美元，比2010年大幅增长85.72%，实现年均增长13.18%。其中，增长最快的是九江，

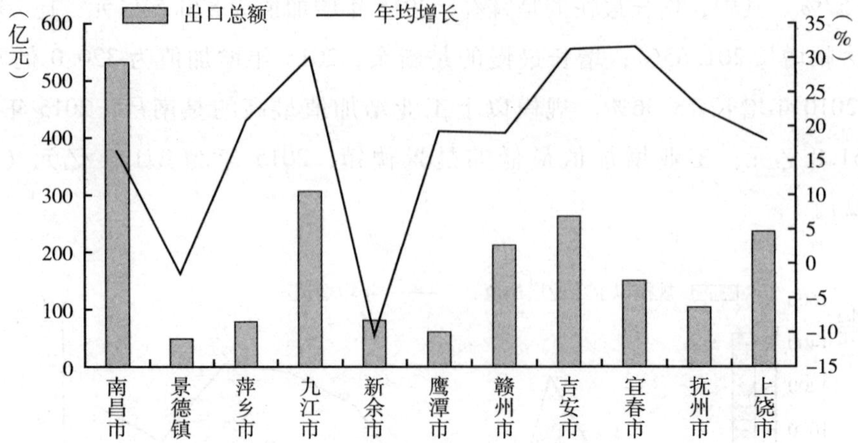

图3　2015年江西省各设区市出口总额情况

2015年实际使用金额163019万美元，比2010年大幅增长145.02%，实现年均增长19.63%；增长最慢的是新余，2015年实际使用金额36562万美元，比2010年降低31.15%，实现年均增长-7.19%。外商直接投资实际使用金额最多的是南昌，2015年为261656万美元；实际使用金额最少的是景德镇，2015年为17115万美元（见图4）。

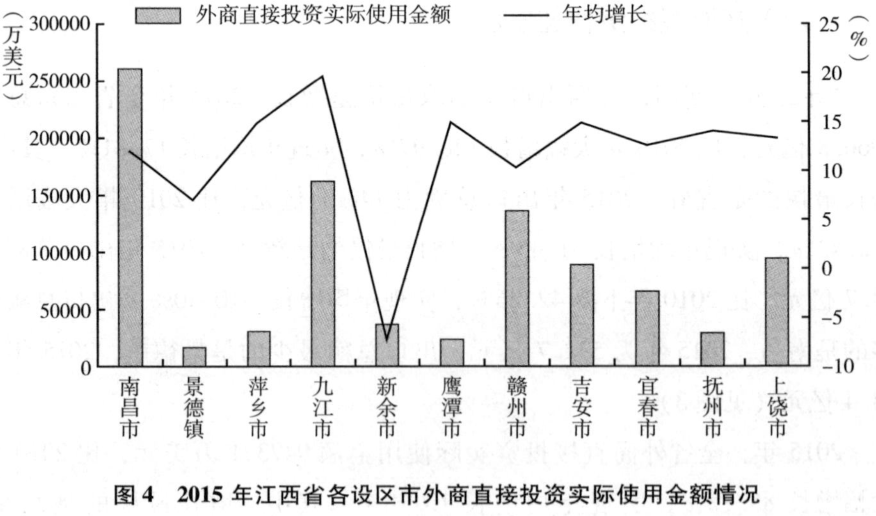

图4　2015年江西省各设区市外商直接投资实际使用金额情况

（五）人民生活水平不断提高

“十二五”期间，江西城乡居民人均可支配收入不断提高。2015 年全省城镇居民人均可支配收入为26500 元，比2010 年提高74. 17%，实现年均增长 11. 75%。其中，增长最快的是宜春，2015 年人均可支配收入为 25381 元，比 2010 年大幅增长 77. 08%，实现年均增长 12. 11%；增长最慢的是新余，2015 年人均可支配收入为 29836 元，比 2010 年增长 71. 89%，实现年均增长 11. 44%。城镇居民人均可支配收入最高的是南昌，2015 年为 31942 元；可支配收入最低的是赣州，2015 年为 25001 元（见图 5）。2015 年全省农村居民人均可支配收入为 11139 元，相比 2010 年大幅提高 92. 42%，实现年均增长 13. 99%。其中，增长最快的是宜春，2015 年人均可支配收入为 11621 元，比 2010 年大幅提升 100. 40%，实现年均增长 14. 92%；增长最慢的是吉安，2015 年人均可支配收入为 10355 元，比 2010 年增长 85. 91%，实现年均增长 13. 20%。农村居民人均可支配收入最高的是萍乡，2015 年为 14046 元，年均增长 14. 24%；可支配收入最低的是赣州，2015 年为 7786 元，年均增长 13. 24%（见图 6）。

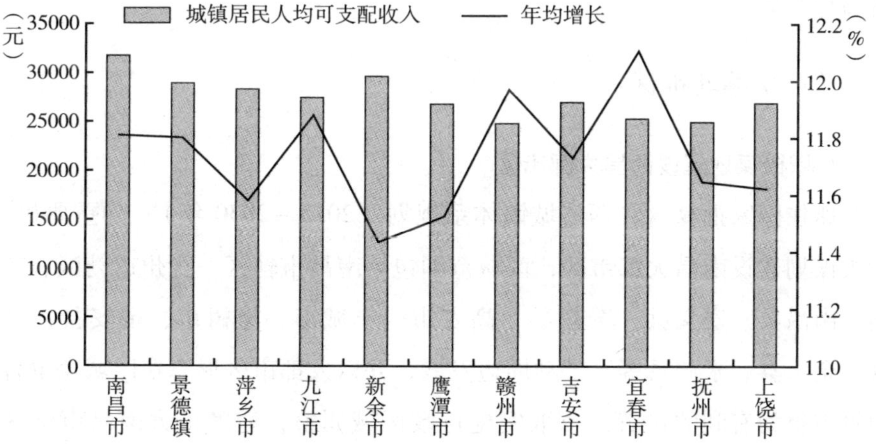

图 5　2015 年江西省各设区市城镇居民人均可支配收入情况

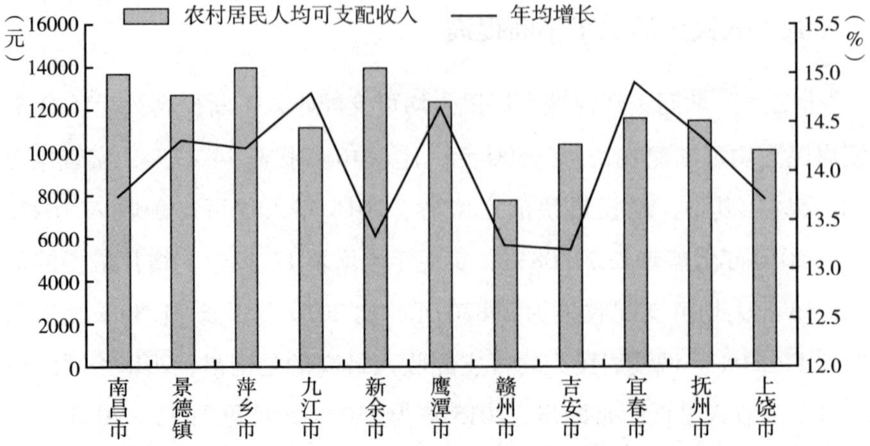

图 6　2015 年江西省各设区市农村居民人均可支配收入情况

二　“十三五”时期江西设区市发展格局与态势

根据江西省 11 个设区市的区位、经济和文化联系、传统习惯，我们将全省划分为赣北、赣东北、赣西、赣南、赣东南五大板块，探索其未来发展格局与态势。

（一）赣北地区

1. 积极谋划建设南昌大都市区

抓住国家批复《江西省城镇体系规划（2015－2030 年)》的重要机遇，积极谋划建设南昌大都市区，区域范围包括南昌市辖区、抚州市辖区、东乡县、南昌县、安义县、奉新县、高安市、丰城市、樟树市、靖安县、进贤县、余干县、永修县等，带动周边发展，并以大都市区形态在区域竞争合作中抢占更为有利的位置。争取实施行政区域调整，适度扩大南昌市辖区面积，提高南昌市城区面积占辖区面积的比重，建设成为长江中游城市群核心增长极，中部地区重要的综合交通枢纽、先进制造业基地、商贸物流中心和低碳经济示范区，增强对全省的辐射带动作用，进一步巩固全省核心增长极的龙头地位。

2. 打造内陆双向型经济开放高地

以“一带一路”、长江经济带、长江中游城市群、鄱阳湖生态经济区、昌九一体化、昌抚一体化等国家和省级战略的深入实施为契机，统筹对内对外开放合作，争取国家批复昌九新区，积极申报昌九自由贸易区，做大做强各类开放平台，引导资本双向流动，鼓励企业大规模“走出去”，扩大服务领域开放，推动外贸优结构，加强城市国际合作，构筑开放大通道并接轨国际管理规则，建立协调新机制，融入全球产业链、价值链、物流链的分工合作，打造开放型经济升级版，进一步提升开放型经济发展水平，建设成为“一带一路”的重要节点城市和内陆双向型经济开放高地。

3. 打造九江山水名城

按照“推进‘T’型崛起，打造山水名城，率先全面小康，建设五大九江”的总体构想，以沿长江和沿昌九线为主平台，以“新工业十年行动”为主抓手，协同推进新型工业化、城镇化、信息化、农业农村现代化、绿色化“五化”协同发展，奋力建设开明开放九江、创新创业九江、宜居宜游九江、共建共享九江、实在实干九江，把九江打造成全省绿色崛起的双核之一、长江经济带重要中心城市、世界知名的山水文化名城和旅游度假胜地。

4. 建设现代服务业中心城市

南昌市作为江西的省会城市，要坚持区域性服务业中心城市定位，突破依附本地需求的思维偏差和空间狭隘，开辟和对接更加广泛的地域需求，壮大服务经济规模。坚持生产性服务业在与制造业融合发展中向专业化和价值链高端延伸，生活性服务业在与扩大居民消费相互促进中向规范化、连锁化、便利化、品牌化方向发展，重点发展现代物流、电子商务、会展服务、服务外包、科技服务、云计算等生产性服务业。全力推进全省金融商务区和金融产业服务园建设，夯实区域性金融中心的基础。着力推动批发零售、住宿餐饮、家庭服务、市政服务、农村服务等传统服务业转型升级，同时，顺应消费结构不断升级、人口老龄化等新趋势，重点发展健康、养老等新兴业态，整合盘活旅游资源，积极融入“高铁旅游圈”。进一步放宽市场准入、创新业态模式、增强服务功能，提升服务业发展水平。

（二）赣东北地区

1. 建设东中部重要的开放合作发展示范区

充分发挥东中部接合部毗邻优势，深化与长三角、海西经济区、长江经济带的分工合作，创新合作发展模式和利益共享机制，壮大产业承接平台，促进资源跨区合理流动和优化配置；走承接产业转移与推进自主创新发展相结合的道路，在基础设施对接、产业转移承接、通关一体化、信息资源共享、创新一体化、人才合作发展等方面探索区域合作发展的有益经验。

2. 建设信江河谷城镇群

按照“1 +5”信江河谷城镇群规划体系的要求，建立健全“1 +5”多层次合作协调会商机制，推动城镇群有序发展，强力推进广丰县、玉山县、铅山县、弋阳县和横峰县 5 个县城全面对接，融入上饶中心城市，着力打造快速通道相连、绿色空间过渡、功能设施互补、产业分工协作的生态宜居城镇簇群，实现同城化、一体化、均等化发展，建设成为一个覆盖总人口超 400 万的内陆特色城镇群，带动赣东北地区发展。

3. 打造全国著名的先进制造业基地和陶瓷产业基地

围绕做大做强有色金属、机电光学、陶瓷等优势产业，重点发展光伏、航空、生物医药、新能源汽车、半导体照明、绿色食品、文化创意等战略性新兴产业，形成一批战略性新兴产业和优势产业集群，培育一批具有国际竞争力的行业龙头企业和知名品牌。积极推动铜产业从原料基地向材料基地、精深加工基地、涉铜终端产品生产基地转型升级，延伸和完善铜产业链，努力实现铜产业向高端化、高质化、高新化发展，建设赣东北世界一流绿色铜产业全链基地。整合陶瓷产业体系，汇集文化艺术创意产业资源，形成以陶瓷文化创新和科技创新为基础、以高技术陶瓷为支柱、以高档日用瓷和陈设艺术瓷为主体的陶瓷产业体系，把赣东北建设成世界一流的陶瓷文化创新产业基地。

4. 建成全国著名的生态文化旅游和健康养生基地

深度开发赣东北生态文化旅游资源，加强生态文化旅游资源的宣传推介，强化与沪、湘、苏、皖、闽联合协作，合作开发生态文化旅游资源。积极参与浙闽皖赣国家生态旅游试验区申报筹建，推进四省旅游协作联合体建设，完善旅游交通网络、信息网络等综合基础设施建设，打造若干精品旅游线路，努力把赣东北旅游圈打造成世界知名、国内一流的旅游目的地，东南沿海地区的休闲后花园，全省旅游经济发展的重要增长极。推动生态旅游与医疗卫生事业融合发展，着力打造面向海内外的健康养生和高品质生活基地。

（三）赣西地区

1. 建设“新宜萍”城镇密集带

坚持“核心带动、沿轴发展”方针，着力打造“三带、四圈”的区域格局（“三带”即以沪昆线为主轴打造先进制造业城镇带、以昌铜线为次轴构建生态农业城镇带、以昌栗线为副轴发展现代轻纺城镇带；“四圈”即“新宜萍”经济转型核心圈、“丰樟高”循环经济圈、昌铜生态经济圈、赣湘边界经济合作圈），推动“新宜萍”城镇密集带建设，提升城镇发展速度和质量，促进人口有序流动和要素优势集聚流动，促进城市中心城区和附属城镇协调发展，加快城乡一体化进程，构建特色鲜明、布局合理、功能完善、生态宜居的新型城镇带。

2. 建设“两型”社会改革试验区

积极推进资源节约型和环境友好型社会建设，形成有利于资源节约和生态保护的体制机制，发展绿色低碳生态产业。深化新余市节能减排财政政策综合改革，打造国家光伏产业、金属材料高新技术特色产业和动力与储能电池产业基地，建设国家新能源科技示范城；深入推进宜春锂电新能源产业基地，朝着“亚洲锂都”的目标继续迈进；加快萍乡资源枯竭型城市转型，大力发展替代产业，建设循环经济城市和水生态文明城市。

3. 建设产业转型发展的样板区

围绕需求结构变化，加强供给侧改革，引导钢铁、水泥等产能过剩行业出清。按照“产业集聚化、技术集约化”发展原则，以产业价值链的分工与协作为主体，打造一批具有巨大空间、巨大投入、巨大规模、巨大效益的千亿产业，重点做大做强光伏、锂电、新型陶瓷等产业；深化科技体制改革，紧紧抓住和用好新一轮科技革命和产业变革的机遇，打通科技和经济转移转化的通道，充分发挥科技进步在产业转型升级中的助推作用，加快构建以新型工业、现代服务业和绿色生态农业为主的产业体系，推动中药、烟花等传统优势产业和锂电、金属新材料等战略性新兴产业互补发展，科技服务业、物流业等生产性服务业和新能源汽车、轨道交通等新型制造业融合发展，推动区域产业向中高端迈进，打造全省产业转型发展的样板区。

4. 建设内陆开放合作的示范区

依托萍乡、宜春、新余三个中心城市和产业基地，畅通内外联系，积极融入长江经济带（长江中游城市群），主动承接长株潭城市群和大南昌都市区的辐射，借助“一带一路”等国家战略，加强与周边地区的合作互动，拓展与长三角、珠三角和海西地区的经济联系，构建赣湘开放合作试验区，打造全方位、多层次的内陆开放合作的试验高地。

（四）赣南地区

1. 打造精准扶贫样板区

脱贫攻坚是“十三五”时期重要的政治任务，赣州、吉安、抚州作为江西省贫困人口相对集中的地区，是脱贫攻坚的主战场。要按照“六个精准”① 和“五个一批”② 的要求，大力度、宽领域、多层次推进精准扶贫和精准脱贫，加快脱贫攻坚步伐。坚持治标与治本结合、“输血”与“造血”

---

① 即扶贫对象精准、措施到户精准、项目安排精准、资金使用精准、因村派人精准、脱贫成效精准。

② 即发展生产脱贫一批、易地搬迁脱贫一批、生态补偿脱贫一批、发展教育脱贫一批、社会保障兜底一批。

并举的原则，因人因地因类施策，拓展精准帮扶方式，通过特色产业脱贫、转移就业脱贫、易地搬迁脱贫、生态保护脱贫、教育脱贫、电商扶贫、光伏扶贫等方式，改善贫困地区生产生活条件，健全扶贫工作机制，提高扶贫实效，确保与全国同步建成全面小康社会。

2. 实现苏区振兴发展

紧紧围绕《国务院关于支持赣南等原中央苏区振兴发展的若干意见》，持续发力，狠抓落实，继续争取更多国家扶持政策、项目和资金，不断增强振兴发展动能。充分发挥好国家部委对口支援优势和挂职干部帮扶作用，积极构建人才、技术、资金、产业、项目相结合的对口支援工作格局，大力推动央企入赣，加快央企项目落地建设。深入推进瑞兴于经济振兴试验区、"三南"承接加工贸易转移示范地、吉泰电子信息工业走廊建设，打造苏区振兴发展的重要增长极，带动苏区全面发展。

（五）赣东南地区

1. 推动南昌副中心城市建设

按照昌抚战略合作协议的要求，在优势互补、合作共赢的原则下，在重大规划、交通基础设施、企业间的投资合作、教育文化、市场开放融合、旅游、交界地区团结和谐七大方面加强抚州与南昌的合作，努力建设南昌大都市副中心城市、全国历史文化名城。

2. 建设向莆铁路经济带

充分发挥抚州东南接闽台的战略通道优势和向莆铁路穿境而过的交通优势，积极建立铁路沿线政府间的沟通合作机制和产业间的融入合作机制，采取"共建园""托管园"等形式，探索省际省内合作新模式，支持建设赣闽产业合作示范区，积极承接闽台产业转移，发展机械制造、电子信息、生物医药、现代物流、现代农业等产业，共同打造赣闽合作产业走廊，促进产业组团式承接和集群式发展，推动产业结构优化升级，形成合作共赢区域发展新格局，将向莆经济带打造成区域一体化合作样板。深入推进山海协作、铁海联运，建设抚州海西物流基地，构建连通赣闽的物流大通道，建设面向闽台及长三角、珠三角的现代物流服务体系，积极参与国家“一带一路”战略，将向莆经济带打造为江西对接“21世纪海上丝绸之路”的桥头堡。

三 “十三五”时期各设区市产业发展格局

“十二五”期间，11个设区市立足实际、集聚活力、竞相发展，发挥区域比较优势，合力上演了稳中向好、错位发展的大戏，形成了具有地方优势的特色产业。在各设区市“十三五”规划纲要中，各地均确定了自己的主导产业（见表2、表3、表4）。

表2 “十三五”时期江西省各设区市重点发展的传统优势产业

设区市	传统优势产业
南 昌	汽车制造、食品医药、轻纺工业、机电制造、批发零售、住宿餐饮
九 江	石油化工、钢铁有色冶金、现代轻纺、电力能源、装备制造
上 饶	有色金属、机械、建材、光学、旅游
景德镇	陶瓷、精细化工、家电和电子信息
鹰 潭	铜及精深细加工、机械装备制造、节能照明
赣 州	有色金属加工、氟盐化工、家具、服装、食品、脐橙、油茶
吉 安	食品、电力、化工、建材、旅游
抚 州	机电制造、纺织服装、化工建材、有色金属加工
宜 春	锂电、绿色食品、建材、盐化、纺织服装鞋革、烟花爆竹
新 余	钢铁、装备制造、苎麻纺织、化工建材、食品医药、电力能源
萍 乡	水泥、钢铁、电瓷、工业陶瓷、大型施工装备制造、烟花爆竹

表3 “十三五”时期江西省各设区市重点发展的战略性新兴产业

设区市	战略性新兴产业
南 昌	LED产业、航空制造、电子信息、新能源汽车、新材料、智能制造、生物医药
九 江	新材料、电子信息、智能电器、绿色食品、生物医药
上 饶	节能环保、先进装备、新能源、新型建材、生物医药、绿色食品
景德镇	陶瓷、航空及零部件、汽车及零部件
鹰 潭	绿色水工、机械装备、光电新能源、精细化工、创意制造
赣 州	稀土、钨新材料及应用、新能源汽车及配套、电子信息
吉 安	电子信息、生物医药、先进装备制造、新能源、新材料、通用航空

续表

设区市	战略性新兴产业
抚　州	生物医药、新能源汽车、新一代信息技术、节能环保、新材料和先进装备制造
宜　春	锂电、新能源汽车、生物医药、绿色光源、新材料
新　余	节能环保、生物医药、新能源、新材料、光电信息
萍　乡	节能环保、粉末冶金、先进装备制造、新能源汽车

表4　“十三五”时期江西省各设区市重点发展的服务业

设区市	服务业
南　昌	现代物流、金融、电子商务、文化创意、会展服务、服务外包、科技服务、云计算、健康养老
九　江	电子信息、金融、文化创意、现代物流、生态旅游
上　饶	物流商贸、电子商务、大数据、金融、文化创意、服务外包、健康养老、家庭服务
景德镇	金融、现代物流、商贸流通、电子商务、节能环保、住宿餐饮、家庭服务
鹰　潭	道教文化休闲旅游、大健康、文化创意、现代物流
赣　州	金融、文化旅游、现代物流、电子商务
吉　安	红色旅游、金融、电子商务、现代物流、商务会展、工业设计、节能环保、健康养老、中介服务
抚　州	旅游、养生养老、物流、大数据、现代金融
宜　春	休闲旅游、电子商务、金融、商贸物流、文化体育
新　余	金融、现代物流、电子商务、旅游服务、居家服务、健康养老
萍　乡	旅游、电子商务、工程设计、信息技术服务、节能环保服务、文化服务、大健康、商贸流通

2016年2月，习近平总书记亲临江西视察，对江西省工作提出了“新的希望”，希望江西主动适应经济发展新常态。“十三五”时期是江西省迈向全面小康的决战期、经济转型升级的关键期，江西省各设区市以“十二五”时期取得的成绩为基础，主动适应新常态，纷纷提出未来五年战略性新兴产业发展重点和现代服务业发展方向。

其中，南昌市重点打造新照明材料的“光谷”、现代服务业创新发展的“慧谷”和现代绿色农业的“绿谷”。九江发展港口经济，发展新材料、电子信息、智能电器等新兴产业。上饶和赣州是位于四省交界的交通枢纽，积极发展现代物流业，其中上饶大力壮大特色旅游产业，赣州继续发展稀土新材料产业和以家具为主的现代轻纺产业。景德镇重点打造陶瓷、航空、汽车三大产业。新余、宜春、萍乡加紧供给侧改革，积极推动钢铁、锂电、水泥等原有支柱产业的改造升级。鹰潭发挥铜资源优势的同时，发展水工、机械装备等新兴产业，寻找产业新亮点。吉安重点发展电子商务，打造中部的电子信息产业基地。抚州作为全国物流网的重要节点，积极推动昌抚一体化，发展生物医药、新能源汽车等新兴产业。

（一）昌九地区

1. 南昌产业发展重点

建设世界级 LED 产业集群和国家级航空制造、电子信息、生物医药产业集群，深入打造汽车制造、轻纺工业、机电制造和战略性新兴产业共同发力的世界级产业集群南昌“光谷”，打造在全国有影响的先进制造业基地，打造全省智能制造示范区。提高企业资源能源利用水平，促进冶金、食品医药、纺织服装等传统产业转型升级。

围绕区域性金融、物流、创意、消费、营运五大中心建设，实现服务业创新发展、突围发展，打造现代服务业南昌“慧谷”。重点发展现代物流、电子商务、文化创意、会展服务、服务外包、科技服务、云计算等高端服务业，着力推动批发零售、住宿餐饮、家庭服务、市政服务、农村服务等传统服务业改造升级。以发展现代都市农业为取向，打造南昌“绿谷”“两区一廊”。

2. 九江产业发展重点

以九江港现有大批量货运为基础，大力发展大宗物流，努力打造沿江水运口岸物流集聚区，建设成为服务江西全省、辐射周边省市的港口物流集散中心。以钢铁有色冶金、石油化工、装备制造、电力能源、现代轻纺五大产业为中心，通过优化产能、智能改造、供给侧深化改革等方式，全面提升传统产业领域的水平。在战略性新兴产业方面，为智能电器、新材料、绿色食品、电子信息、生物医药搭建公共服务平台，通过积极引进和精心培育骨干企业，有效扩大产能、做大行业规模。大力推动文化创意产业发展，积极培育服务外包、商务会展、医疗保健、研发设计、体育健身、养生休闲社区服务等新兴服务业。

以庐山设市为契机，整合山上山下旅游资源，有序推进庐山体制机制改革创新，构建大庐山旅游经济圈，放大湖区资源优势，加强文化挖掘和要素提升，构建鄱阳湖旅游经济带。

（二）赣东北地区

1. 上饶产业发展重点

上饶初步成为赣浙闽皖四省交界地区的交通枢纽，有利于实施“高铁+”战略，放大高铁效应。引导关联产业集中布局，打造光伏、汽车等千亿产业集群，做大做强节能环保、先进装备、新能源、新型建材、生物医药、绿色食品等新兴产业，力争在干细胞再生医学产业发展上取得重大突破，以有色金属、机械、建材、光学等传统优势行业为重点，实施传统产业技术装备改造升级和质量品牌提升行动。

建设江西上饶国际医疗旅游先行区，创建三清山－港首－婺源国家级生态旅游先导区，支持婺源建设国家乡村旅游试验区。以高铁旅游市场为重点，巩固华东核心市场，发展华南、华北、西南等重要长远距离客源市场，开拓以中国港澳台地区和韩国、日本等国家为重点的境外客源市场。建设鄱阳湖湿地公园，重点推进鄱阳湖候鸟观赏区和万年仙人洞建设，形成以水产经济、稻作文化、渔家风情、候鸟观赏为特色的鄱余万湖泊生态旅游圈。

2. 景德镇产业发展重点

大力推动陶瓷、航空、汽车及旅游“3+1”特色优势产业发展，坚持传统陶瓷传承和现代陶瓷创新融合发展，大力发展手工制瓷和高技术陶瓷，做大日用陶瓷规模、规范艺术陶瓷营销、提高建筑卫生陶瓷质量，打造“陶瓷产业升级版”。深度挖掘地脉、文脉、人脉，形成以陶瓷研学、观光旅游、陶瓷会展、休闲度假、乡村旅游五种主打产品为核心的多元化旅游产品体系。重点发展以御窑厂、古窑为主的老城旅游，以市区为主的陶瓷文化旅游、浮梁茶文化旅游。

以直升机产业集聚发展试点为引领，推动中国直升机研发生产基地建设，全力发展“制造与运营相融合、总装与配套为一体、航空企业集中连片发展”的航空产业。围绕北汽集团在南方重要的汽车产业制造基地，加快北汽昌河洪源基地和昌河汽车生产线技改扩能项目建设，壮大汽车零部件产业，引导鼓励汽车产业向新能源汽车方向发展，推进汽车产业全产业链发展。

3. 鹰潭产业发展重点

鹰潭已形成“1+6”产业格局，即以铜产业为龙头，包括节能照明、绿色水工、机械装备制造、光电新能源、文化创意、大健康等优势产业。依托江西最大的企业“江铜”，推进铜拆解加工区、国家铜及铜产品质量监督检验中心、国家级铜冶炼及铜加工工程技术中心等项目建设，实现由铜原料基地向铜材料基地、铜精深加工基地、涉铜终端产品生产基地的“三个转变”，提升其世界500强位次。努力实施产业多元化发展，在做好做优铜主业的同时，以效益为导向，推动产业链向两端延伸。

围绕建设“中国丹霞·道教文化旅游胜地”，充分挖掘世界自然遗产、道教文化特色，以发展生态文化旅游、休闲旅游为重点，加快旅游景点的开发，推进星级宾馆建设，不断完善旅游基础设施，提升旅游业发展层次。

（三）赣南等原中央苏区

1. 赣州产业发展重点

以打造区域性综合交通枢纽为目的，通过统筹推进各类交通设施建设和多式联运，构筑赣南地区南接北连、通江达海的区域开放发展新格局。推进物联网工程建设，打造“中国智能物流骨干网”的重要节点，成为连接四省的区域性物流枢纽。重点发展稀土、钨新材料及应用、新能源汽车及配套、电子信息、有色金属加工、以家具为主的现代轻纺6个千亿主导产业，以及生物制药、氟盐化工、新型建材产业3个百亿产业集群。

发展壮大现代特色高效农业。推进赣南脐橙品牌提升，持续打好柑橘黄龙病防控攻坚战，着力提升烟叶种植、加工、销售等环节规模和效益，加快构建烟草产业全产业链，推广节水减污等新型生猪养殖技术，发展设施蔬菜，推进茶叶品牌整合，提升油茶、花卉苗木、工业原料林等优势特色产业发展水平。

2. 吉安产业发展重点

将吉泰走廊打造成全国知名的信息化产业基地，培育壮大电子信息、生物医药、先进装备制造、新能源、新材料、通用航空等战略性新兴产业，电子信息产业以LED智能照明和通信终端为重点，筹建产业创投基金，创建LED智能照明国检中心，推动电子信息产业提档升级，打造以吉泰走廊为核心、各县产业园融合配套的全国有影响力的电子信息产业基地。以食品、电力、化工、建材为重点，实施传统产业改造提升工程，实现产品技术、工艺装备、能效环保等水平全面提升。继续坚定不移推进井冈蜜柚、茶叶烟叶、高产油茶、竹木花卉、珍贵楠木、绿色蔬菜等特色富民产业带状、块状发展。

推进“三山一江一城”旅游战略，推动以井冈山为龙头的大井冈红色旅游一体化，促进山上山下全域联动，建设国家旅游扶贫试验区和全国红色旅游精品城市。推进赣江百里风光带、青原山至东固都市田园休闲观光带和吉安城西都市田园休闲观光区“两带一区”建设，推进庐陵特色历史文化街区保护建设，推动青原山－吉州窑、渼陂－富田、羊狮慕、峡江水利枢纽库区等创建5A级景区，织密以“红、绿、古”为主要特点的吉安旅游网。

3. 抚州产业发展重点

抚州作为江西对接“21世纪海上丝绸之路”的桥头堡，正加快向莆经济带的研究和规划编制工作，主动融入南昌大都市区，加快昌抚一体化进程，全面落实“1+8”合作协议。积极推动开通向莆铁路货运“五定班列”，加快在泉州、湄洲湾等地建设专属码头泊位；大力推进抚州综合物流产业园和铁路专用线、南城海西物流园、黎川赣闽物流园等物流产业集聚区建设，全力支持正广通物流集团做大做实做强。加大承接闽台产业转移力度，加强与海西城市在工业、农业、旅游、教育、文化等领域的全方位合作。

大力培育生物医药、新能源汽车、新一代信息技术等战略性新兴产业，支持纺织服装、有色金属加工、机电制造等传统优势产业提高装备和工艺水平，引导产业价值链向高端发展，重点推进金溪香料、宜黄塑料制品、黎川日用耐热陶瓷、崇仁变电设备、东乡变性淀粉、南城南丰农副食品加工、高新区汽车零部件、生物医药、南城株良校具、临川有色金属加工10个特色产业集群发展。

（四）赣西地区

1. 宜春产业发展重点

以打造“亚洲锂都”为目标，进一步发展锂电新能源产业，引进一批重大项目，完善产业链条，强化技术攻关，将资源优势进一步转化为发展优势。立足宜春产业特色，进一步发展新能源汽车、生物医药、绿色光源、新材料等战略性新兴产业，推进油茶、肉牛、绿色有机、富硒和生态休闲农业“五大产业”，改造提升绿色食品、建材、盐化、纺织服装鞋革、烟花爆竹等传统产业。

整合禅、泉、山、农、月五大旅游资源，加快品牌创建，打造“双核、三线、四游”新格局，发展以明月山、三爪仑两个国家级景区为龙头，其他森林公园、自然保护区、风景名胜区为主要内容的生态旅游，推进明月山国际温泉禅修中心等一批重大项目建设，进一步丰富和完善宜春保健养生旅游。

2. 新余产业发展重点

加快钢铁、新能源、新材料等主导产业转型升级，努力提高产品技术含量和附加值，推动其由中低端向中高端迈进，通过发展有机材料、无机材料及各类复合材料，积极提高产品加工程度，对原有产业链进行延伸。大力发展石英陶瓷坩埚、氮化硅涂层粉、碳化硅磨料等新能源产业关键配套材料产品，打造非金属新材料生产基地。通过引进战略合作伙伴等方式，平稳推进赛维、江锂等企业重组，助推企业走出困境。积极推进光电信息产业重点向终端产品延伸，积极争取国家光伏发电“领跑者计划”，培育苎麻纺织、节能环保、食品医药等产业发展，培育和辅助新的经济增长点。

3. 萍乡产业发展重点

推动县域特色产业集群发展，把培育优势产业、特色产业作为县域经济发展的主攻方向，坚持差异化发展，重点打造安源区节能环保、萍乡经济开发区粉末冶金及先进装备制造、湘东区节能环保陶瓷、上栗县花炮文化创意、芦溪县电瓷、莲花县特种冶金材料等一批特色鲜明、竞争优势明显的产业集群。

萍乡以设立赣湘开放合作试验区为契机，通过对接长株潭，引进涉及机械制造、新材料、化工陶瓷、电瓷、物流等10多个行业的项目，为当地的产业发展注入了强大动力，并带动水泥、陶瓷、烟花爆竹等优势传统产业改造升级，推动了萍乡商贸流通、电子商务等新型业态的蓬勃发展，呈现三次产业协调发展、园区聚集发展、县区错位发展的良好态势。

四 加快设区市经济稳定快速发展的对策建议

（一）以三大国家发展战略为指南，引领各设区市联动发展

以《鄱阳湖生态经济区规划》《国务院关于支持赣南等原中央苏区振兴发展的若干意见》《国家生态文明先行示范区建设方案》为指南，促进赣北、赣南南北呼应，赣西、赣东北联动发展，加速昌九一体化、昌抚一体化。在经济发展新常态下，遵循利益共享、协同发展的原则，倡导优势互补，力戒同质竞争。以合作各方的共同利益为基础，立足各板块优势，避免区域发展各自为政、此消彼长的现象，打破行政区划界限，调动多方积极性，推动区域板块之间产业分工与优势互补，通过差异化、技术创新等手段来实现不同区域之间产业的良性竞争，促进区域板块优势特色产业快速成长，实现各大板块、多种主体之间的合作共赢。

（二）按照江西省“十三五”规划纲要要求，突出打造各板块重点

南昌－赣江新区：以昌九工业走廊和南昌经济开发区、临空经济区、长堎工业园区、星火有机硅工业园区、共青开发区为重点，加快基础设施互联互通，推进产业协作，促进人口集聚，深化体制机制改革，建设成为中部地区重要工业基地、长江经济带重要开放高地和全国生态文明示范先导区。

九江－沿江经济带：充分依托152公里优质长江岸线资源，依托澎湖、赤码、城东、城西四大板块，坚持资金向沿江倾斜、力量向沿江集聚、项目向沿江摆布，同时加强九江与湖北、安徽沿江县市的经济协作，建设成为长江经济带重要支撑点。

抚州－向莆经济带：加快推进昌抚一体化，加快两市基础设施互联互通，推进产业协作，建立抚州与向莆沿线城市合作机制，推动抚州和南昌构建开放合作试验园区，探索抚州和福建向莆铁路沿线地区构建合作发展经济走廊和产业合作示范区。

吉安－吉泰走廊：以105国道为纽带，加快吉泰走廊沿线各县区产业错位布局，充分发挥井冈山经济开发区和吉安高新技术开发区两个国家级园区的平台聚集效应，重点发展电子信息、绿色食品、先进装备制造、生物医药、新能源、新材料等优势产业，加强走廊平台共建共享、要素互联互通，强化功能分区，引导产业集聚，把吉泰走廊打造成“五化”协调发展示范区和苏区振兴的引领区。

上饶－信江河谷经济带：加快上饶、铅山、横峰、弋阳、玉山与中心城区同城化，着力打造光伏新能源基地、有色金属产业基地、光学产业基地、先进装备制造基地，建设高铁经济试验区，培育新的省域副中心城市。

新宜萍－沪昆高铁经济带：以新余、宜春、萍乡为主，丰城、樟树、高安为辅，调整沿线地区产业发展重点和城市功能布局，同步推进相关基础设施等配套工程建设，加强城际协作，建立一小时通勤圈和连接广州、武汉、长沙、杭州的三小时合作圈，打造先进制造业产业带和内陆双向开放合作试验区。

（三）立足各板块优势，加强与周边省份全方位区域合作

以长江经济带和长江中游城市群建设为契机，充分发挥各板块与东中部各省毗邻的优势，深化与长三角、海西经济区、长江经济带分工合作，创新合作发展模式和利益共享机制，促进资源跨区合理流动和优化配置，在基础设施对接、产业转移承接、通关一体化、信息资源共享、创新一体化、人才合作发展等方面探索区域合作发展的有益经验。

实施“交通优先”战略，构建昌九与鄂皖、赣西与湖南、赣东北与闽浙、赣南与闽粤合作大通道，全面参与布局和协同建设跨省铁路、高速公路、港口码头、机场和物流园区等重大基础设施项目，形成立体交通网络，争取浙江、福建、广东等沿海地区在赣东北、赣东南、赣南等地区的城市设立“无水港”，与北仑港、湄洲湾港、厦门港、广州港共建专属港区。

创新各区域板块与周边各省合作机制，在省际交界地区共同探索建立跨省域经济协作区（实验区）。重点推进赣湘开放合作实验区、赣鄂皖长江两岸合作发展试验区、赣浙闽皖开放合作区、赣闽产业合作示范区建设，实现资源整合、联动发展。鼓励园区与周边地区共同发展“飞地经济”，探索利用直管、托管、协管等不同管理模式，在区域性产业转移相对集中的区域，规划建设赣浙、赣粤、赣闽、赣台等区域性产业园，推动沿海产业组团式转移。

（四）对接“一带一路”战略，促进对外合作

抓住“一带一路”国家战略和“赣新欧”“汉新欧”“渝新欧”班列开通的机遇，加强昌九、赣东北与“汉新欧”对接，赣西与“渝新欧”对接，拓展与中亚、西亚及欧洲各国的贸易；加强赣东南、赣南与海西对接，借道福建、广东，进一步开展与中国台湾、香港及东盟的贸易，共同开拓中国台湾、东南亚等地区的市场，巩固传统市场，拓展新兴市场，巩固瓷器、茶叶等传统大宗产品出口，扩大机电等新兴产品出口。与福建、广东合作在“海上丝绸之路”沿线国家举办赣闽粤商品展等活动。与上海、江苏、浙江

合作，拓展与日本、韩国等国家的贸易，共同拓展东亚、中东欧、非洲等新兴市场。

参考文献

《江西省国民经济和社会发展第十三个五年规划纲要》，《江西日报》2016 年 2 月 24 日。

《南昌市国民经济和社会发展第十三个五年规划纲要》，《南昌日报》2016 年 1 月 22 日。

《赣州市国民经济和社会发展第十三个五年规划纲要》，2016 年 3 月 31 日。

《上饶市国民经济和社会发展第十三个五年规划纲要》，《上饶日报》2016 年 1 月 21 日。

《抚州市国民经济和社会发展第十三个五年规划纲要》，《抚州日报》2016 年 3 月 24 日。

《景德镇市国民经济和社会发展第十三个五年规划纲要》，《景德镇日报》2016 年 1 月 29 日。

《中共鹰潭市委关于制定全市国民经济和社会发展第十三个五年规划的建议》，2016 年 3 月 5 日。

《中共九江市委关于制定全市国民经济和社会发展第十三个五年规划的建议》，2016 年 2 月 19 日。

《中共吉安市委关于制定全市国民经济和社会发展第十三个五年规划的建议》，《井冈山报》2015 年 12 月 14 日。

《中共萍乡市委关于制定全市国民经济和社会发展第十三个五年规划的建议》，《萍乡日报》2016 年 1 月 20 日。

《中共宜春市委关于制定全市国民经济和社会发展第十三个五年规划的建议》，《宜春日报》2015 年 12 月 12 日。

《中共新余市委关于制定全市国民经济和社会发展第十三个五年规划的建议》，新余新闻网，2015 年 12 月 30 日。

B.2

江西区域综合竞争力评估：全省11个设区市比较

麻智辉　何雄伟*

综合竞争力是一个地区、一个城市发展水平和可持续发展能力的体现，提升综合竞争力是发达地区实现快速发展的成功做法。设区市是江西加快区域经济发展的重点，事关全省经济社会发展全局。对全省 11 个设区市综合竞争力进行全面分析，做出科学评估，找出存在的差距，并提出有效对策，对于加快推进全省与全国同步实现小康具有重要的意义。

一　区域综合竞争力及其测度

（一）城市综合竞争力内涵

城市综合竞争力体现为一个地区的综合能力，它与城市综合实力有一定的关系，但又不完全等同于城市综合实力。城市综合实力是从经济、社会、生态、科技等方面描述其规模、数量的总体概况，而城市综合竞争力则从发展速度、发展潜力、发展质量上衡量城市的可持续发展能力。两者有着显著的差异。

（二）城市综合竞争力评价测度方法

1. 测度方法

本报告首先设定综合竞争力的指标体系，指标设计主要涵盖经济、社

---

* 作者工作单位：江西省社会科学院。

会、生态环境三大方面数十项指标。由于指标原始数据繁杂且指标原始数据单位各不相同，我们需对原始数据进行标准化处理。原始数据经标准化处理后有正有负，致使得分结果有正有负，虽不影响排名，但看起来还是不太直观，为便于观察比较，本报告采用标准化计算公式如下。

如果为正向指标：

$$U_{ij} = (X_{ij} - \min X_{ij}) \times 0.95/(\max X_{ij} - \min X_{ij}) + 0.05(j = 1,2,\cdots,n);$$

如果为逆向指标：

$$U_{ij} = (\max X_{ij} - X_{ij}) \times 0.95/(\max X_{ij} - \min X_{ij}) + 0.05(j = 1,2,\cdots,n)。$$

其中，X_{ij}是第 i 个样本第 j 个指标的值。U_{ij}为标准化后的数据，$\max X_{ij}$、$\min X_{ij}$是第 j 个指标的上、下限。

经济综合竞争力水平、生态环境综合竞争力水平和社会综合竞争力水平可以采用线性加权法得到：

$$U_i = \sum_{j=1}^{m} w_{ij} u_{ij} \qquad \sum_{j=1}^{m} w_{ij} = 1$$

式中：U_i 为经济综合竞争力水平、生态环境综合竞争力水平或社会综合竞争力水平，w_{ij}为经济、生态环境或社会发展各个指标的权重。

2. 权重的确定

权重的确定主要借鉴了相关权威评价指标体系的评估经验，采取定性与定量相结合的方法，即结合专家评价法和客观赋权法熵值法，确定后对各设区市经济指标进行统计分析。江西设区市数据主要来自江西省统计年鉴（2015），其中部分主要经济指标 2015 年数据来自江西统计局网站的数据。

（三）城市综合竞争力评价指标体系比较

目前，国外城市竞争力评价最权威的是波特的国家竞争力评价的“钻石体系”和“价值链”理论。

目前，国内比较有权威性的城市竞争力评价指标体系主要有以下几个。一是北京国际城市发展研究院的“城市竞争力评价系统”，它由5个一级指标、23个二级指标和140个要素指标构成；二是中国社会科学院的城市竞争力评价体系（《中国城市竞争力报告》），它包括制度、资本、基础设施、环境、科技、文化、开放竞争力等12个大类53个指标；三是中国城市竞争力研究会的城市竞争力评价体系，它包括10个一级指标、50个二级指标、217个三级指标；四是全国经济综合竞争力研究中心提出的全国省域经济综合竞争力评价体系（中国省域竞争力蓝皮书），包括9个一级指标、25个二级指标和210个三级指标。

二　江西设区市综合竞争力评价体系构建

（一）设区市综合竞争力评价体系选择

本报告主要在借鉴波特国家竞争力模型思路的基础上，结合了北京国际城市发展研究院、中国社会科学院、中国城市竞争力研究会、全国经济综合竞争力研究中心等提出城市综合竞争力评价指标体系，考虑到设区市有别于一般城市，区域范围还包括市县，因而，2016年的评价指标体系增加了全国经济综合竞争力研究中心提出的省域经济综合竞争力评价体系部分指标。

（二）设区市综合竞争力评价体系构建方法

指标体系设计主要参考相关综合竞争力评价基础理论和方法，但为了使综合竞争力评价体系更加契合江西实际，我们也采用了德尔菲法，聘请了江西省统计局、南昌大学、江西财经大学、江西省社会科学院等单位经济、社会、生态方面的10位专家，对初选的评价指标进行评估，并根据专家意见进行了适度调整，最后确定三大类50个指标。

（三）设区市综合竞争力评价体系具体指标和权重的设定

根据党的十八届五中全会和省十三届十二次全会精神，以及省域经济综合竞争力评价体系的指标设置，本报告对2015年的评价指标体系做了微调，特别是对部分指标进行了更新、调整，力求使评价内容能更好地反映设区市经济社会发展的质量、效益和可持续增长情况。考虑江西省11个设区市发展程度以及数据可获取性，在具体指标选择方面有所区别和侧重。区域综合竞争力评价是一项复杂的系统工程，必须综合各方面的因素才能真正客观、正确地反映区域竞争力的本质。遵循上述原则，本报告构建了目标层、准则层、方案层、指标层四个层次的指标体系框架。

（1）目标层：为定量反映区域发展状态和发展差异，本报告设计目标层——区域综合竞争力评价体系。该体系是区域在经济发展、产业发展、国际化程度、环境优化、社会进步等方面的综合体现。

（2）准则层：为进一步反映区域综合竞争力评价体系中各子系统对综合竞争力的影响，本文设计了经济竞争力评价系统、生态环境竞争力评价系统、社会竞争力评价系统三个准则层，较好地体现了区域经济、生态环境、社会综合竞争情况。

（3）方案层：经济竞争力评价系统主要通过总量指标、人均指标、增速指标、工业状况和基础设施五个方面反映区域的经济发展水平和经济发展阶段。生态环境竞争力评价系统主要通过资源利用和生态环境两个方面反映区域生态环境综合竞争力情况。社会竞争力评价系统主要通过社会人口、科教文卫和社会保障三个方面反映区域社会发展水平。

（4）指标层：经调整后的综合竞争力评价体系包括二级指标3个、三级指标10个、四级指标50个。其中，经济竞争力具体指标30个、生态环境竞争力具体指标10个、社会竞争力具体指标10个（见表1）。

本报告结合专家评价法和客观赋权法熵值法，共同确定指标权重（经济竞争力、生态环境竞争力和社会竞争力按照60∶20∶20分配权重），将11

个设区市的综合竞争力表现为具体分项指标，构造出区域综合竞争力指数，对区域竞争力进行实证分析。

表1　江西区域综合竞争力评价指标体系

目标层	准则层	方案层	指标层	单位
区域综合竞争力	经济竞争力（30）	总量指标（8）	地区生产总值	亿元
			全社会固定资产投资	亿元
			公共财政预算收入	亿元
			社会消费品零售总额	亿元
			规模以上工业增加值	亿元
			非农产业占比	%
			外贸依存度	%
			实际利用外资	亿美元
		人均指标（6）	人均地区生产总值	元
			人均固定资产投资	元
			人均公共财政预算收入	元
			人均社会消费品零售额	元
			人均规模以上工业增加值	元
			人均实际利用外资	美元
		增速指标（7）	地区生产总值增长率	%
			公共财政预算收入增长率	%
			全社会固定资产投资增长率	%
			社会消费品零售总额增长率	%
			出口总额增长率	%
			实际利用外资增长率	%
			规模以上工业增加值增长率	%
		工业状况（5）	全员劳动生产率	元/人
			规模以上工业企业数	个
			规模以上工业主营利润总额	亿元
			工业经济综合效益指数	—
			高技术产业增加值占地区生产总值比重	%
		基础设施（4）	人均高速公路里程	公里
			人均民用汽车拥有量	辆
			移动电话年末覆盖率	%
			互联网宽带覆盖率	%

续表

目标层	准则层	方案层	指标层	单位
区域综合竞争力	生态环境竞争力(10)	资源利用（6）	工业废水重复利用率	%
			生活垃圾无害化处理率	%
			固体废物综合利用率	%
			万元地区生产总值废污水排放量	吨
			万元工业增加值废气排放量	立方米
			万元地区生产总值能耗	万吨标准煤
		生态环境（4）	城市人均绿地面积	平方米
			建成区绿化覆盖率	%
			空气质量指数	—
			森林覆盖率	%
	社会竞争力（10）	社会人口（2）	城镇化率(常住人口)	%
			人口自然增长率	%
		科教文卫（4）	万人在校大学生数	人
			每千人医生数	人
			万人专利授予数	个
			R&D 经费支出占地区生产总值的比重	%
		社会保障（4）	养老保险覆盖率	%
			农民人均纯收入	元
			城镇居民人均可支配收入	元
			城乡居民收入比(以农村为1)	—

三　江西设区市综合竞争力比较

（一）江西设区市综合竞争力比较

根据指标分析计算，南昌市综合竞争力得分为6.67323分，远高于全省平均水平，九江市和鹰潭市分别排在全省设区市的第2位和第3位。吉安市、新余市、景德镇、萍乡市、宜春市、上饶市、赣州市、抚州市分别排在第4位到第11位（见表2）。

表 2　江西设区市综合竞争力得分排名

单位：分

地区	得分	名次	地区	得分	名次
南昌市	6.67323	1	萍乡市	3.44305	7
九江市	4.69605	2	宜春市	3.38407	8
鹰潭市	3.99558	3	上饶市	3.37389	9
吉安市	3.96615	4	赣州市	3.09809	10
新余市	3.96310	5	抚州市	2.88039	11
景德镇	3.76472	6			

（二）江西设区市分领域竞争力比较

1. 经济竞争力方面

在经济竞争力方面，其相对指标更能体现区域的竞争力情况。分析发现，南昌市经济竞争力得分为 4.81927 分，比排在全省设区市第 2 位的九江市高出约 1.36 分。排在第 3 位到第 11 位的分别是吉安市、鹰潭市、宜春市、上饶市、萍乡市、新余市、赣州市、景德镇和抚州市（见表 3）。

表 3　江西设区市经济竞争力得分排名

单位：分

地区	得分	名次	地区	得分	名次
南昌市	4.81927	1	萍乡市	2.28554	7
九江市	3.45450	2	新余市	2.23548	8
吉安市	2.73521	3	赣州市	2.18965	9
鹰潭市	2.60529	4	景德镇	2.05371	10
宜春市	2.41728	5	抚州市	1.65515	11
上饶市	2.31763	6			

在总量指标得分方面，南昌市排在第 1 位，而赣州市和九江市分别排在第 2 位和第 3 位，第 4 ~11 位分别为上饶市、宜春市、吉安市、抚州市、萍乡市、新余市、鹰潭市和景德镇（见图 1）。

在人均指标得分方面，南昌市排在第 1 位，而新余市和景德镇分别排在

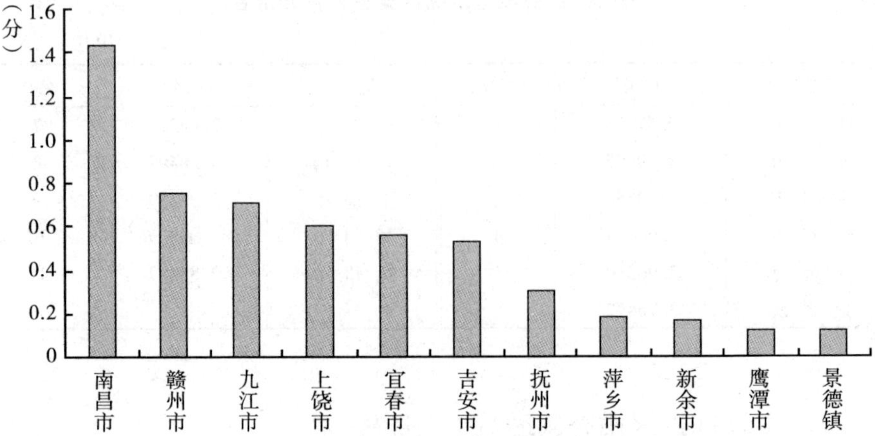

图 1　江西设区市总量指标得分情况

第 2 位和第 3 位。第 4～11 位分别为鹰潭市、萍乡市、九江市、吉安市、抚州市、宜春市、上饶市、赣州市（见图 2）。

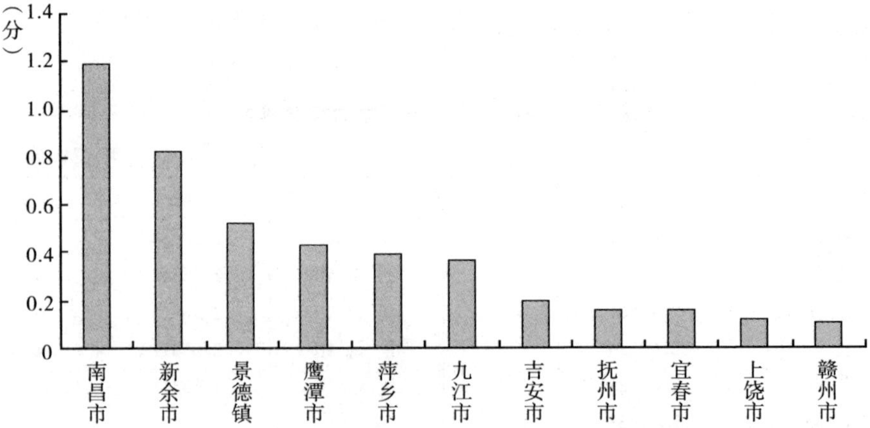

图 2　江西设区市人均指标得分情况

在增速指标得分方面，排在前 3 位的分别为九江市、吉安市和上饶市，而第 4～11 位分别为宜春市、南昌市、赣州市、鹰潭市、抚州市、景德镇、萍乡市、新余市（见图 3）。

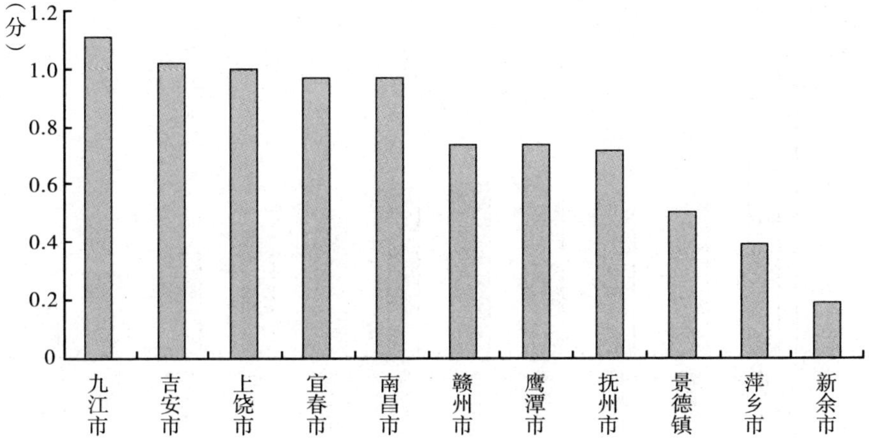

图3　江西设区市增速指标得分情况

在工业状况指标得分方面，排在前3位的分别为九江市、吉安市和萍乡市，而第4～11位分别为南昌市、上饶市、鹰潭市、宜春市、赣州市、抚州市、新余市、景德镇（见图4）。

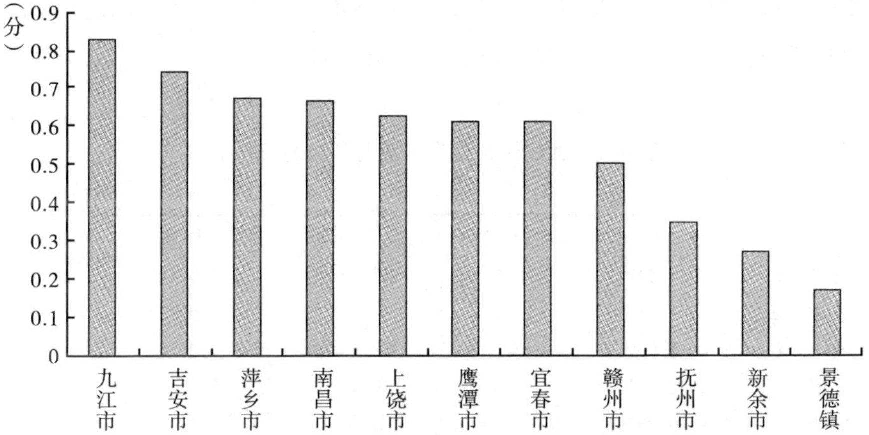

图4　江西设区市工业状况指标得分情况

在基础设施指标得分方面，排在前3位的分别为南昌市、新余市和景德镇，而第4～11位分别为萍乡市、九江市、鹰潭市、吉安市、赣州市、宜春市、抚州市、上饶市（见图5）。

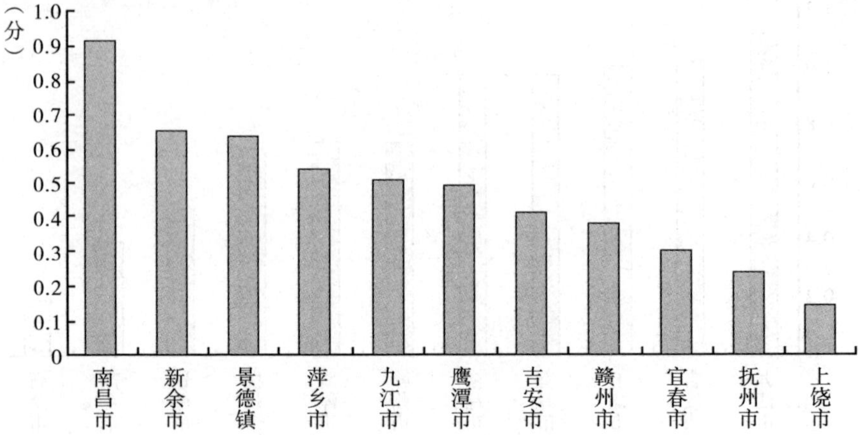

图5　江西设区市基础设施指标得分情况

2. 生态环境竞争力方面

在生态环境竞争力方面，分析发现，新余市生态环境竞争力得分为1.24892分，排名第1位，景德镇生态环境竞争力得分为1.23736分，排名第2位。排在第3位到第11位的分别是南昌市、吉安市、抚州市、九江市、鹰潭市、上饶市、赣州市、萍乡市和宜春市（见表4）。

表4　江西设区市生态环境竞争力得分排名

单位：分

地区	得分	名次	地区	得分	名次
新余市	1.24892	1	鹰潭市	0.92187	7
景德镇	1.23736	2	上饶市	0.85773	8
南昌市	1.05011	3	赣州市	0.76594	9
吉安市	1.02108	4	萍乡市	0.73695	10
抚州市	0.99796	5	宜春市	0.72139	11
九江市	0.94921	6			

在资源利用指标得分方面，南昌市排在第1位，鹰潭市和吉安市分别处于第2位和第3位。以下依次为抚州市、上饶市、新余市、景德镇、赣州市、宜春市、萍乡市和九江市（见图6）。

在生态环境指标得分方面，新余市排在第 1 位，景德镇和九江市分别处于第 2 位和第 3 位。以下依次为抚州市、萍乡市、赣州市、吉安市、鹰潭市、上饶市、宜春市、南昌市（见图 7）。

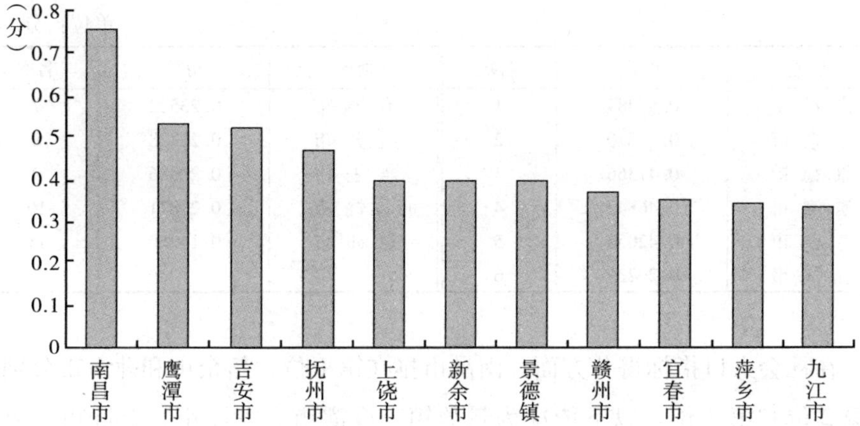

图 6　江西设区市资源利用指标得分情况

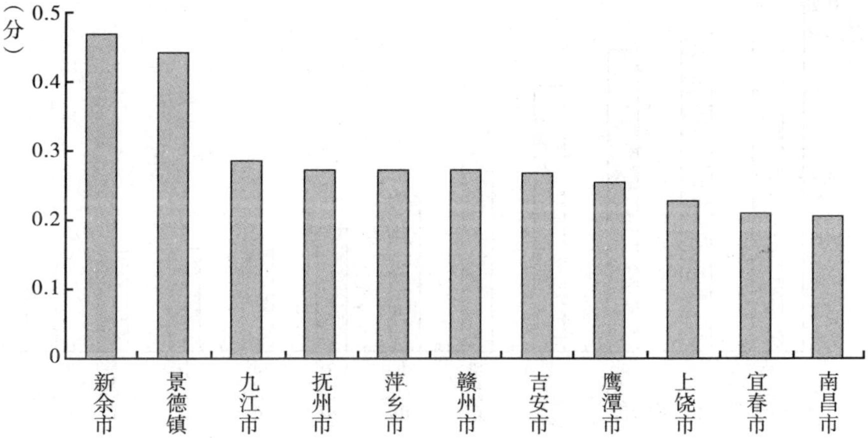

图 7　江西设区市生态环境指标得分情况

3. 社会竞争力方面

在社会竞争力方面，分析发现，南昌市社会竞争力得分为 0.80384 分，排名第 1 位，新余市社会竞争力得分为 0.47870 分，排名第 2 位。排在第 3

位到第 11 位的分别是景德镇、鹰潭市、萍乡市、九江市、宜春市、抚州市、吉安市、上饶市和赣州市（见表 5）。

表 5　江西设区市社会竞争力得分排名

单位：分

地区	得分	名次	地区	得分	名次
南昌市	0.80384	1	宜春市	0.23522	7
新余市	0.47870	2	抚州市	0.22728	8
景德镇	0.47366	3	吉安市	0.20986	9
鹰潭市	0.46842	4	上饶市	0.20871	10
萍乡市	0.42056	5	赣州市	0.14250	11
九江市	0.29235	6			

在社会人口指标得分方面，南昌市排在第 1 位，新余市和萍乡市分别处于第 2 位和第 3 位。以下依次为景德镇、鹰潭市、九江市、上饶市、吉安市、抚州市、赣州市和宜春市（见图 8）。

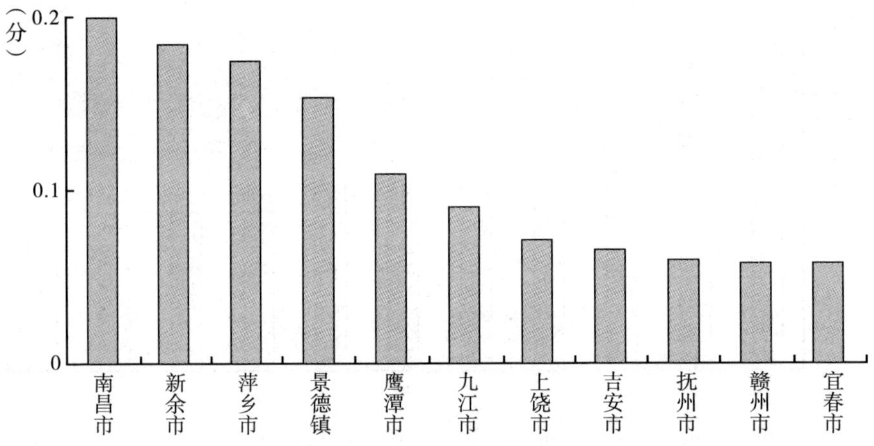

图 8　江西设区市社会人口指标得分情况

在科教文卫指标得分方面，南昌市排在第 1 位，鹰潭市和景德镇分别处于第 2 位和第 3 位。以下依次为新余市、九江市、萍乡市、宜春市、吉安市、赣州市、上饶市和抚州市（见图 9）。

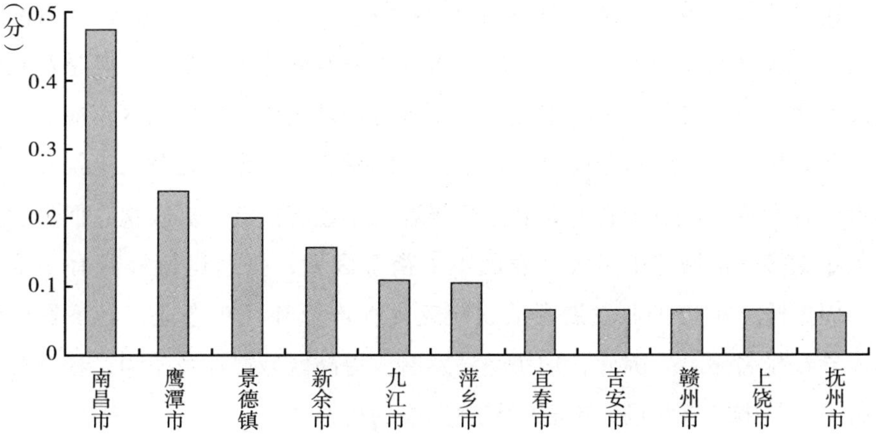

图 9　江西设区市科教文卫指标得分情况

在社会保障指标得分方面，萍乡市排在第 1 位，新余市和南昌市分别处于第 2 位和第 3 位。以下依次为景德镇、鹰潭市、宜春市、抚州市、九江市、吉安市、上饶市和赣州市（见图 10）。

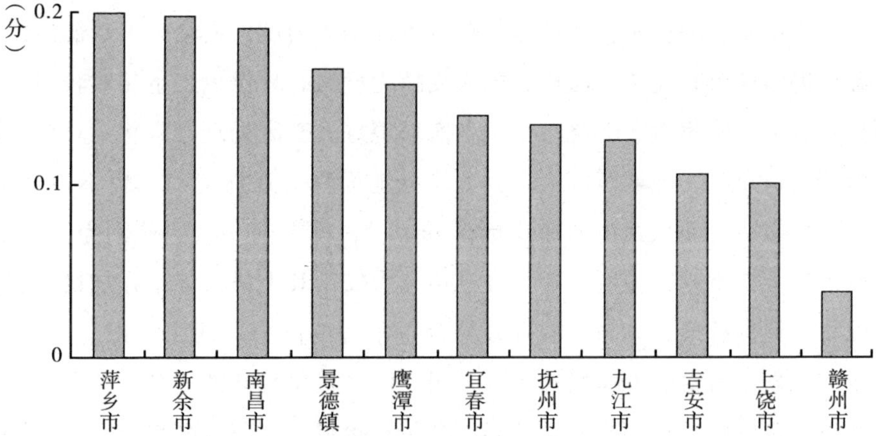

图 10　江西设区市社会保障指标得分情况

（三）结论

1. 江西11个设区市综合竞争力比较

南昌市的综合竞争力在全省处于核心地位，无论是从综合竞争力得分来看，还是从分领域的经济竞争力和社会竞争力来看，南昌市都位于全省的最前列。其次是九江市、吉安市和鹰潭市近年来发展势头迅猛，尤其是在经济发展方面取得了突出成绩，因此综合竞争力提升较快。这些设区市应该是未来江西区域经济发展在全国具有竞争优势的重点设区市。赣州、上饶和抚州三市综合竞争力位于全省后 3 名，赣州近几年经济社会发展较快，但由于历史欠账太多、地域范围过大、发展不平衡等因素，排名迅速提升有一定难度；而上饶、抚州工业发展滞后，缺乏支柱产业和龙头企业，经济发展较弱，导致排名靠后。因此，加快经济发展，提高区域产业竞争力，提升综合竞争力，是未来这些设区市必须努力发展的目标。

2. 分项竞争力指标比较

南昌市虽然综合竞争力领先全省其他设区市，生态环境竞争力名列第 3，但是在生态环境指标分项上排在全省设区市最后一位，主要是与其他设区市比较，其城市人均绿地面积、建成区绿化覆盖率、空气质量指数、森林覆盖率等生态环境指标落后，这也说明南昌未来经济社会发展的环境压力较大，今后要注重发展的质量，在环境保护等方面加大力度；新余市、景德镇作为资源枯竭型城市和老工业城市，国家支持力度大，环保投入也相对较多，因而排名靠前；赣州市、上饶市由于生态环境好，三废处理投入相对较少，同时由于人口众多、地域范围大，其人均绿地面积、森林覆盖率也不显突出，导致排名靠后。而从经济增速指标得分来看，排在前 3 位的分别为九江市、吉安市和上饶市，这说明近年来九江市、吉安市和上饶市三市在加快发展方面取得不错的成绩，未来具有提升综合竞争力的潜力。而鹰潭市、景德镇、萍乡市、新余市最近发展增速出现下滑，因此，培育新的经济增长点是未来这些设区市发展的重要内容。从经济总量指标得分来看，赣州市总量指标得分排在全省设区市第 2 位，上饶市排在第 4 位，宜春市排在第 5 位，说明原来欠发达的三市近年来经济发展有了长足进步，但由于人口众多，人均指标得分却分别排在第 11 位、第 10 位和第 9 位，因此，这些设区市还需要统筹城乡发展与区域发展，提升经济社会整体发展水平和质量。

专题报告

Monographic Reports

B.3

2015 ~2016年江西设区市新型工业化发展报告

江西省社会科学院课题组*

工业是支撑区域经济增长的主要力量。立足我国经济发展新常态的大背景，回顾江西 11 个设区市新型工业化发展历程，对各设区市新型工业化发展水平进行评估，分析所存在的问题，提出切实可行的政策建议，对构建特色鲜明、集约高效、环境友好、竞争力强的新型工业体系，确保各设区市工业经济为“十三五”开好局，具有十分重要的意义。

一　对江西11个设区市新型工业化的综合评估

为合理评估江西 11 个设区市新型工业化发展水平，需构建一套科学的评价指标体系。

---

* 课题组组长：孙育平；成员：盛方富、余永华、朱顺东。

（一）评价体系

根据国际通行标准，参照国内中国社会科学院等权威机构的研究成果，评价体系主要选择以下六个方面的指标。

一是工业发展水平。反映一个地方工业化的发展水平和进程，主要包括规模以上工业增加值、规模以上工业利税总额、人均规模以上工业增加值等。

二是经济效益。比较不同地区工业发展的质量和效益，主要包括总资产贡献率、工业经济效益综合指数、人均实现工业增加值等指标。

三是科技创新水平。着重评价各地区对科技创新的投入及科技发展水平，主要用到研发内部经费支出总额、研发人员数、万人专利申请数等指标。

四是资源环境。资源节约、环境友好是工业竞争力提升的重要内容，这里主要使用万元规模以上工业增加值能耗、工业用水重复利用率等指标。

五是信息化水平。促进工业化与信息化融合发展是增强工业竞争力的重要举措，受数据所限，这里使用互联网宽带接入用户数、电信业务总量等指标。

六是人力资源利用。重点评价各地区在工业发展过程中人力资源的利用水平和效果，主要有工业全员劳动生产率和全部从业人员年平均人数指标。

构建的综合评价指标体系由六大部分共 21 个指标构成，详见表 1。

（二）评价方法

考虑到主观赋权法和客观赋权法各有优缺点，因此，本文拟采用主客观相结合的综合赋权法来确定各个测度指标的综合权重，具体是通过层次分析法（使用 AHP 软件）来确定各评价指标的主观权重，通过因子分析法（使用 SPSS 软件）来确定各评价指标的客观权重，对主观权重和客观权重进行标准化处理后再进行简单算术平均得出综合权重。

由于在指标体系设置中，有一个负向指标“万元规模以上工业增加值能耗”，这里拟采取简单取倒数的方式进行正向化处理。

表 1　新型工业化综合实力评价指标体系

一级指标	二级指标	三级指标	计量单位
新型工业化综合实力评价指标体系	工业发展水平(5)	规模以上工业增加值	亿元
		规模以上工业利税总额	亿元
		大中型企业总产值占各地区规模以上工业企业总产值比重	%
		人均规模以上工业增加值	元
		工业增加值占地区 GDP 比重	%
	经济效益(4)	总资产贡献率	%
		工业经济效益综合指数	%
		成本费用利润率	%
		人均实现工业增加值	元
	科技创新水平(4)	研发内部经费支出总额	亿元
		研发内部经费支出占地区 GDP 比重	%
		研发人员数	人
		万人专利申请数	件
	资源环境(3)	万元规模以上工业增加值能耗	吨标准煤
		工业用水重复利用率	%
		一般工业固体废物综合利用率	%
	信息化水平(3)	互联网宽带接入用户数	万户
		电信业务总量	亿元
		人均电信业务量	元
	人力资源利用(2)	工业全员劳动生产率	元/人·年
		全部从业人员年平均人数	人

在计算评估江西 11 个设区市新型工业化综合实力过程中，得分有正有负，虽不影响排名，但看起来还是不太直观，为便于观察比较，这里拟使用功效系数法对初始得分进行处理，处理的得分表达式为：

$$y = 40 \times \frac{x - x_{min}}{x_{max} - x_{min}} + 60$$

其中，x_{min}与x_{max}分别指初始得分中的最小值与最大值，处理之后各个设区市的最终得分将控制在 60～100 分，即得分最高的可达 100 分，最低的也有 60 分。

（三）数据采集与处理结果

1. 数据采集

本文所使用的数据主要来源于《江西统计年鉴（2015）》。

2. 处理结果

（1）11个设区市新型工业化综合实力排名。经计算整理，江西11个设区市中，新型工业化综合得分处于前三位的分别是南昌市、鹰潭市、九江市；排在后三位的依次是萍乡市、景德镇市、抚州市（见表2）。

表2　江西11个设区市新型工业化综合实力排名

单位：分

地区	南昌市	鹰潭市	九江市	新余市	宜春市	赣州市
得分	100	79.0110	72.4416	69.8808	67.8250	67.4920
名次	1	2	3	4	5	6
地区	上饶市	吉安市	萍乡市	景德镇市	抚州市	
得分	67.2696	66.9832	66.5347	66.1365	60	
名次	7	8	9	10	11	

（2）11个设区市工业发展水平排名。工业发展水平在一定程度上可反映某区域工业积累情况及未来发展趋势。昌九地区作为全省新型工业化发展的龙头，居于领先地位，南昌市、九江市工业发展水平在11个设区市中分别排第1位、第2位；赣州市、景德镇市、抚州市在全省新型工业化发展中还处于较低水平（见表3）。

表3　江西11个设区市工业发展水平排名

单位：分

地区	南昌市	九江市	鹰潭市	新余市	宜春市	萍乡市
得分	100	88.0456	85.4351	84.8576	80.2559	79.1327
名次	1	2	3	4	5	6
地区	吉安市	上饶市	赣州市	景德镇市	抚州市	
得分	77.4970	75.4862	72.2075	71.0181	60	
名次	7	8	9	10	11	

（3）11个设区市经济效益排名。在全省11个设区市的经济效益方面，鹰潭市排名第1位，这与其工业经济效益综合指数和人均实现工业增加值均明显优于其他设区市有关；在使用的总资产贡献率、工业经济效益综合指数、成本费用利润率、人均实现工业增加值这四个指标中，上饶市均好于九江市；作为评估经济效益的一个重要指标，宜春市人均实现工业增加值在11个设区市中排倒数第1位。具体得分及排名情况见表4。

表4　江西11个设区市经济效益排名

单位：分

地区	鹰潭市	南昌市	上饶市	萍乡市	九江市	吉安市
得分	100	84.5513	79.7284	78.4953	76.0564	69.2730
名次	1	2	3	4	5	6
地区	新余市	宜春市	抚州市	赣州市	景德镇市	
得分	67.8678	61.9706	61.7939	60.8924	60	
名次	7	8	9	10	11	

（4）11个设区市科技创新水平排名。作为全省科教中心，南昌市的科技创新水平在全省遥遥领先，得分远远高于排名第2位的鹰潭市，这在研发内部经费支出总额和万人专利申请数上可以得到体现；萍乡市科技创新水平排倒数第1位，这与其研发内部经费支出总额、研发内部经费支出占地区GDP比重、研发人员数等指标均排倒数第1位有关。具体得分及排名情况见表5。

表5　江西11个设区市科技创新水平排名

单位：分

地区	南昌市	鹰潭市	景德镇市	宜春市	新余市	赣州市
得分	100	76.2081	69.0632	64.6132	64.0864	62.5688
名次	1	2	3	4	5	6
地区	九江市	吉安市	抚州市	上饶市	萍乡市	
得分	62.3802	61.3047	60.1029	60.0255	60	
名次	7	8	9	10	11	

(5) 11 个设区市资源环境排名。资源环境排前三位的为南昌市、抚州市、吉安市。抚州市万元规模以上工业增加值能耗在 11 个设区市中最低，为 0.3194 吨标准煤，只有最高的新余市（2.1386 吨标准煤）的 15%。吉安市万元规模以上工业增加值能耗、一般工业固体废物综合利用率在 11 个设区市中均排前几位。具体得分及排名情况见表 6。

表 6　江西 11 个设区市资源环境排名

单位：分

地区	南昌市	抚州市	吉安市	赣州市	鹰潭市	上饶市
得分	100	91.8712	86.6502	80.4338	79.4043	76.1052
名次	1	2	3	4	5	6
地区	萍乡市	新余市	九江市	景德镇市	宜春市	
得分	70.2934	64.9233	64.8808	61.5084	60	
名次	7	8	9	10	11	

(6) 11 个设区市信息化水平排名。全市的信息化水平在一定程度上会反映其工业化信息水平，受数据所限，本文此处仅使用各市互联网宽带接入用户数、电信业务总量以及人均电信业务量指标。根据测算，赣州市信息化水平在全省排第 2 位，其互联网宽带接入用户数、电信业务总量指标在全省 11 个设区市中均排第 2 位。具体得分及排名情况见表 7。

表 7　江西 11 个设区市信息化水平排名

单位：分

地区	南昌市	赣州市	九江市	宜春市	新余市	上饶市
得分	100	75.2041	71.1990	67.3116	66.6471	66.2151
名次	1	2	3	4	5	6
地区	景德镇市	吉安市	萍乡市	抚州市	鹰潭市	
得分	64.7640	64.2875	63.3475	61.4622	60	
名次	7	8	9	10	11	

(7) 11 个设区市人力资源利用排名。根据测算，人力资源利用排前三位的分别是鹰潭市、南昌市、九江市，排后三位的分别是景德镇市、抚州

市、萍乡市。从具体指标来看，鹰潭市工业全员劳动生产率为575390元/人·年，在全省排第1位，明显高于南昌市（321897元/人·年）、九江市（313903元/人·年）；全部从业人员年平均人数方面，最高的为南昌市（405251人），最低的为萍乡市（85420人）。具体得分及排名情况见表8。

表8　江西11个设区市人力资源利用排名

单位：分

地区	鹰潭市	南昌市	九江市	上饶市	新余市	赣州市
得分	100	87.2781	80.2471	72.9908	72.3834	70.5821
名次	1	2	3	4	5	6
地区	宜春市	吉安市	景德镇市	抚州市	萍乡市	
得分	67.7201	67.2001	65.4529	61.8220	60	
名次	7	8	9	10	11	

二　设区市新型工业化发展分析

根据近两年的评估比较，分析可知“十二五”期间江西11个设区市新型工业化发展的内在趋势。

（一）区域格局稳定且固定

近两年评估结果显示，江西11个设区市新型工业化发展格局并未发生明显变化，前五位一直是南昌、九江、鹰潭、新余和宜春，并且前五位的位次变化不大；而后几位的依然是景德镇、抚州（见表9），这与11个设区市工业发展基础有很大关联，同时也在很大程度上反映了这些地区经济综合实力的强弱。昌九地区作为全省区域发展战略的龙头，新型工业化发展水平处于领先位置。鹰潭、新余和宜春是江西传统的工业大市，工业基础较为扎实。抚州受综合因素影响，其工业经济发展水平在江西省处于较弱位置。

表9 近两年11个设区市评估排名比较

地区	2014年评估排名	2015年评估排名
南昌市	1	1
景德镇市	10	10
萍乡市	6	9
九江市	2	3
新余市	4	4
鹰潭市	3	2
赣州市	9	6
吉安市	8	8
宜春市	5	5
抚州市	11	11
上饶市	7	7

（二）存在突出的共性短板

近两年评估结果显示，科技创新水平不高是江西11个设区市普遍存在的突出短板，也正是由于工业创新能力偏弱，江西整个区域创新水平偏低。并且区域创新水平不均衡现象较为突出，除了南昌市持续遥遥领先于其他设区市之外，其他设区市之间相差不大且均处于较低水平。同时，评估结果显示，信息化水平偏低也是制约江西11个设区市新型工业化的关键短板，而新型工业化的重要内容之一就是促进"两化"深度融合。因此，"十三五"时期，突出创新驱动发展、加速"两化"深度融合应是江西11个设区市加快推进新型工业化发展的重要抓手和提升工业综合竞争力的核心和关键。

（三）工业资源环境区域差距较大

在资源环境这个单项指标中，区域间各具体指标数据相差较大。11个设区市中万元规模以上工业增加值能耗最高、最低的分别为0.3194吨标准煤（抚州市）和2.1386吨标准煤（新余市），相差较大；工业用水重复利用率方面，最高的达到0.9405%（萍乡市），最低的只有0.4428%（赣州市）；一般工业固体废物综合利用率差距更突出，最高的为0.9709%（萍乡市），最低的仅为0.1897%（上饶市）。

（四）赣州工业发展上升势头明显

在经济新常态背景下，各设区市工业经济发展普遍面临较大的下行压力，特别是前几年依托资源型产业发展的地区，受内外部环境影响更大，位次变动也较为明显；同时，也存在个别设区市如赣州，因工业基础本就较为薄弱，这几年受赣南等原中央苏区振兴发展战略驱动，在经济下行压力普遍较大的背景下，呈现逆势上扬的态势，在11个设区市中的排位也稳步提升。随着赣州市"十三五"时期工业翻番目标的确立，系列政策效能的逐步释放，赣州新型工业化水平将呈现一个明显的提升势头。

三　设区市新型工业化发展的思考

"十三五"时期，江西省各设区市应以"五大发展理念"为引领，以供给侧结构性改革为统领，以科技创新与产业业态创新为新动能，促进工业经济总量与质量双提升，不断增强工业综合竞争力，为实现全面建成小康社会战略目标奠定坚实的经济基础。

（一）因地制宜，差异化发展

充分依托11个设区市已有产业基础和自然禀赋，结合工业产业发展趋势和动向，因地制宜，差异化布局有关产业。昌九地区重点发展航空、汽车、石化、造船、电子信息、智能制造、大数据、云计算等，发挥龙头带动作用。赣东北的景德镇、上饶、鹰潭地区以矿产加工、重大机械装备、有色冶金、光伏新能源、光机电等为主攻方向，实现整机和零部件协调发展。赣中南的吉安、抚州、赣州地区重点发展电子信息、机械制造、生物医药、有色冶金等产业。赣西的新余、宜春、萍乡地区以新能源、新材料、医药、农产品加工为主，重点发展光伏、锂电及金属新材料、中医药、绿色食品等产业，发挥支撑作用。

（二）增强工业创新驱动能力

根据评估结果，创新能力整体偏弱、区域工业创新水平差距较大是江西11个设区市工业发展的基本现状，因此，“十三五”时期，各设区市应立足现有条件，实施差异化的创新战略。南昌市应依托创新要素聚集的优势，立足电子信息、新材料、航空等主导产业发展需求，开展核心关键技术研发，完善政府对基础性、战略性、前沿性的共性技术研发的支持机制，加快科技制度改革，激发全市创新活力。九江、鹰潭、景德镇、宜春、新余等工业基础较为良好的地区，应进一步完善创新的政策体系，加大企业创新的扶持力度，聚焦创新资源，有重点地突破几项核心关键技术，以显著提升重点领域的创新水平。赣州、吉安、抚州、上饶、萍乡等工业基础较为薄弱或竞争力被弱化的区域，应以引进消化吸收再创新为路径，快速提升创新水平；同时，围绕主导产业发展需要，针对一些重点环节、核心链条，采取联合攻关等方式实施技术研发。

（三）推进工业化与信息化深度融合

根据前文评估结果，信息化水平不高是江西11个设区市新型工业化发展中普遍存在的“短板”，亟须补齐。一是加快出台相关政策。围绕《中国制造2025》，省级层面已经出台《江西省人民政府关于贯彻落实〈中国制造2025〉的实施意见》，各设区市也应尽快出台贯彻落实的实施意见，以明确工业信息化和智能化发展的目标和方向。二是加快普及应用现代信息技术。11个设区市均需进一步推进信息基础设施建设，尤其是基础设施水平本就落后的赣州、上饶、抚州等地区；并且，在产业集聚区全面构建宽带高速、移动互联、融合泛在、安全可靠的新一代信息通信网络基础设施。三是加速工业智能转型。将昌九地区作为工业智能转型的核心地区来打造，把鹰潭市和新余市作为工业智能转型的重点地区，推动赣州市、上饶市等工业智能化水平快速提升。

（四）推进工业绿色发展

设区市推进新型工业化，应该把工业化进程与生态文明建设紧密结合起来，打造具有区域特色的绿色产业体系。一是加快工业绿色改造升级。南昌应大力发展以节能环保为主要内容的生产性服务业，积极引领战略性新兴产业高起点绿色发展，实现绿色生产。九江、鹰潭、新余等地区应加强绿色生产设计，在传统制造业等重点领域开展绿色设计示范，将绿色发展理念和方法贯穿工业企业生产全过程。上饶、萍乡、赣州等地区应大力推广应用高效绿色生产工艺技术装备以改造传统制造业。二是积极培育新型生态工业示范园区。各设区市应逐步建立健全园区绿色发展管理制度，开展生态发展“清单”制度。加大对不同类型工业园区绿色化改造力度，适度扩大生态工业园试点范围。合理规划园区企业结构，通过上下游产业联合和优化整合，推进物质和能源流动转换，拓展园区循环经济发展空间。

（五）推动工业“走出去”与区域合作

各设区市要借助国家对外开放战略平台，统筹国际国内两个市场、两种资源，提升工业对外开放的层次与水平，拓展工业转型升级空间。昌九地区应重点依托长江中游城市群发展战略，加强与湖南、湖北的产业合作，着力推进赣鄂湘产业合作区、赣湘经贸合作示范区和赣鄂合作特别示范区建设，共同拟定产业调整转移指导目录，建立产业转移跨区域合作机制。赣东北地区可凭借邻近长三角和海西经济区的地理位置优势，加强产业对接，增强产业承接能力。赣西地区应着力推进赣湘经贸合作示范区建设。赣南地区则应借助“一带一路”战略，加强与福建、广东等沿海地区的合作，探索产业协同与境外合作机制。

（六）巩固提升人力资源优势

高端人才和技能型人才是新型工业化的第一位要素资源，而江西 11 个设区市普遍面临人才匮乏的难题，针对这一现状，亟须做好以下工作：一是引进并打造几所高水平大学。借助长江中游城市群建设契机，加强与湖北、湖南等地区名校的联系和合作，可通过建立分校、联合办学等方式增强江西高校竞争力。二是重点做强做优已有高校资源。南昌应重点推进南昌大学、江西财经大学等的改革，以提升知名度和影响力；其他设区市除强化自身已有教育资源外，应加强与南昌地区的教育合作。三是积极推进职业教育发展。围绕各地主导产业发展需要，探索校企共建等方式，培育急需的技能型人才和专业化人才，加快形成一批技能型人才队伍；同时，加大企业家培训力度，以增强企业家的经营管理能力。

参考文献

孙智君、周滢：《欠发达地区新型工业化评价指标体系及水平测度研究——以湖北省为例》，《武汉大学学报》2013 年第 2 期。

谢春：《中国特色新型工业化水平测度及模式研究》，中南大学硕士学位论文，2011。

张文彤：《SPSS 统计分析高级教程》，高等教育出版社，2009。

B.4

2015~2016年江西设区市新型城镇化发展报告

邓　虹*

城镇化是现代化的必由之路，也是由以农业为主的传统乡村社会向以工业、服务业、高新技术产业、信息产业为主的现代城市转变的必由之路，城镇化是一个社会逐渐发展的历史过程，城镇化对于我国全面建成小康社会具有重大意义。

一　新型城镇化的内涵

2011年，我国进入国民经济和社会发展第十二个五年规划时期，在这一年我国城镇人口占全国总人口的比重达到51.27%，这是我国城镇人口第一次超过50%，这个历史性的突破标志着我国城镇化进入一个新的历史阶段。

2012年11月，党的十八大强调，我国必须坚持走中国特色的新型城镇化道路，以推动工业化与城镇化之间的良性互动、推动城镇化与农业现代化之间的相互协调，最终实现“四化”同步发展，即工业化、信息化、城镇化与农业现代化的同步发展。

2014年3月，我国《国家新型城镇化规划（2014－2020年）》正式颁布，这进一步丰富了“中国特色新型城镇化道路”的内涵，进一步明确了我国做好新型城镇化工作的要求。

中国特色新型城镇化的内涵应该包括以下五个方面。

* 作者工作单位：江西省社会科学院。

（一）新型城镇化是一种“质量明显提高”的城镇化

“质量明显提高”的城镇化是党的十八大提出的全面建成小康社会目标的新内涵。城镇化不再以简单的城市人口比重增加和城市面积扩张来衡量，衡量的标准是产业结构、就业方式、人居环境和社会保障等一系列指标是否完成从“乡村”到“城市”的转变。最终的结果是形成以城市带乡村、城乡一体化的新型城乡关系。

（二）新型城镇化是一种“四化”同步发展的城镇化

“四化”同步发展是党的十八大报告提出的新要求。党的十七届三中全会提出的是“三化”建设要求，即“统筹工业化、城镇化、农业现代化建设”；我国“十二五”规划纲要提出“同步推进工业化、城镇化和农业现代化”，即“三化”同步推进。

（三）新型城镇化是一种“以人为核心”的城镇化

党的十八大报告明确指出，要加快改革我国的户籍制度，要有序地推进进城就业的农业转移人口实现市民化，努力实现城镇已有的基本公共服务覆盖所有的城镇常住人口。2013 年 12 月举行的中央城镇化工作会议提出的思路是要以人为本，推进新的以人为核心的城镇化，提高城镇人口的素质和城镇居民的生活质量；其首要任务就是促进有能力在城镇稳定就业的常住人口和有能力在城镇稳定生活的常住人口有序地实现市民化。

（四）新型城镇化是一种体现生态文明理念的城镇化

党的十八大将生态文明建设纳入中国特色社会主义建设的总体布局中，这就对推进城镇化提出了新的要求。中央城镇化工作会议提出，要坚持走生态文明建设的道路，在推进绿色发展、循环发展和低碳发展上下功夫，在发展中尽可能减少对自然的干扰，在发展中尽可能减少对自然的损害，做到对土地、水、能源等资源的节约和集约利用。

（五）新型城镇化是一种“以城市群为主体形态”的城镇化

这是我国“十一五”规划纲要就已经明确的方针，“十二五”规划纲要进一步提出了推动城市群的发展。中央城镇化工作会议提出，要优化城市布局，在宏观上根据区域的资源环境承载能力谋划科学合理的城镇化布局，把城市群作为城镇化的主体形态，以促进大中小城市与小城镇之间的合理分工、功能互补和协同发展。

2014 年底，江西省常住人口城镇化率达到 50.2%，首次突破 50%，比上年提高 1.33 个百分点。根据预测，江西省城镇化每提高一个百分点，就能转移农村人口 44 万人，拉动消费 440 亿元。按照过去 10 年江西省城镇化年均增长 1.64% 计算，每年可以拉动投资 2700 亿元，替代出口 4200 亿元，创造 GDP 3600 亿元，对全省 GDP 增长的贡献率达到 35% 以上。可见，城镇化对推动江西经济发展至关重要。

二　江西省推进设区市新型城镇化工作目标明确

江西省人民政府于 2012 年 7 月在《江西省人民政府关于进一步推进城镇化发展的实施意见》中对全省城镇化的发展目标提出这样的设想：到“十二五”规划结束的时候，全省的城镇化率指标实现程度达到 53% 以上，城镇化率指标每年平均提高 1.7 个百分点以上，全省城镇化率要接近或达到全国城镇化平均水平。省会所在地南昌市城区常住人口达到 300 万人左右的规模；南北两个门户城市赣州市和九江市的城区常住人口规模要达到 100 万人以上，跨入全国特大城市的行列；其他 7 个设区市，即上饶市、吉安市、新余市、萍乡市、景德镇市、抚州市、宜春市的城区常住人口规模超过 50 万人，发展成全国大城市；人口较少的城市，即鹰潭市等 13 个城市的城区常住人口规模达到 20 万 ~50 万人，进入我国中等城市的行列，全省各个县城的平均城市人口规模要达到 12 万人以上；全省城镇体系初步形成结构合理、布局协调、功能互补、集约高效的布局。《江西省人民政府关于进一步推进城镇化发展的实施意见》中表述的其他目标是：①优化城镇空间布局，建设以鄱阳湖生态城镇群、沿沪昆线和京九线的两条城镇发展带、南昌大都市区、赣州都市区、九江都市区为主骨架（即“一群两带三区”）的全省区域范围内的城镇空间结构体系，以促进全省区域范围内大中小城市与小城镇的协调发展。②加快构建城镇产业支撑体系。要优化城镇产业空间布局，形成特色鲜明、分工协作、错位发展、相互协调的区域产业格局。要推动城镇产业结构升级，大力培育战略性新兴产业，在新能源、新材料、新能源汽车、民用航空、生物医药等领域得到发展，使之成为引领江西未来发展的主导力量。③加快实现农村人口向城镇的转移。在深化户籍制度改革方面，要进一步放宽在城镇落户的条件，在设区市辖区具有合法稳定职业满三年、具有合法稳定的住所（含租赁）、按照国家规定缴纳有关社会保险达到一定年限的人员，本人及其共同居住生活的配偶、未婚子女、父母，可以在当地申请登记常住户口；在县级市的市区、县人民政府驻地镇以及其他建制镇有合法稳定职业和合法稳定住所（含租赁）的人员，可以在当地申请登记常住户口。在全省范围内逐步取消二元户籍管理制度，逐步建立城乡统一的户口登记制度。④完善公共服务和社会保障体系，要严格落实省内已经实行的同城同等待遇政策，让进城农民在养老、住房、医疗、就业等各个社会保障领域能享受当地城镇居民的同等待遇，保障进城就业人员的子女能同等享受义务教育的权利，确保进城就业的农民子女在父母就业地就近入学，对在城镇就业有困难的农民要实行就业援助和生活保障。进城就业农民符合有关规定的，可以申请保障性住房。⑤协调推进环境保护，坚持城镇化建设与环境保护同步推进，改善城乡环境，大力开展生态示范区创建活动，进一步提升生态文明水平。

2013 年中央推出新型城镇化战略后，江西省加快了全省城镇化建设的步伐。江西省委十三届七次全体会议明确了“发展升级、小康提速、绿色崛起、实干兴赣”的目标。

全省按照“到 2015 年底城镇化水平达到 53% 以上，达到或接近全国平均水平”的总体目标，分解落实“十二五”期间各级城镇化发展目标。其中，南昌、赣州、九江三个都市区年均提高2.0个百分点；上饶、抚州、吉安、宜春四个管辖区域较大的市年均提高1.8个百分点以上；新余、景德镇、萍乡、鹰潭等管辖区域较小的市，城镇化率要走在全省前列。

为贯彻落实《国家新型城镇化规划（2014－2020年）》，推进江西省城镇化发展，遵照江西省委、省政府的要求和部署，江西省发改委在2014年组织编制出《江西省新型城镇化规划（2014－2020年）》（以下简称《规划》），并于2014年6月26日由江西省委、省人民政府发布实施。《规划》的制定实施，对加快全省新型城镇化的前进步伐，推动发展升级、小康提速、绿色崛起具有重要意义。

《规划》中“以人为本”的新型城镇化重在推进“人”的城镇化，其主要体现在以下几个方面：①大力推进农业转移人口落户城镇。完善农业转移人口落户制度，各类城镇要因地制宜地制定具体的农业转移人口落户标准，基本满足农业转移人口（特别是新生代农业转移人口）的合理预期，使他们能够落户城镇、享有城镇居民的生活待遇。要实行差别化的落户政策，有序放开省会城市南昌市中心城区的落户限制，全省其他设区市的中心城区落户限制要积极放开，省内县级城市和建制镇的落户限制要全面放开。设置参加城镇社会保险的门槛在大城市最高年限不得超过3年。②城镇基本公共服务要覆盖进城的农业转移人口。要确保农民工随迁子女平等享有受教育权利，随迁子女义务教育经费要纳入各级政府教育发展规划和财政预算。要坚持以全日制公办中小学为主的原则、坚持以流入地管理为主的原则，就近安排农民工随迁子女能够接受义务教育。要完善省、市、县、乡四级公共就业服务体系，引导职业中介机构为需要转移的农村劳动力提供规范的诚信服务。要整合培训资源，开展学校与企业的合作，使为农民工提供的基本职业技能培训有针对性和实用性。要扩大社会保障的覆盖面，完善社会保险关系转移接续政策，建立统一的城乡居民基本养老保险制度。要依法将农民工纳入城镇职工基本医疗保险，允许灵活就业的农民工参加当地城镇居民基本医疗保险。要强化企业缴费责任，扩大农民工参加城镇职工工伤保险、失业保险、生育保险的比例。③住房保障方面，要将符合条件的农民工纳入当地城镇的住房保障体系，将在城市已经稳定就业的进城务工人员纳入当地住房公积金制度体系内，要让农民工集中的开发区和工业园区建设单元型或宿舍型公共租赁住房，要支持有较多农民工的企业自己建设给农民工居住的集体宿舍。④解决城镇化的资金来源问题，形成一个有效、责任明确的成本分担机制。政府方面主要承担教育、医疗、养老、保障性住房等公共成本；企业方面要按规定依法支付企业职工的养老、医疗、工伤、失业等社会保险费用，企业要做到确保农民工与城镇职工同工同酬；农业转移人口则要承担社会保险中应该由个人支付的费用，提高自身的就业能力。

三　江西省推进设区市新型城镇化措施得力

2011 年底，全省城镇总人口首次突破 2000 万，达到 2051.21 万人，新增城镇人口 87 万，城镇化水平达到 45.7%。在各设区市中，南昌、新余和萍乡分别以 67.24%、63.58% 和 60.77% 的城镇化率占据前三位。

2014 年底，全省常住人口城镇化率比上年提高 1.33 个百分点，达到 50.2%，全省城镇化率首次超过 50% 的大关，实现历史性突破。

江西省推进设区市新型城镇化工作有以下几个有效措施。

（一）推进设区市新型城镇化的制度创新方面取得突破

各地在破解制约城镇化发展的户籍、土地管理、投融资等制度方面积极探索、先行先试。鹰潭市、樟树市国家新型城镇化综合试点有序推进。萍乡、景德镇、宜春、抚州等地编制完成了本市新型城镇化规划（2014～2020年）。南昌市加大力度推进一元化户籍制度改革，吸引农业转移人口进城落户。2014 年，南昌市城区 72.47 万户 228.92 万人完成身份置换，由非农业户口和农业户口转换为南昌市城市居民户口，其中农业户口 16.61 万户 54.07 万人。新余市户籍制度改革基本做到了“无门槛”“无条件”。九江市创新投融资工作机制，加强与商业金融机构的战略合作，积极引导平台公司与金融机构充分对接。宜春市农村土地确权颁证工作全面开展，铜鼓县颁发了全省土地承包经营权的“第一证”。鹰潭市全面完成农村土地承包经营权确权登记，建立了市、县、乡、村四级土地流转服务体系，土地流转面积达31万亩。

（二）农业转移人口市民化稳步推进

2014年，各地坚持把加快农业转移人口市民化放在突出位置，更加注重公共服务配套设施的建设，努力解决好农业转移人口的就业、住房、社保、医疗、养老、子女就学等问题。宜春市坚持就业优先战略，2014年全市新增转移农村劳动力70500人，全市共为工业园区培训劳动力37856人。上饶市中心城区已有1300余套保障性住房分配给进城农民工，解决了3000余名外来务工人员家庭成员的住房困难。萍乡市为315户外来务工人员解决住房问题。鹰潭市在全省率先实行“多险合一”，实现了社保领域的信息共享与业务协同、省内异地就医和全市一卡通用。赣州市按照常住人口的数量进行城镇公共医疗卫生服务资源配置，将进城务工人员及其随迁家属纳入社区医疗卫生计生服务体系，病床位达到3.7万张，每千人口拥有病床位达3.98张。上饶市印发了《上饶市人民政府关于加快发展养老服务业的实施意见》《上饶市养老福利机构补助资金实施办法》两个政策性文件，一批老年福利中心项目正在加快建设。吉安市加大中心城区学校建设力度，近年来投入近20亿元，新建、改扩建了15所学校，增加优质教育学位3万个，为农民工随迁子女入学全力提供优质教育资源。

（三）城乡规划引领作用更加突出

在省域城镇体系规划的引领下，《环鄱阳湖生态城市群规划（2015－2030）》《南昌大都市区规划（2015－2030）》等区域规划同步推进，促进了全省城镇群、都市区建设，推动区域协调发展。赣州市从统筹城乡发展空间出发，完成了赣州东部、南部两大次区域城镇体系规划编制，形成集约高效的城镇体系。吉安市启动《吉泰走廊区域生态保护规划》编制，将原有的基本生态控制线、城市绿线、蓝线（水体）统一为生态红线，市人大通过了《关于加强吉泰走廊生态保护的决议》。鹰潭市全面启动“多规合一”试点工作，编制《鹰潭市城乡总体规划（2014－2030年）》，实现了市域空间全覆盖，发改委、国土资源、环境保护等多部门规划职能相融合。南昌市加强城乡规划管理，积极推进规划管理信息化，创建了南昌市规划编制成果管理共享平台。

（四）城镇综合承载能力进一步提升

各地加大城镇基础设施建设投入，完善城市功能，城镇综合承载力进一步提升。2014年，全省设区市中心城区实施500万元以上的市政公用项目412项，投资金额达2742.4亿元。景德镇市开展了地下综合管廊试点，投资2亿元建了4公里的综合管廊。赣州市坚持基础设施优先、公共设施优先、生态环境优先，三年投入1亿元，实施“百街小巷”整治工程，改造完成237条小街小巷整治。上饶市投入75亿元建设并改造完成了上饶三清山机场、老火车站片区综合改造拆迁等一批重大项目。

（五）各地城市管理水平得到提高

各地在推进城市基础设施建设时，不断探索城市管理体制的创新，以提高城市管理的水平。南昌市理顺了市、区、街道（镇）、社区四者的关系，完善城市综合管理专项考核，获得“国家文明城市”的荣誉称号。吉安市深入推进无物业住宅小区改造，对80个50户以上无物业住宅小区进行了改造，深受市民欢迎。赣州市章贡区推进了16个城市标准化社区建设，社区服务逐步由福利性服务向便民化服务、社会化服务转变。上饶市将2014年作为城市管理“综合整治提升年”，有效地净化了城市空间环境，提升了城市品位。

（六）城乡人居环境持续改善

各地重视城乡环境的打造，抓实生态文明建设，全省城乡人居环境持续改善。南昌市初步形成“一江三河八湖一水网”的水景观格局。九江市大力推进“森林城乡、绿色通道”工程，全市新增通道绿化 202.5 公里，改造提升通道绿化 257.67 公里。鹰潭市建成信江两岸十里沿江景观长廊，改造提升 11 个公园。吉安市建立了市立公园制度，完成了第一批 67 个市立公园的命名和对外公布。上饶市婺源县成为全省首批国家生态县，江湾镇入选全国首批美丽宜居小镇。①

四　江西省推进设区市新型城镇化成绩明显

（一）经济总量不断提高

江西省 2010 年地区生产总值是 9451.26 亿元，2015 年地区生产总值是 16723.8 亿元，“十二五”结束的 2015 年比“十一五”结束的 2010 年增长 76.95%，年均增长 15.39%（见图 1）。2014 年江西省各设区市地区生产总值排位如图 2 所示。

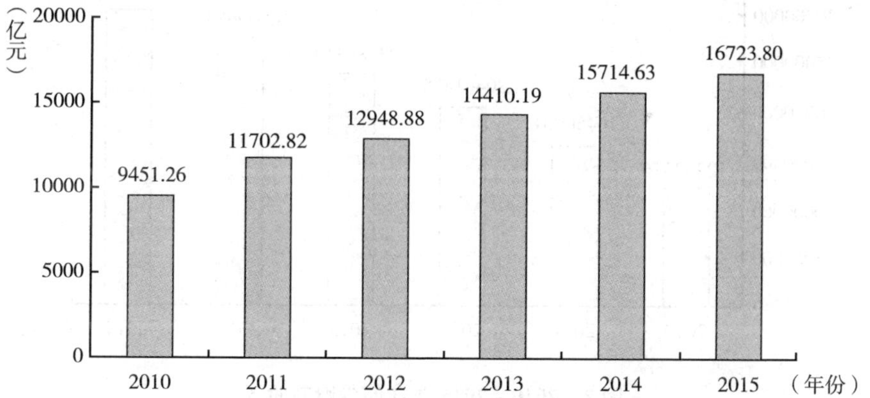

图 1　2010～2015 年江西省地区生产总值

① 江西省推进新型城镇化领导小组办公室：《关于 2014 年全省推进新型城镇化工作督查情况的报告》，2015 年 3 月 6 日。

表 1　2014 年江西省各设区市地区生产总值排位

单位：亿元

地　区	地区生产总值	地　区	地区生产总值
南昌市	3667.96	抚州市	1036.77
赣州市	1843.59	新余市	900.27
九江市	1779.96	萍乡市	864.95
上饶市	1550.24	景德镇市	738.21
宜春市	1522.99	鹰潭市	606.98
吉安市	1242.11		

（二）可用财力年年递增

江西省 2010 年财政收入是 12262376 万元，2015 年财政收入是 30215000 万元，“十二五”结束的 2015 年比“十一五”结束的 2010 年增长 146.40%，年均增长 29.28%（见图 2）。

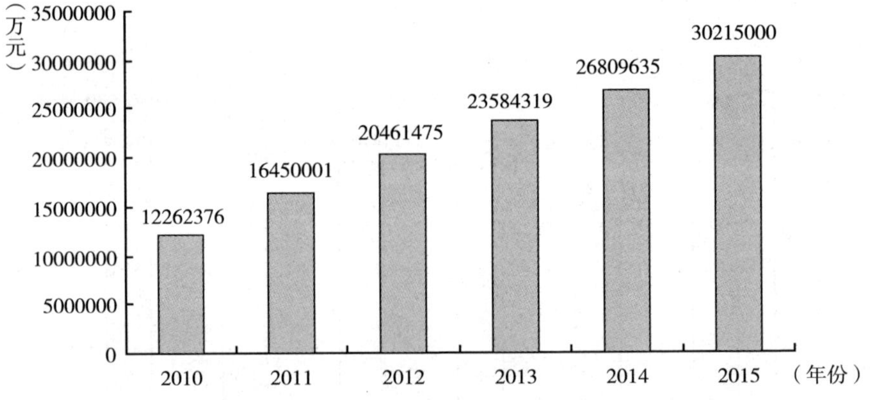

图 2　2010～2015 年江西省财政收入

（三）人民群众日益富裕

江西省 2010 年城镇居民人均可支配性收入为 15481.12 元，农村居民人均纯收入为 5788.56 元。2015 年城镇居民人均可支配收入为 26500 元，农村居民人均可支配收入为 11139 元。虽有统计口径的改变，但这两组数据仍有一定可比性，城镇居民人均可支配收入方面，“十二五”结束的 2015 年比“十一五”结束的 2010 年增长 71.18%，年均增长 14.24%；农村居民人均可支配收入方面，“十二五”结束的 2015 年比“十一五”结束的 2010 年增长 92.43%，年均增长 18.49%。2014 年江西省各地区城乡居民人均可支配收入如图 3 所示。

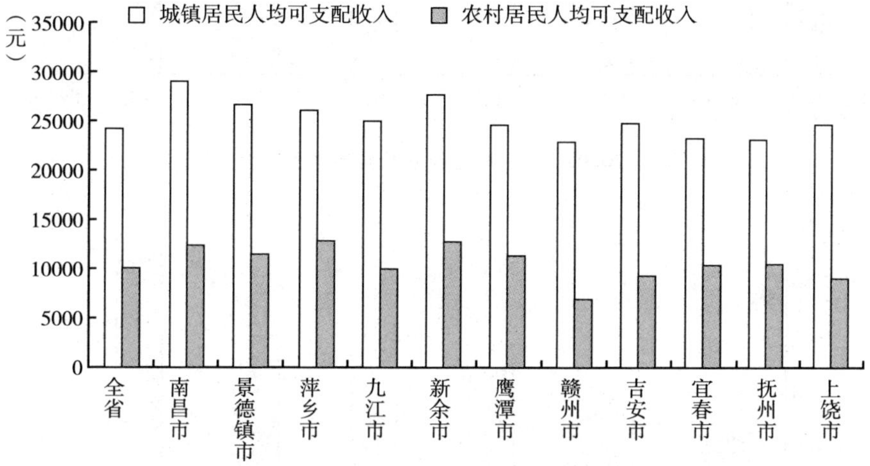

图 3　2014 年江西省各地区城乡居民人均可支配收入

（四）消费拉动效果明显

2010～2015 年，江西省社会消费品零售总额分别为 2956.21 亿元、3485.06 亿元、4027.25 亿元、4576.05 亿元、5292.63 亿元、5896.00 亿元。“十二五”结束的 2015 年比“十一五”结束的 2010 年增长 99.44%，年均增长 19.89%（见图 4）。

（五）社会就业平稳增长

江西省 2010～2015 年社会就业人员数分别为 2498.8 万人、2532.6 万人、2556.0 万人、2588.7 万人、2603.3 万人、2658.6 万人。“十二五”结束的 2015 年比“十一五”结束的 2010 年增长 6.4%，年均增长 1.28%（见图 5）。

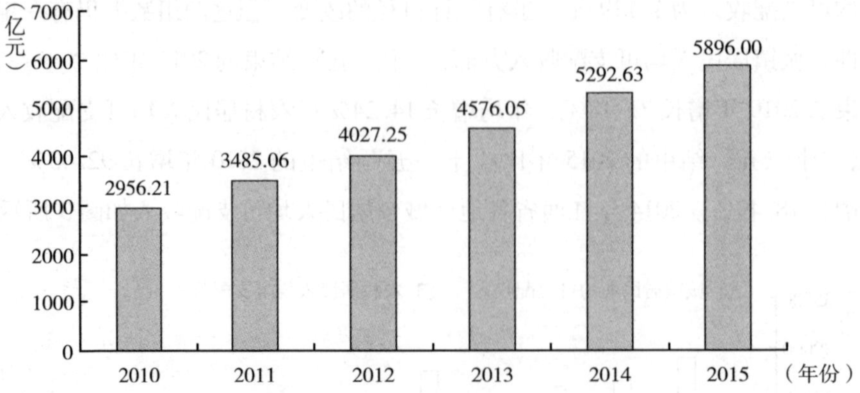

图4　2010～2015年江西省社会消费品零售总额

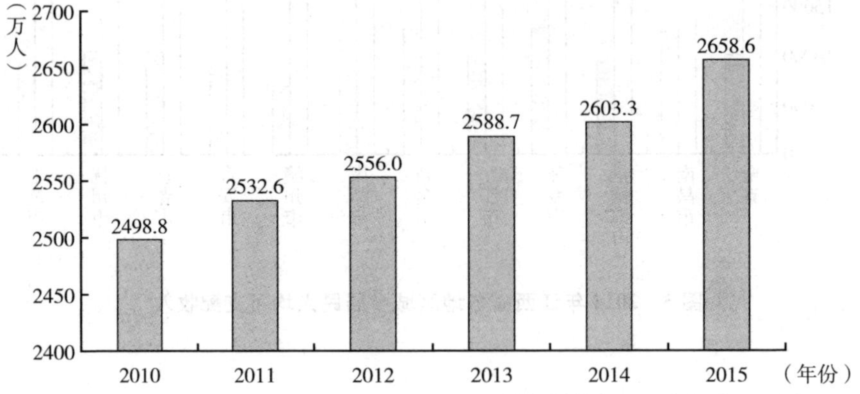

图5　2010～2015年江西省社会就业人员数

江西省2010～2015年登记失业率分别是3.31%、3.20%、3.00%、3.17%、3.27%和3.4%，2015年低于登记失业率控制目标1.1个百分点，江西省省长鹿心社在2016年1月25日所做的《江西省政府工作报告》中认为，登记失业率控制目标较好地完成了江西省第十二届人民大会代表第四次会议确定的目标任务。

（六）城镇化率取得历史性突破

江西省2010年城镇化率为44.06%，2015年城镇化率为51.60%，离

“到2015年底城镇化水平达到53%以上”的总体目标有1.40个百分点的差距。江西省城镇化率在“十二五”结束的2015年比“十一五”结束的2010年增长了7.54个百分点，年均增长1.51个百分点（见表2）。江西省主要城市2010年和2014年城区人口、建城区面积如表3、表4所示。

表2 江西省2010 ~2015年城镇化率

单位：%

年份	城镇化率	年份	城镇化率
2010	44.06	2013	48.87
2011	45.70	2014	50.22
2012	47.51	2015	51.60

表3 江西省主要城市2010年和2014年城区人口

单位：万人

地　区	2010年城区人口	2014年城区人口
全　省	762.90	890.58
南昌市	202.45	227.46
九江市	62.06	63.19
赣州市	49.78	93.04
抚州市	49.33	57.13
景德镇市	45.15	48.68
萍乡市	36.67	42.12
新余市	36.10	45.04
宜春市	35.22	43.39
上饶市	31.09	39.16
丰城市	31.02	35.27
吉安市	28.81	37.60
瑞金市	27.18	33.70
樟树市	21.55	25.01
南康市	20.20	—
高安市	19.18	22.40
乐平市	16.66	16.95
瑞昌市	15.23	17.96
鹰潭市	14.36	21.83
贵溪市	11.51	12.02
德兴市	6.36	6.45
井冈山市	2.40	2.76

表 4　江西省主要城市 2010 年和 2014 年建城区面积

单位：平方公里

地　　区	2010 年建成区面积	2014 年建成区面积
全　　省	933.78	1201.26
南 昌 市	201.50	262.00
九 江 市	89.47	102.82
赣 州 市	76.30	136.80
抚 州 市	50.30	58.40
景德镇市	72.80	78.68
萍 乡 市	42.10	50.87
新 余 市	53.00	74.00
宜 春 市	50.00	68.00
上 饶 市	38.28	49.76
丰 城 市	39.00	48.50
吉 安 市	35.03	53.05
瑞 金 市	20.33	25.34
樟 树 市	21.56	26.10
南 康 市	—	—
高 安 市	21.70	27.71
乐 平 市	18.50	23.83
瑞 昌 市	15.00	18.80
鹰 潭 市	23.68	33.50
贵 溪 市	22.30	29.38
德 兴 市	10.00	6.45
井冈山市	7.29	8.90

五　江西省推进设区市新型城镇化中存在的问题

进入 21 世纪后，江西省依托中心城市和重点县城加快产业和人口集聚，城镇化率逐步提高。到 2014 年底，全省常住人口城镇化率比上年提高 1.33 个百分点，达到 50.2%，推进设区市新型城镇化进展顺利。但是，江西省在城镇化发展的过程中也面临一些实际困难。

（一）“三个低于”制约了江西省从整体上提升城镇化水平

1. 江西省城镇化水平低于全国城镇化平均水平

2013 年，江西常住人口城镇化率比全国城镇化平均水平低 4.86 个百分点，在中部六省排第 3 位、全国排第 19 位，户籍人口城镇化率比全国低 9 个百分点。城镇化水平滞后于工业化水平，城镇化率与工业化率的比值是 1.09，低于全国城镇化率与工业化率比值为 1.45 的平均水平。

2. 江西人口城镇化速率低于土地城镇化速率

1990～2012 年，江西城市建成区面积年均增长 6.06%，而人口城镇化率年均提高 1.23 个百分点，年均增长明显滞后于城市建成区的增长。

3. 江西人口的市民化速度低于人口转移速度，市民化进程偏慢

2012 年，江西省户籍人口城镇化率是 26.96%，与全省常住人口城镇化率相比低 21.77 个百分点，大量在省内就业的农民工仍处于“半市民化”状态。2014 年，江西在省内就业的农民工有 248.8 万人，尽管这些农民工已经是城市中的产业工人，但是他们还不能享受到城市提供的基本公共服务，仍处于“不完全市民化”的状态。

（二）江西省推进设区市新型城镇化中存在的其他问题

1. 认识不到位

有的地方的领导还没有准确理解中央和省委城镇化工作会议的精神，没有把以人为本作为新型城镇化的基本取向，大拆大建、盲目造城等问题还存在。

2. 农民落户城镇意愿不强

从户籍登记的情况看，城镇吸纳人口效果不明显。2014 年，全省农转非人口仅为 60 万人（包括南昌市统一登记居民户口 54.07 万人）。主要原因是农村户籍附着了城市户籍所没有的价值，加上农民工市民化的相关政策还不明朗，影响了农民进城落户意愿。

3. 产业支撑和综合承载力较弱

有的地方主导产业不突出，产业对城镇化的支撑不强，产城融合度较低，产业对周边人口的吸纳能力不足。有的地方公共服务体系不健全，城镇综合承载能力较弱，人居环境质量不高，集聚功能不强。

4. 城镇投融资模式难以为继

全省城镇建设的资金主要依靠土地出让的收入，政府的债务风险大。中央提出的地方政府建立起财政转移支付与农业转移人口市民化挂钩的机制还没有突破性进展。

5. 建设用地粗放发展的问题比较突出

城镇建设用地规模普遍突破国家标准和城市总体规划的要求，特别是城市新区和各类园区的建设存在不切实际的现象。一些新区、园区用地粗放浪费，导致城镇工业用地比重偏大，闲置过多，建成区人口密度偏低，土地利用效率低。

6. 城乡规划建设管理水平还不高

有的地方规划编制水平不高，忽视城市发展质量和建设品位的提升。“一届领导一个规划”现象依然存在，部分城市违反规划，擅自调整地块容积率、改变用地使用性质和降低绿地率指标等违法违规情况时有发生。一些城市在管理方式上还比较粗放。

六　江西省“十三五”时期设区市新型城镇化展望

总体原则是坚持走中国特色新型城镇化道路，提升设区市新型城镇化水平。要把人的城镇化作为新型城镇化的核心，推动省内大中小城市和小城镇之间的协调发展，使产业与城镇之间的融合发展速度加快，促进新型城镇化与农村建设之间的相互协调，形成新型城镇化与农业现代化之间的良性互动关系，优化城市空间结构布局和管理格局，完善省域城镇空间结构体系，增强城市的综合承载能力和带动能力，提高国土空间利用效率，分区指导设区市新型城镇化发展。

（一）切实贯彻落实新型城镇化发展的制度性文件精神

首先要贯彻落实好江西省关于新型城镇化发展的两个制度性文件精神，这两个制度性文件分别是《江西省关于完善城镇化发展体制机制提高城镇化发展质量的意见》《江西省新型城镇化规划（2014－2020年）》。

其次要建立起江西省城乡统一的户口登记制度，在全省范围内全面实施居住证制度，促进进城农民有序转移落户到城市，使进城农民真正转变为参与城市建设并能够共享城市发展成果的新市民。在破解影响设区市城镇化进程和质量的产业支撑难题、城乡基本公共服务均等化等方面做好改进工作，在提高城市承载力、培育壮大省域内城市群和中心城市、加快县城和中心镇发展等方面取得突破，继续在体制机制方面进行创新。

（二）积极抓好设区市辖区内的各类试点工作

以全国生态文明先行示范区建设为总抓手，推动鹰潭、樟树“国家新型城镇化综合改革试点”建设。推行市县“多规合一”，实现“一张蓝图”管控城乡空间。继续抓好农村土地改革试点、集体经营性建设用地流转试点、农村土地经营权和农民房屋抵押贷款试点、农村宅基地抵押担保转让和退出试点等工作。

（三）认真贯彻实施江西省新型城镇化规划

切实加强城市工作，做好环鄱阳湖生态城市群、南昌大都市区、九江都市区等重大区域规划编制，加快新宜萍城镇群、吉泰城镇群、信江河谷城镇群规划编制，严格城市总体规划修编。

优化省域内的城镇化布局和结构，推动大中小城市与小城镇之间的协调发展，发挥政府规划引导和市场力量双轮驱动的作用，在全省逐步形成若干个对周边有辐射作用的城市群，形成带动全省各区域经济社会发展的增长极。

（四）在设区市新型城镇化建设中融入生态文明理念

在推动设区市新型城镇化过程中要注重发展质量，做好各地的生态保护工作，把绿色发展理念落实到市、县、乡镇三级的发展中，把循环发展和低碳发展落实到市、县、乡镇三级的发展中，注意土地、水、能源等自然资源的节约集约利用，注重搞好海绵城市的建设，强化环境保护工作，注重生态修复工作，减少人类活动对大自然的干扰，减少人类活动对大自然的损害，在全省倡导绿色低碳的生产和生活方式，提高省内大中小城市的管理水平。

（五）在地方文化的传承和保护工作中突出城市个性

注重打造不同城市的个性。根据各个不同城市的人文历史传统和资源禀赋，保留和利用好各设区市的历史文化资源，根据各个设区市的民族风情特色，打造出体现当地文化特色和魅力的个性化城市，保留好城市的历史文化记忆，突出各地的历史文化风貌。各设区市要依托当地山水资源所形成的独特风光，让城市融入自然，让居民能够望得见山、能够看得见水、能够记得住乡愁，能够真正享受到新型城镇化给他们带来的经济社会发展成果。

总之，在进入城市时代后，积极稳妥推进“十三五”时期设区市新型城镇化工作，对江西省加快社会主义现代化建设进程具有重大的现实意义和深远的历史意义。江西省应该积极推进与工业化程度相适应的新型城镇化，在推进设区市新型城镇化的同时，还应该逐步建立起适应农业发展需要的高素质的职业农民队伍，同步推进农业现代化，实现四化同步发展，全面迈进小康社会。

B.5 2015~2016年江西设区市农业现代化发展报告

江西省社会科学院课题组*

农业现代化是我国实现现代化的基础，以农业衰退、农村凋敝、农民贫困为代价推进新型工业化和新型城镇化是不可想象的，必须走新型城镇化和农业现代化协调发展之路，加快形成以工促农、以城带乡、城乡一体的新型工农关系、城乡关系。党的十八大提出，“构建有中国特色的新型工业化、城镇化、信息化和农业现代化，实现四化同步发展”。中央连续出台了《关于全面深化农村改革加快推进农业现代化的若干意见》《关于加大改革创新力度加快农业现代化建设的若干意见》和多个一号文件。在此背景下，江西作为传统农业大省，提出了五年决战同步小康的具体建设目标，其中实现农业现代化是关键。

农业现代化进程是一个动态、不断演进的历史过程，江西各设区市农业现代化水平具有显著的区域差异，建立一套科学的农业现代化发展评价指标体系，全面客观地评价各设区市农业现代化发展水平，不仅可以反映各设区市农业经济发展的状况，而且可以探寻各设区市农业经济发展质量高低、速度快慢的根源，这有助于各设区市实现农业现代化，也有助于江西五年决战小康建设。

一 江西设区市农业现代化发展评价指标体系的构建

（一）指标选取

在遵循系统性、代表性、综合性等原则的基础上，借鉴世界银行、联合

---

* 课题组组长：吴锋刚；成员：杨锦琦、张宜红。

国粮农组织、欧盟、美国等一些国家、地区和组织评价农业现代化水平的指标和衡量标准，参考中国农业科学院相关学者（辛岭、蒋和平等）构建的农业现代化评价指标体系，结合江西实际情况并兼顾数据的可获得性，听取部分专家的意见与建议，本课题组建立了 4 项准则指标和 16 项目标指标，以评价江西各设区市农业现代化发展水平。

1. 农业发展水平

实现农业现代化，提高农业发展水平是基础。农业发展水平主要包括单位耕地面积机械总动力、土地生产率、劳动生产率、农林牧渔服务业产业比重、人均粮食占有量、人均肉类占有量、农林牧渔业商品率等指标。首先，提高农业产出规模，农产品产量是农业竞争力的基础，只有量变才能发生质变，因此人均粮食和肉类占有量的大幅度提高是做大做强农业的基础。其次，农业科技是推动农业现代化发展的基石。没有良好的物质装备，农业就不可能体现“现代化”的水平，必须以现代化的装备去发展农业、提升农业，而单位耕地面积机械总动力能反映农业物质装备水平。再次，农业现代化归根到底是要提高农业产出效益。因此，农业发展要有较高的劳动生产率和土地生产率。最后，要实现农业现代化，就必须将农业与第二、第三产业联合发展，要以国内外市场为指向，重点在于提高农业商品化程度和农业服务业比重，进而提高农业抵御市场风险的能力。

2. 农村发展水平

农业现代化不仅包括农业强大，而且还包括农民富裕、农村美丽。农村发展水平主要包括第一产业增加值比重、农村人均用电量、农村人口比重、农民人均纯收入等指标。首先，农村人口比重和第一产业增加值比重持续降低，是农业现代化的客观规律。其次，农业现代化需要先进设备和技术、舒适的住房环境，这些都需要大量用电，因此农村人均用电量是衡量农村现代化的重要标志。最后，实现农业现代化的最终目的是要使之成为农民持续增收的源泉，农民人均纯收入要大幅度提高，它能综合反映农村发展水平。

3. 农业支持保护水平

世界各国实现农业现代化的经验表明，农业现代化的实现与政府的支持保护是密不可分的。因此，选取农林水事务支出比重这一指标来衡量。

4. 农业可持续发展水平

提高农业可持续发展水平是农业现代化发展的必然要求。要在整个农业生产的过程中，有效克服农业面源污染，保证地力的可持续，保证人与自然的和谐性，保证较高的食品安全性，实现农业可持续发展。农业可持续发展水平包括农业人口人均耕地面积、有效灌溉面积比重、单位耕地化肥施用量、单位耕地农药施用量等指标。首先，农业资源拥有量是农业现代化发展的基础，因此选取农业人口人均耕地面积加以衡量。其次，农业灌溉用水有效利用水平的高低直接关系农业资源利用率的高低，进而关系农业竞争力。最后，要实现农业现代化，就必须加强农业面源污染治理，深入开展测土配方施肥，大力推广生物有机肥、低毒低残留农药，减少化肥农药施用量，提升农产品品质。

（二）权重设置

合理地确定各项指标的权重，是进行江西设区市农业现代化发展水平评价的关键。笔者采取常用的 Delphi 法确定各级指标的权重，结果如表 1 所示。

表 1　农业现代化发展评价指标体系

指标名称	单位	权重	指标属性
农业现代化发展评价指标体系(16 项)		1	
一、农业发展水平(7 项)		0.30	
单位耕地面积机械总动力	千瓦/公顷	0.05	+
土地生产率	元/公顷	0.15	+
劳动生产率	万元/人	0.25	+
农林牧渔服务业产业比重	%	0.10	+
人均粮食占有量	公斤	0.15	+
人均肉类占有量	公斤	0.15	+

续表

指标名称	单位	权重	指标属性
农林牧渔业商品率	%	0.15	+
二、农村发展水平(4 项)		0.30	
第一产业增加值比重	%	0.30	-
农村人均用电量	千瓦	0.05	+
农村人口比重	%	0.25	-
农民人均纯收入	元	0.40	+
三、农业支持保护水平(1 项)		0.15	
农林水事务支出比重	%	1	+
四、农业可持续发展水平(4 项)		0.25	
农业人口人均耕地面积	公顷	0.10	+
有效灌溉面积比重	%	0.30	+
单位耕地化肥施用量	公斤/公顷	0.30	-
单位耕地农药施用量	公斤/公顷	0.30	-

二　江西设区市农业现代化发展水平评价方法

（一）数据来源

本文采用的数据来自《江西统计年鉴（2015）》以及各设区市 2015 年政府工作报告与 2014 年国民经济和社会发展统计公报。

（二）模型选择

江西省各设区市农业现代化发展水平评价选择多指标综合评价模型，其数学表达式如下：

$$AT_i = \sum_{i=1}^{n} W_i B_i \tag{1}$$

$$B_i = \sum_{j=1}^{m} W_{ij} C_{ij} \tag{2}$$

式中：AT_i 为设区市农业现代化发展水平综合指数，W_i 为准则层指标的权重，B_i 为准则层指数，T_i 为评价区域，n 为准则层指标个数。C_{ij} 为指标层指标，W_{ij}为指标层指标的权重，m 为指标层指标个数。

（三）指标的标准化

由于各指标的含义不同，指标值的计量单位也不一样，本研究采用无量纲处理法，对指标数据进行标准化处理。具体计算公式为：

$$P_i = \frac{C_i - C_{min}}{C_{max} - C_{min}} \tag{3}$$

$$P_i = \frac{C_{max} - C_i}{C_{max} - C_{min}} \tag{4}$$

式中：P_i 为指标的标准化值，C_i 为指标数值，C_{max} 为指标的最大值，C_{min}为指标的最小值。对于属性为正的指标，按照式（3）进行无量纲处理。对于属性为负的指标，按照式（4）进行无量纲处理。

三　江西省设区市农业现代化发展水平评价和分析

（一）江西设区市农业现代化综合发展水平评价

1. 江西设区市农业现代化整体水平不高，且设区市之间农业现代化综合发展水平差距较大

2014 年，江西农业现代化综合指数为 47.53，2011～2014 年总体水平保持稳定，但有一个略微波动的过程（见表 2）。一般情况下，在满分定为 100 的评价体系中，可以认为农业现代化综合指数在 60 以上，即基本达到农业现代化的较高水平，本报告借鉴辛岭、王济民的研究，将农业现代化发展水平划分为四类（见表 3）。从静态角度分析的结果表明，2014 年，农业现代化综合指数在 60 及以上的仅有南昌市，为 62.34，排第 1 位，属于第一类地区。农业现代化综合指数在 50～59 区间的是新余市、景德镇市、鹰

潭市、萍乡市、宜春市，分别为 58.19、55.43、54.38、53.48、51.88，分别排第 2、第 3、第 4、第 5、第 6 位，属于第二类地区。农业现代化综合指数在 40 ~ 49 区间的是吉安市、抚州市、九江市，分别为 49.85、46.50、41.65，分别排在第 7、第 8、第 9 位，属于第三类地区。农业现代化综合指数在 40 及以下的是上饶市和赣州市，分别为 38.37 和 28.29，分别排第 10、第 11 位，属于第四类地区。

表 2　2011 ~ 2014 年江西省设区市农业现代化综合指数及排名

年份	全省	南昌市	景德镇市	萍乡市	九江市	新余市
2011	47.62	63.12(1)	54.99(3)	46.24(8)	39.07(10)	58.48(2)
2012	46.00	64.26(1)	54.41(3)	49.47(5)	35.87(9)	59.65(2)
2013	49.06	62.44(1)	54.16(4)	50.86(7)	39.09(10)	60.35(2)
2014	47.53	62.34(1)	55.43(3)	53.48(5)	41.65(9)	58.19(2)
年份	鹰潭市	赣州市	吉安市	宜春市	抚州市	上饶市
2011	50.75(6)	32.14(11)	53.59(4)	53.25(5)	48.30(7)	39.87(9)
2012	50.61(4)	28.75(11)	46.99(7)	48.70(6)	44.28(8)	35.83(10)
2013	55.95(3)	27.16(11)	52.72(6)	53.68(5)	47.28(8)	41.87(9)
2014	54.38(4)	28.29(11)	49.85(7)	51.88(6)	46.50(8)	38.37(10)

表 3　2014 年江西省各设区市农业现代化综合指数分类

分类	农业现代化综合指数	设区市
第一类	≥60	南昌市
第二类	50 ~ 59	新余市、景德镇市、鹰潭市、萍乡市、宜春市
第三类	40 ~ 49	吉安市、抚州市、九江市
第四类	≤40	上饶市、赣州市

进一步分析来看，全省各设区市之间农业现代化发展水平差距很大。南昌市农业现代化发展水平最高（其综合指数为 62.34），赣州市农业现代化发展水平最低（其综合指数为 28.29），前者是后者的 2.2 倍。

从动态角度分析的结果表明，南昌市农业现代化综合发展水平有所下降，农业现代化综合指数由 2011 年的 63.12 下降到 2014 年的 62.34，但仍处于农业现代化第一类地区，稳居全省第 1 位；新余市农业现代化综合发展水平处于“第一方阵”，但其基础不牢，2013 年新余市农业现代化综合指数逐步提升至第一类地区，但到 2014 年又滑落至第二类地区，可见其农业现代化发展基础还不牢固；鹰潭市、景德镇市农业现代化综合指数分别由 2011 年的 50.75、54.99 增加为 2014 年的 54.38、55.43，分别增长 3.63、0.44，均有所增长且稳居第二类地区，但鹰潭市农业现代化水平提升较快，由 2011 年的第 6 位上升为 2014 年的第 4 位；萍乡市、九江市农业现代化综合指数分别由 2011 年的 46.24、39.07 增加到 2014 年的 53.48、41.65，分别增长 7.24、2.58，分别由第三类地区、第四类地区进步到第二类地区、第三类地区，其中萍乡市农业现代化水平提升很快，由 2011 年的第 8 位上升到 2014 年的第 5 位，上升了 3 个位次；宜春市、吉安市、抚州市、上饶市、赣州市农业现代化综合指数分别由 2011 年的 53.25、53.59、48.30、39.87、32.14 下降到 2014 年的 51.88、49.85、46.50、38.37、28.29，分别下降 1.37、3.74、1.80、1.50、3.85，其中，吉安市农业现代化综合指数排名由 2011 年的第 4 位下降为 2014 年的第 7 位，下移了 3 个位次，且始终在第二、第三类地区徘徊，赣州市则始终处于末位的第四类地区。

2. 农业现代化综合发展水平与经济发展水平基本一致

从表 4 可以看出，无论是从静态来看，还是从动态来看，农业现代化水平较高的设区市一般也是经济发展较好的地区，如 2014 年南昌市、新余市、鹰潭市农业现代化综合指数分别排第 1、第 2、第 4 位，其人均 GDP 也分别排第 2、第 1、第 3 位。农业现代化水平较低的设区市一般也是经济发展较落后的地区，如 2014 年赣州市、上饶市农业现代化综合指数分别排第 11 位和第 10 位，其人均 GDP 也分别排在第 11 位和第 10 位。而差异最大的九江市，农业现代化综合指数排名滞后于人均 GDP 排名比较多，可能的原因是九江市临江产业的发展对经济发展的拉升作用比较明显，但与农业现代化相关度较低；加之，湖区县较多，其农业现代化水平较落后。总体来看，农业现代化水平与经济发展水平基本一致。

表 4　2011～2014 年江西省设区市农业现代化综合指数排名与人均 GDP 排名对比

年份	南昌市		景德镇市		萍乡市		九江市	
	农业现代化综合指数排名	人均 GDP 排名	农业现代化综合指数排名	人均 GDP 排名	农业现代化综合指数排名	人均 GDP 排名	农业现代化综合指数排名	人均 GDP 排名
2011	1	2	3	4	8	5	10	6
2012	1	2	3	5	5	4	9	6
2013	1	2	4	5	7	4	10	6
2014	1	2	3	5	5	4	9	6

年份	新余市		鹰潭市		赣州市		吉安市	
	农业现代化综合指数排名	人均 GDP 排名	农业现代化综合指数排名	人均 GDP 排名	农业现代化综合指数排名	人均 GDP 排名	农业现代化综合指数排名	人均 GDP 排名
2011	2	1	6	3	11	11	4	9
2012	2	1	4	3	11	11	7	9
2013	2	1	3	3	11	11	6	9
2014	2	1	4	3	11	11	7	9

年份	宜春市		抚州市		上饶市	
	农业现代化综合指数排名	人均 GDP 排名	农业现代化综合指数排名	人均 GDP 排名	农业现代化综合指数排名	人均 GDP 排名
2011	5	7	7	8	9	10
2012	6	7	8	8	10	10
2013	5	7	8	8	9	10
2014	6	7	8	8	10	10

3. 农业产值与农业现代化发展水平并不一定相一致

农业大市的农业现代化水平不一定高，赣州市 2014 年农业产值为 460. 8 亿元，在全省 11 个设区市中最高，但该市农业现代化综合指数仅为 28. 29，排倒数第 1 位。上饶市和抚州市 2014 年农业产值分别为 347. 9 亿元和 313. 1 亿元，分别排第 4 位和第 5 位，但农业现代化综合指数分别为 38. 37 和 46. 50，分别排第 10 位和第 8 位。

农业小市的农业现代化水平不一定低，如鹰潭市、景德镇市、新余市，

2014 年其农业产值分别为 75.3 亿元、82.7 亿元、89.5 亿元，在全省 11 个设区市中排名倒数第 1、第 2、第 3 位，但是其农业现代化综合指数分别为 54.38、55.43、58.19，分别排第 4、第 3、第 2 位（见表 5）。

表 5　2014 年江西省设区市农业现代化综合指数与农业产值对比

单位：万元

区域	农业现代化综合指数(排名)	农业产值(排名)	区域	农业现代化综合指数(排名)	农业产值(排名)
南昌市	62.34(1)	2836280(6)	赣州市	28.29(11)	4607883(1)
景德镇市	55.43(3)	826652(10)	吉安市	49.85(7)	3504040(3)
萍乡市	53.48(5)	910430(8)	宜春市	51.88(6)	3982932(2)
九江市	41.65(9)	2338050(7)	抚州市	46.50(8)	3131351(5)
新余市	58.19(2)	895460(9)	上饶市	38.37(10)	3479409(4)
鹰潭市	54.38(4)	752867(11)	江西省	47.53	27265352

综上所述，农业产值在很大程度上受土地面积、农业劳动力等规模性因素影响，但农业现代化是综合评估且偏重于发展质量，因此，反而是农业小市更容易在农业现代化发展水平方面取得较好成绩。规模与质量的这种差异，以及前文中农业现代化发展水平与经济发展水平的一致性，正说明江西省已经进入“工业反哺农业、城市支持农村”阶段，或者说农业现代化的发展越来越不依靠农业本身的发展，而越来越依靠农业以外的支持。

（二）江西设区市农业发展水平评价

从表 6 可以看出，2014 年江西省农业发展指数为 14.17，比 2011 年下降了 0.57，整体水平偏低且下降趋势明显。从静态角度分析的结果表明，农业发展水平最高的是南昌市（农业发展指数为 17.49），最低的是九江市（农业发展指数为 6.80），前者是后者的 2.57 倍（见表 6）。可见，各设区市农业发展水平不均衡。

表6　2011～2014年江西省设区市农业发展指数及排名

年份	全省	南昌市	景德镇市	萍乡市	九江市	新余市
2011	14.74	19.48(1)	10.57(4)	13.92(3)	3.92(6)	16.52(2)
2012	14.35	19.32(1)	12.17(8)	15.05(5)	3.56(11)	16.16(3)
2013	13.30	18.36(1)	11.06(8)	13.63(6)	3.96(11)	13.90(5)
2014	14.17	17.49(1)	13.01(8)	13.28(7)	6.80(11)	16.03(4)
年份	鹰潭市	赣州市	吉安市	宜春市	抚州市	上饶市
2011	13.22(5)	10.14(11)	14.39(10)	15.98(7)	18.6(9)	9.20(8)
2012	13.46(7)	9.51(9)	15.02(6)	15.72(4)	18.97(2)	8.24(10)
2013	13.35(7)	7.73(9)	15.13(4)	15.68(3)	16.84(2)	6.20(10)
2014	14.65(6)	8.98(9)	14.95(5)	16.11(3)	17.29(2)	7.20(10)

进一步分析来看，农业发展水平较高的市，其劳动生产率也较高，如农业发展指数排名第1位的南昌市，其农业劳动生产率达到4.16万元/人，排名第1位。而农业发展指数排名倒数第1位的九江市，其农业劳动生产率达到2.47万元/人，排第11位。可见，劳动生产率是衡量农业发展水平的关键因素。

从动态角度分析的结果表明，除鹰潭市、景德镇市、九江市、吉安市、宜春市农业发展指数有所提升外，其余6个设区市均有所下降。

（三）江西设区市农村发展水平评价

从表7可以看出，2014年江西省农村发展指数为13.07，比2011年下降了4.18%，下降趋势明显。农村发展水平最高的是南昌市（农村发展指数为29.15），最低的是赣州市（农村发展指数为1.03），前者是后者的28.3倍（见表7）。可见，各设区市农业发展水平极不均衡。

表7　2011～2014年江西省设区市农村发展指数及排名

年份	全省	南昌市	景德镇市	萍乡市	九江市	新余市
2011	13.64	28.37(1)	21.27(4)	25.65(3)	15.32(6)	27.83(2)
2012	13.15	29.04(1)	21.37(4)	25.80(3)	14.72(6)	28.02(2)
2013	13.42	29.15(1)	21.88(4)	26.15(3)	15.20(6)	28.09(2)
2014	13.07	29.15(1)	21.82(4)	26.08(3)	15.31(6)	27.93(2)

续表

年份	鹰潭市	赣州市	吉安市	宜春市	抚州市	上饶市
2011	17.87(5)	1.55(11)	5.88(10)	9.17(7)	7.79(9)	8.14(8)
2012	18.65(5)	1.09(11)	5.25(10)	8.04(7)	7.28(9)	7.29(8)
2013	18.49(5)	1.19(11)	5.29(10)	8.62(7)	7.29(9)	7.06(8)
2014	19.25(5)	1.03(11)	5.33(10)	8.92(7)	7.35(9)	7.46(8)

进一步分析来看，农村发展水平较高的市，其第一产业增加值比重和农村人口比重均较低，农村人均用电量和农民人均纯收入都较高，如农村发展水平最高的南昌市，2014 年第一产业增加值比重和农村人口比重分别为 4.4% 和 29.14%，均排倒数第 1 位，2014 年农村人均用电量和农民人均纯收入分别为 934.58 千瓦和 12414 元，分别排第 1 位和第 3 位。而农村发展水平最低的赣州市，2014 年第一产业增加值比重和农村人口比重分别为 15.3% 和 56.01%，均排第 3 位，2014 年农村人均用电量和农民人均纯收入分别为 224.78 千瓦和 6946 元，分别排倒数第 2 位和倒数第 1 位。可见，工业化、城镇化的推进及农村生产生活基础设施的不断完善，在提高农村发展水平过程中起决定作用。

从动态角度分析的结果表明，南昌市、新余市、鹰潭市、景德镇市、萍乡市 5 个农业比重较低的设区市农村发展水平有所提升，而赣州市、吉安市、九江市、宜春市、抚州市、上饶市 6 个农业比重较大的设区市农村发展水平反而有所下降，这说明设区市财力是支持农村发展的重要保障。

（四）江西设区市农业支持保护水平评价

从表 8 可以看出，2014 年江西省农业支持保护指数为 7.43，比 2011 年增长 5.39%，这主要得益于近年来政府加大了对农业的支持力度。农业支持保护水平最高的是吉安市（2014 年吉安市农林水事务支出比重达 18.35%），最低的是南昌市（2014 年南昌市农林水事务支出比重达 7.50%）（见表 8）。可见，各设区市农业支持保护水平不均衡。

表8　2011～2014年江西省设区市农业支持保护指数及排名

年份	全省	南昌市	景德镇市	萍乡市	九江市	新余市
2011	7.05	0.65(10)	5.71(7)	3.99(8)	10.63(5)	0.00(11)
2012	7.91	1.07(10)	5.61(7)	3.92(8)	6.83(6)	0.00(11)
2013	8.14	0.40(10)	5.94(7)	3.70(8)	9.40(5)	0.00(11)
2014	7.43	0.00(11)	6.87(7)	4.77(8)	10.13(4)	0.12(10)
年份	鹰潭市	赣州市	吉安市	宜春市	抚州市	上饶市
2011	2.59(9)	9.85(6)	15.00(1)	14.50(3)	14.62(2)	11.98(4)
2012	1.40(9)	9.00(4)	9.00(4)	10.95(1)	10.85(2)	9.44(3)
2013	2.15(9)	8.08(6)	15.00(1)	12.73(3)	13.47(2)	10.80(4)
2014	3.73(9)	8.78(6)	15.00(1)	12.15(2)	12.03(3)	5.00(5)

进一步分析可以发现，无论是从静态角度分析，还是从动态角度分析，大部分经济发展落后的地区农业支持保护力度反而要大，如吉安市和宜春市，2014年其人均GDP分别排第9位和第7位，但其农业支持保护指数排名分别是第1位和第2位。而经济发达的设区市，其农业支持保护力度反而要小，如新余市和南昌市，2014年其人均GDP分别排第1位和第2位，但其农业支持保护指数排名分别是第10位和第11位。

（五）江西设区市农业可持续发展水平评价

从表9可以看出，2014年江西省农业可持续发展指数为12.86。农业可持续发展水平最高的是鹰潭市（农业可持续发展指数为16.75），最低的是萍乡市（农业可持续发展指数为9.35），前者是后者的1.79倍（见表9）。

表9　2011～2014年江西省设区市农业可持续发展指数及排名

年份	全省	南昌市	景德镇市	萍乡市	九江市	新余市
2011	12.19	14.62(4)	17.44(2)	2.68(11)	9.20(9)	14.13(5)
2012	10.59	14.83(5)	15.26(4)	4.70(11)	10.76(8)	15.47(3)
2013	14.20	14.53(7)	15.28(6)	7.38(11)	10.53(8)	18.36(2)
2014	12.86	15.70(2)	13.73(7)	9.35(11)	9.41(10)	14.11(6)

续表

年份	鹰潭市	赣州市	吉安市	宜春市	抚州市	上饶市
2011	17.07(3)	10.60(7)	18.32(1)	13.60(6)	7.29(10)	10.55(8)
2012	17.10(2)	9.15(9)	17.72(1)	13.99(6)	7.18(10)	10.86(7)
2013	21.96(1)	10.16(9)	17.30(4)	16.65(5)	9.68(10)	17.81(3)
2014	16.75(1)	9.50(9)	14.57(4)	14.70(3)	9.83(8)	14.31(5)

从动态角度分析的结果表明，南昌市、萍乡市、九江市、宜春市、抚州市、上饶市6个设区市农业可持续发展水平有所提高，特别是南昌市、上饶市、抚州市农业可持续发展水平明显提升，分别比2011年提升了2个、3个、2个位次；而景德镇市、新余市、鹰潭市、赣州市、吉安市5个设区市农业可持续发展水平均有所下降，尤其是吉安市农业可持续发展水平下降更为明显，由2011年的第1位下降为2014年的第4位。

四　对策与建议

综合上述分析与评价结果，江西省11个设区市农业现代化发展水平不一，且各具优势与劣势。展望“十三五”，全省农业现代化综合指数有望超过50，即总体进入第二类地区，其中争取南昌、新余、景德镇、鹰潭、萍乡、宜春六个设区市的农业现代化综合指数超过60，即处于第一类地区；争取吉安、抚州、九江、上饶四个设区市的农业现代化综合指数超过或接近50，即处于第二类地区；争取赣州市的农业现代化综合指数达到或接近40，即进入第三类地区。因此，要推进全省农业现代化，各设区市必须因地制宜、扬长避短，按照各自的阶段性特点，制定相应的农业现代化策略和实现路径。

（一）第一类地区：跨界拓展发展空间

第一类地区仅有南昌市，其农业现代化基本达到成熟阶段，农业比重和农村人口比重持续降低，农业产出效益高，农村非农产业尤其是农业服务业发展较快，人口向城市集聚趋势明显，新型工业化与新型城镇化进程不断加速推进，由于受城市经济辐射，农村经济不断转型升级，由农业主导型向工业、服务业主导型转变。其实现了农业机械化、集约化经营，农民收入来源以非农产业为主。但农业支持保护水平要不断提升，农业可持续发展能力也要逐渐提高。

因此，此类区域应拓宽思路，跨界拓展发展空间。一是跨越传统农业边界，“一产＋二产＋三产”，充分利用毗邻经济发达城市的优势，发展高效农业和休闲观光农业，提高农业企业竞争力，在全省发展农业现代化过程中起带头示范作用。提高政府对农业财政支出的比重，不断促进农业支持保护水平的提高，推动测土配方施肥技术深入应用，推广低毒低残留农药、生物有机肥，开展资源化利用和农田残膜回收区域性示范活动，控制农村面源污染，提高农业可持续发展水平。二是跨越线上线下边界，积极推进“互联网＋农业”的发展，消弭农产品信息的不对称，建立农产品质量溯源系统。要提升现代科技装备在农业领域的应用水平，尝试采用农业机器人替代农业劳动力。三是跨越国家边界，积极呼应“一带一路”战略，推动现代农业“走出去”。

（二）第二类地区：继续推进农业产业化

第二类地区共有5个设区市，分别是新余市、景德镇市、鹰潭市、萍乡市、宜春市，第二类地区处于农业现代化快速发展阶段。这些设区市有良好的自然条件、较为完善的农业基础设施，农民收入总体水平高，农村经济社会协调发展，非农收入是主要来源，所占比重较高，农业劳动回报率较高。

此类区域农业综合开发水平和农业经济效益有待进一步提升，农业发展要用现代产业理念来引领，转变农业发展方式，加大对农业科技投入的力度，创新农业科技研发机制，继续推动农业产业结构调整，促进农业产业结构的优化，推动外向型农业、高科技农业、高附加值农业的大力发展，促进农产品质量和安全水平的全面提升。优化农业区域布局，实现规模化经营，形成区域整体聚集优势，增强农业竞争力。推动农业科技进步，大力发展农村教育，提高农业和农民的市场竞争力。要着力提升农业产业化发展水平，培育壮大龙头企业，大力推动品牌农业发展，提升农业发展质量。

（三）第三类地区：提高农产品商品化率

第三类地区共有 3 个设区市，分别是吉安市、抚州市、九江市，其农业现代化处在发展阶段，在全省农业现代化发展水平中处在中等地位。这些设区市农业人口多、土地资源丰富，农业初级生产能力较强，但农村经济综合实力不强，农民收入中等，大多是传统的商品粮基地，属于粮食调出区。非农产值占比较低，农业仍以种植业为主，城镇化水平不高，处于相对较低的水平，农业产业化发育相对迟缓，农产品附加值不高。

此类区域要坚持巩固农业的基础地位，保护好基础耕地，增强粮食综合生产能力。与此同时，要积极调整农业结构，实现农业产业化、规模化经营，注重农业合作组织的培育，不断提高农产品商品化率和优势农产品市场占有率，利用农业资源优势促进农业现代化快速发展。

（四）第四类地区：保持农业的绿色化发展、努力实现脱贫

第四类地区共有 2 个设区市，即上饶市和赣州市，第四类地区农业现代化还在起步阶段，农业现代化发展相对落后。部分山区、湖区道路不通、信息不对称，经济基础薄弱。农村经济欠发达，城镇化水平不高，农民收入水平低，还有大量贫困人口。非农产值占比较低，占重要地位的仍然是农业经济，以粗放型农业为主的地区还很多。以自给自足小农经济为主的地区占多数，农产品商品化率普遍偏低。但是大多数地区拥有较好的农业生态环境，农业特色资源优势明显。

因此，此类区域应该注重农业基础设施的建设，充分利用环境优势和资源优势，发挥农业资源特色优势，重点打造绿色农产品品牌，利用绿色品牌带动农业现代化。由于此类区域农村经济发展水平不高，但承担的生态责任重大，政府公共财政支出安排应向此类地区侧重，例如农业基础设施建设等方面，促进生态补偿机制与辐射带动机制的建立与完善，建立完善精准扶贫

制度，实现功能互补、联动发展。

需要指出的是，在工业支持农业、城市反哺农村的背景下，整个农业现代化综合发展水平较高的设区市如南昌市、新余市、鹰潭市等，农村人口比重均较低，农业、农村受到的支持力度相对较大，对农业现代化水平的提高有明显的促进作用，存在“大马拉小车”现象；反之，农业现代化综合发展水平较低的设区市如赣州市、九江市等，农村人口比重较高，其农业、农村受到的支持力度相对较小，存在“小马拉大车”现象。可见，要弥补农业现代化薄弱环节，适当地调整行政区划和加大转移支付力度是可以考虑的选项。另外，同一个设区市内部也有近郊、远郊、偏远地区等的差异，农业生产条件很不一致，进一步细分到县域进行农业现代化的研究或许会有更明确的指导意义。

参考文献

中共中央、国务院：《关于加大改革创新力度加快农业现代化建设的若干意见》，2015 年 2 月 1 日。

中共江西省委、江西省人民政府：《关于加大改革创新力度加快农业现代化建设的实施意见》，《江西日报》2015 年 2 月 11 日。

辛岭、王济民：《我国县域农业现代化发展水平评价——基于全国 1980 个县的实证分析》，《农业现代化研究》2014 年第 11 期。

蒋和平、黄德林：《中国农业现代化发展水平的定量综合评价》，《农业现代化研究》2006 年第 3 期。

B.6
2015～2016年江西设区市现代服务业发展报告

李小玉　何雄伟*

现代服务业是指依托电子信息、其他高新技术以及现代经营管理方式和组织形式而发展起来的服务业。现代服务业既包括新兴服务业，也包括对传统服务业的技术改造和升级，其本质是实现服务业的现代化。“十二五”期间，江西各设区市现代服务业得到快速发展，已成为区域新一轮经济发展的主要增长点。本报告拟对江西各设区市现代服务业“十二五”期间的发展情况进行评估，分析优势和不足，立足“十三五”期间江西各设区市现代服务业发展的客观条件和现实需求，提出相应的对策建议，以进一步推动江西现代服务业发展。

一　“十二五”时期江西设区市现代服务业发展评估

（一）“十二五”时期江西设区市现代服务业发展所取得成绩

1. 现代服务业总量不断增加

“十二五”期间，江西各设区市现代服务业在总量上都实现较大幅度的提高。2014 年，江西 11 个设区市现代服务业增加值达到 4261.42 亿元，是 2011 年的 1.62 倍。2014 年，在 11 个设区市中现代服务业增加值最高的是南昌市，达到 1166.24 亿元，最低的是鹰潭市，为 138.33 亿元。其他设区

* 作者工作单位：江西省社会科学院。

市按照增加值从高到低排名依次为赣州市、九江市、上饶市、宜春市、吉安市、抚州市、新余市、萍乡市和景德镇市（见图1）。

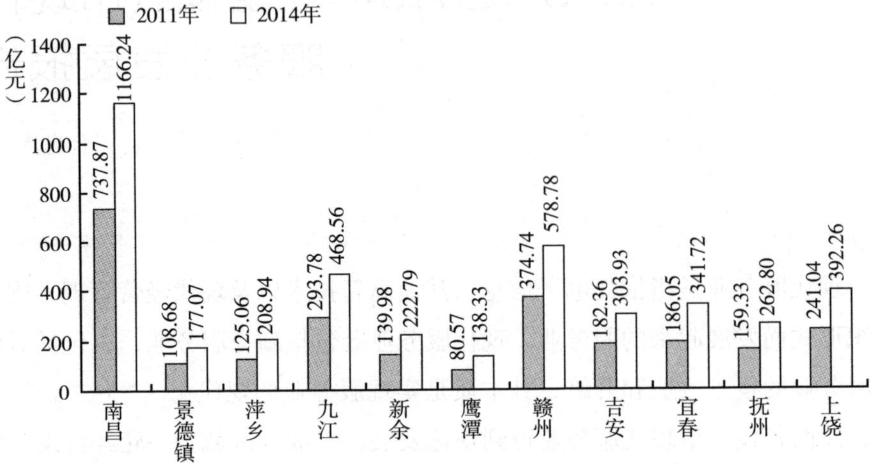

图1　2011年和2014年江西设区市现代服务业增加值比较

注：本报告的服务业直接引用第三产业数据。由于目前江西并没有单独针对现代服务业进行统计，本报告的现代服务业数据是扣除批发零售和住宿餐饮业后的数据。

资料来源：2011年和2014年江西统计年鉴；江西省、各设区市统计局统计数据；江西各设区市2014年经济和社会发展统计公报。下同。

2. 现代服务业增速进入快车道

“十二五”期间，江西各设区市现代服务业都保持较快的增长速度。2011～2014年，江西11个设区市现代服务业增加值年均增长速度达到15%以上。其中，年均增长速度最高的为宜春市，达到22.47%，年均增长速度最低的赣州市也达到15.59%。其他设区市按照增长速度从高到低排名依次为鹰潭市、萍乡市、吉安市、抚州市、景德镇市、上饶市、九江市、新余市和南昌市（见图2）。

3. 现代服务业占国民经济比重不断提高

随着江西省现代服务业规模的扩大，现代服务业占国民经济的比重不断提高，对国民经济的贡献率也不断增加，已成为推动江西设区市经济增长的主要力量。2014年，江西11个设区市现代服务业增加值占国民经济比重达

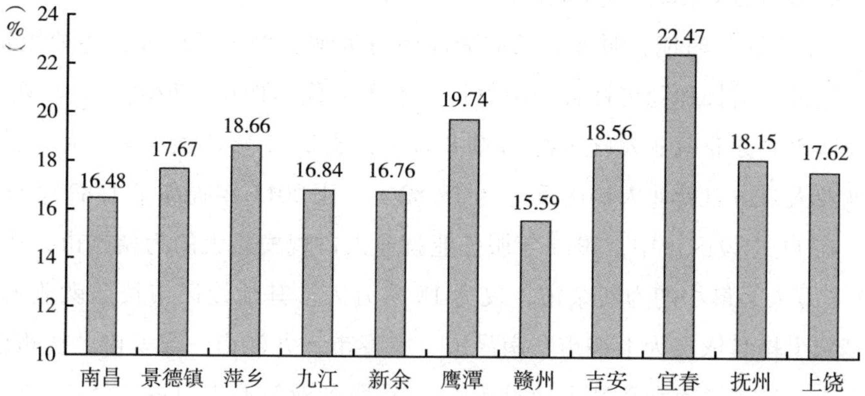

图2　2011～2014年江西设区市现代服务业增加值年均增速比较

到27.05%，比2011年提高了4.2个百分点。在11个设区市中，2014年现代服务业增加值占国民经济比重超过30%的有南昌市和赣州市，分别达到31.80%和31.39%，在11个设区市中比重最低的为宜春市，仅为22.44%。其他设区市按照占比从高到低排名依次为九江市、抚州市、上饶市、新余市、吉安市、萍乡市、景德镇市和鹰潭市（见图3）。

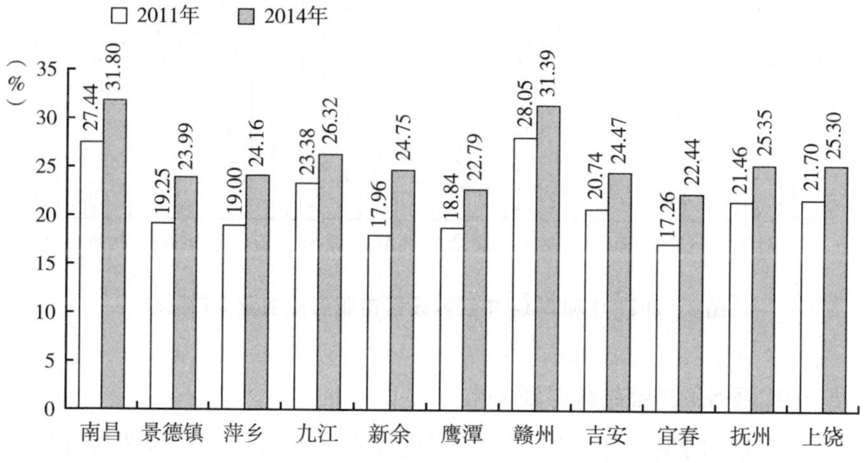

图3　2011年和2014年江西设区市现代服务业增加值占国民经济比重比较

4. 带动就业人口规模不断扩大

“十二五”时期，服务业已成为江西省吸纳新增劳动就业的主要渠道，在促进经济增长和稳定社会方面发挥了不可替代的作用。2014 年，江西 11 个设区市服务业就业人口达到 1000.8 万人，比 2011 年增加 104 万人。服务业就业人口占总就业人口比重达到 35.82%，比 2011 年提高了 1.82 个百分点。在 11 个设区市中，2014 年服务业就业人口规模最大的为赣州市，达到 184.8 万人，最小的为新余市，仅为 18.8 万人。其他设区市按照就业人口从多到少排名依次为上饶市、南昌市、宜春市、九江市、吉安市、抚州市、萍乡市、景德镇市和鹰潭市（见图 4）。在服务业就业人口占总就业人口比重方面，比重最大的为南昌市，达到 42.2%，比重最小的为新余市，仅为 28.9%。其他设区市按照占比从高到低排名依次为鹰潭市、景德镇市、抚州市、上饶市、宜春市、赣州市、九江市、萍乡市和吉安市。

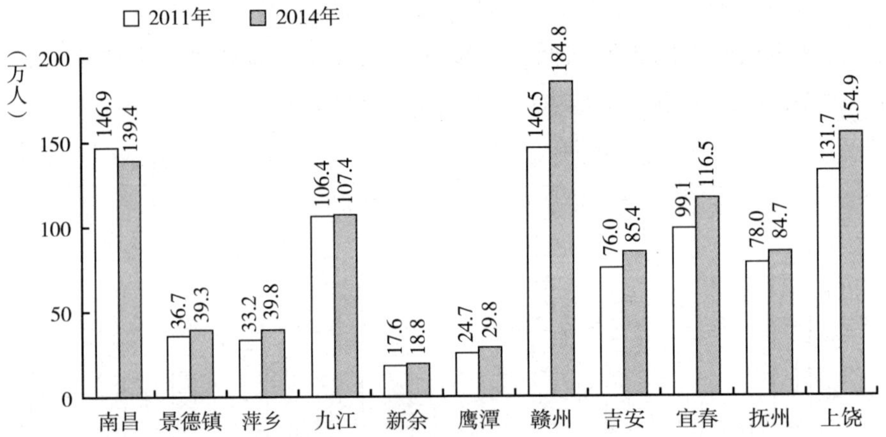

图 4　2011 年和 2014 年江西设区市服务业就业人口比较

5. 现代服务业内部结构得到优化

“十二五”时期，江西省各设区市现代服务业内部结构逐步优化，现代物流业、金融业、旅游业等现代服务业规模迅速扩张，初步形成了一批现代服务业集聚区，有的已具有一定规模和影响。

现代物流雏形显现。随着国民经济的发展，江西省各设区市物流业发展环境和条件明显改善，服务水平不断提高，现代物流业已具雏形。已形成铁路、公路、航空运输网，对发展地区经济发挥了巨大作用。2011 年和 2014 年江西设区市现代物流业增加值比较如图 5 所示。

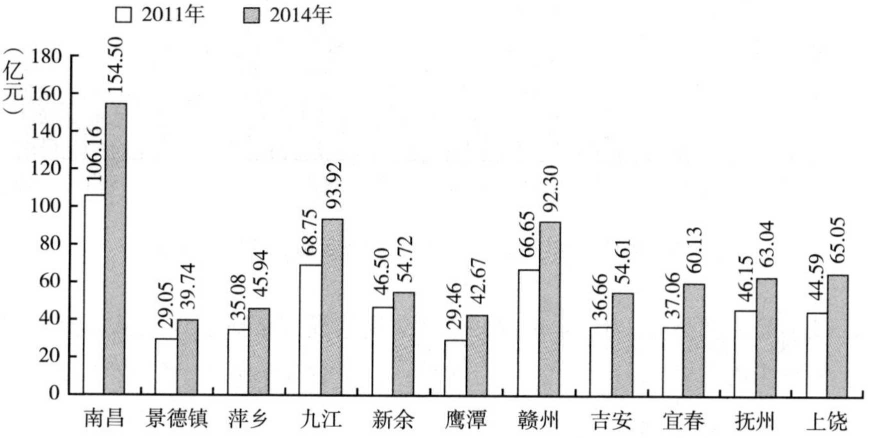

图 5　2011 年和 2014 年江西设区市现代物流业增加值比较

现代金融规模大增。2014 年，江西 11 个设区市金融业增加值达到 614. 74 亿元，是 2011 年的 2. 2 倍，占服务业比重为 10. 8%，比 2011 年提升了 2. 9 个百分点。在 11 个设区市中，2014 年金融业增加值规模最大的为南昌市，达到 247. 05 亿元，最小的为抚州市，仅为 14. 19 亿元，其他设区市按照规模从大到小排名依次为赣州市、宜春市、吉安市、上饶市、九江市、新余市、鹰潭市、萍乡市和景德镇市（见图 6）。在金融业占服务业比重中，南昌市比重最高，达到 16. 60%，最低的为抚州市，仅为 4. 21%，其他设区市按照占比从高到低排名依次为鹰潭市、赣州市、宜春市、吉安市、新余市、萍乡市、上饶市、景德镇市和九江市。

在金融业中，保险业发展速度加快，服务体系进一步完善。2014 年，江西 11 个设区市保险业保费收入达到 400. 36 亿元，是 2011 年的 1. 59 倍。在 11 个设区市中，2014 年保费收入规模最大的为南昌市，达到 102. 54 亿

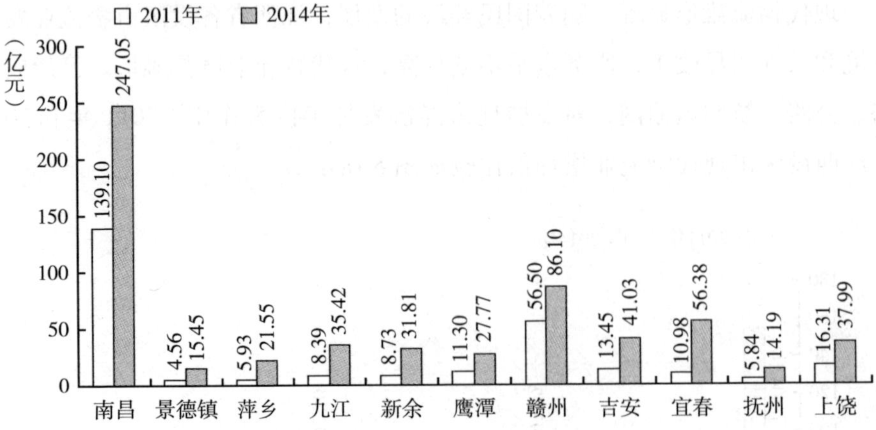

图6　2011 年和 2014 年江西设区市金融业增加值比较

元，最小的为鹰潭市，仅为 10.46 亿元，其他设区市按照规模从大到小排名依次为赣州市、宜春市、吉安市、九江市、上饶市、抚州市、萍乡市、新余市、景德镇市（见图 7）。

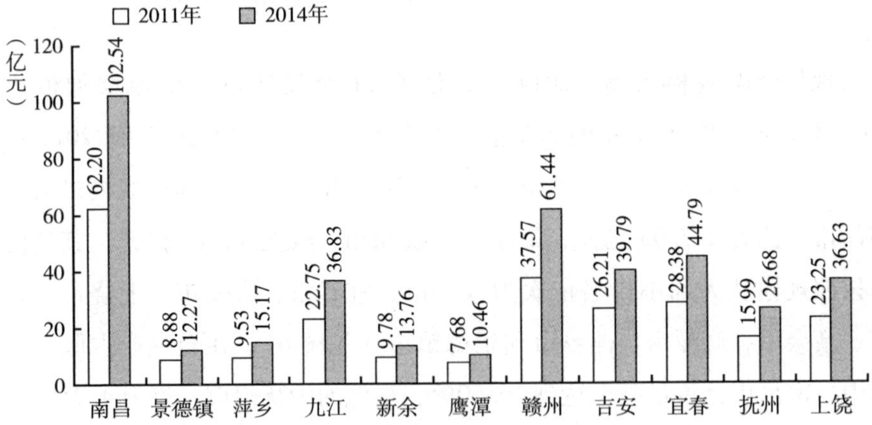

图7　2011 年和 2014 年江西设区市保险业保费收入比较

现代旅游业发展迅速。“十二五”时期，江西各设区市旅游业发展势头日益强劲，国际旅游外汇收入和国内旅游收入分别实现快速增长。

2014 年，江西 11 个设区市国际旅游外汇收入达到 55686. 74 万美元，是2011年的1.34倍。在11个设区市中，2014年国际旅游外汇收入最高的为九江市，达到11209.70万美元，最低的为新余市，仅为784.63万美元，其他设区市按照收入从高到低排名依次为景德镇市、上饶市、南昌市、吉安市、赣州市、宜春市、萍乡市、抚州市和鹰潭市（见图8）。

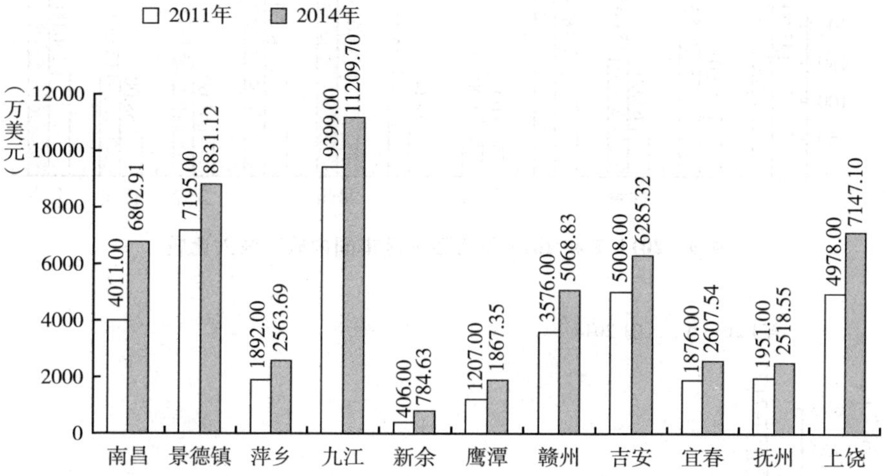

图8 2011年和2014年江西设区市国际旅游外汇收入比较

2014年，江西11个设区市国内旅游收入达到2615.22亿元，是2011年的2.42倍。在11个设区市中，2014年国内旅游收入最高的为九江市，达到385.25亿元，最低的为新余市，仅为90.72亿元，其他设区市按照收入从高到低排名依次为上饶市、南昌市、吉安市、赣州市、景德镇市、宜春市、萍乡市、鹰潭市、抚州市（见图9）。

居民消费快速增长。“十二五”时期，由于全省经济快速发展，居民年均收入也保持较快增长，极大地促进各设区市居民消费需求的快速增长。2014年，江西11个设区市社会消费品零售总额达到5292.60亿元，是2011年的1.52倍。在11个设区市中，2014年社会消费品零售总额最高的为南昌市，达到1474.70亿元，最低的为鹰潭市，仅为155.45亿元，其他设区市按照总额从高到低排名依次为赣州市、上饶市、九江市、宜春市、抚州市、吉安市、萍乡市、景德镇市和新余市（见图10）。

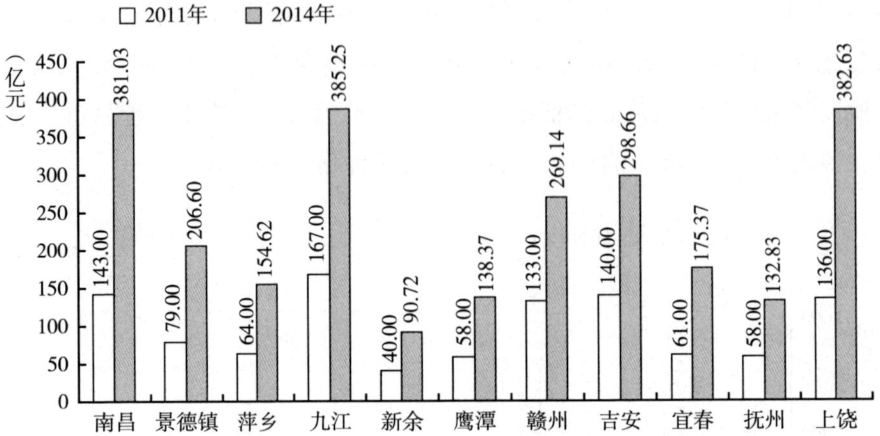

图 9　2011 年和 2014 年江西设区市国内旅游收入比较

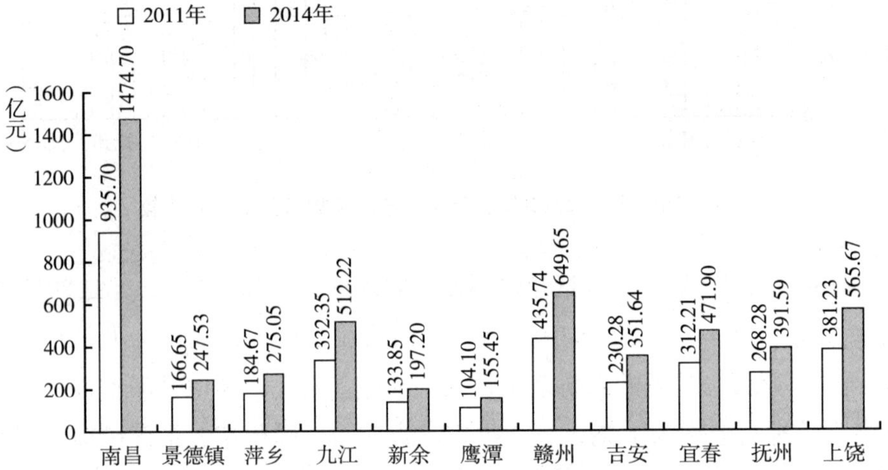

图 10　2011 年和 2014 年江西设区市社会消费品零售总额比较

6. 服务业劳动生产率稳定提高

“十二五”期间，江西 11 个设区市服务业产出明显上升，这在一定程度上反映了江西各设区市服务业产业层次的提升。2014 年，江西 11 个设区市服务业人均产出达到 57057 元，是 2011 年的 1.43 倍。在 11 个设区市中，2014 年服务业人均产出最高的为新余市，达到 174069 元，人均产出最低的为上饶市，仅为 36021 元。其他设区市按照人均产出从高到低排名依次为南昌市、萍乡市、景德镇市、鹰潭市、九江市、吉安市、宜春市、抚州市和赣州市（见图11）。

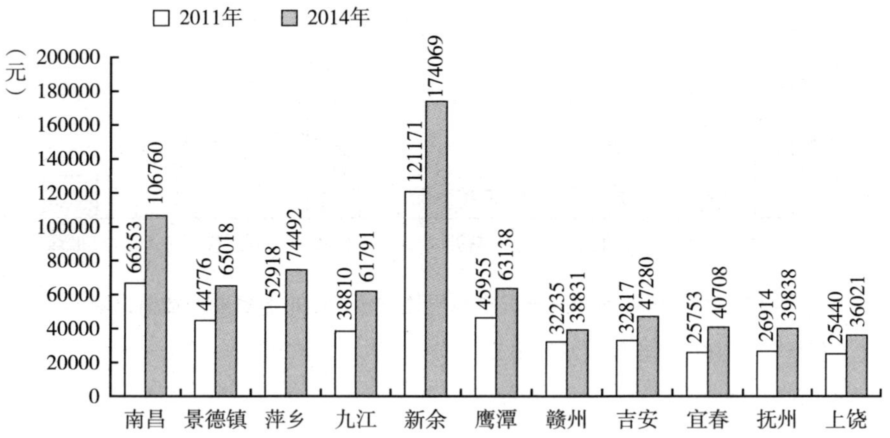

图11　2011年和2014年江西设区市服务业人均产出比较

（二）“十二五”时期江西设区市现代服务业发展存在的问题

1. 发展水平与周边省份设区市存在较大差距，发展潜力有待挖掘

江西各设区市现代服务业与周边省份一些设区市相比，无论是增加值规模，还是增加值占地区生产总值的比重、发展的效益水平，都还存在较大的差距（本报告选取江西3个设区市和湖南3个设区市进行比较分析）。从服务业增加值来看，2014年，南昌市只有长沙市的45.49%，还不到长沙市的一半，而九江市服务业增加值也比湖南株洲市少（见图12）。从服务业占国民经济比重来看，南昌市比长沙市低1.21个百分点（见图13）。从服务业人均产出来看，南昌市服务业人均产出比长沙市低56309元，而九江市和抚州市也远低于湖南的株洲和湘潭两市（见图14）。江西设区市投资总体不足，发展潜力有待挖掘。江西设区市服务业固定资产投资额的绝对数和相对数在全国范围和中部地区都处于落后地位，这些都严重影响了江西各设区市现代服务业的快速发展。

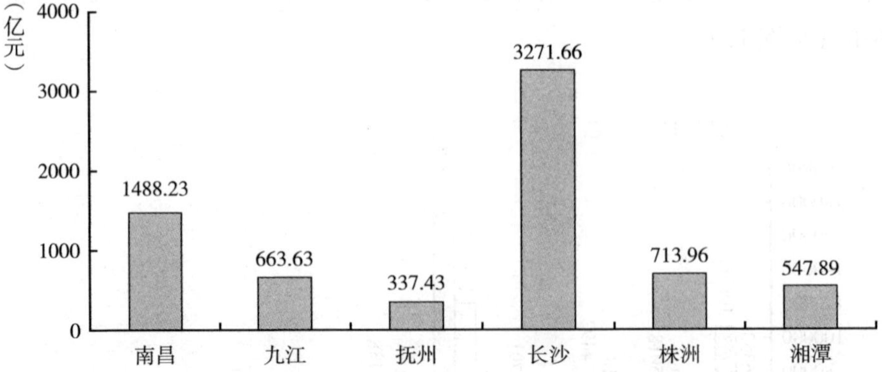

图 12　2014 年江西部分设区市与周边省份设区市服务业增加值比较

资料来源：2015 年各省统计年鉴数据。下同。

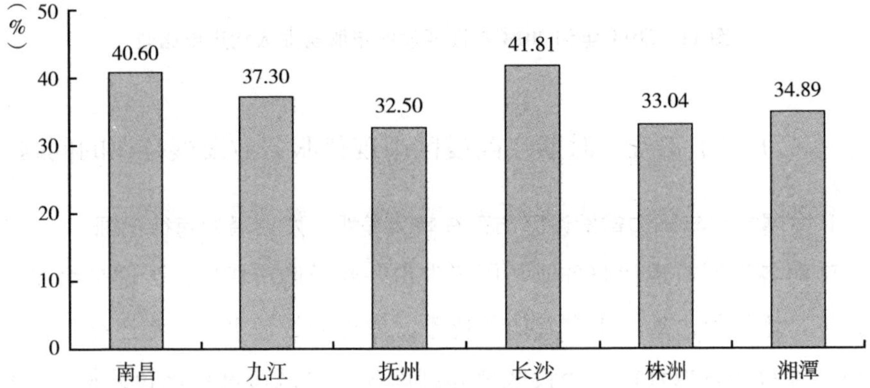

图 13　2014 年江西部分设区市与周边省份设区市服务业占国民经济比重比较

2. 设区市之间发展不平衡，区域差异明显

受行业分布、经济基础等多种因素影响，各设区市在现代服务业的规模、比重和发展水平方面都存在较大差异。现代服务业发展主要集中在江西中心城市尤其是省会南昌市，区域发展不平衡状况明显。从规模来看，2014 年，南昌市现代服务业增加值占全省的比重为 28%，而鹰潭市只占 3%，景德镇市只占 4%（见图 15）。从占国民经济比重来看，南昌市和赣州市现代

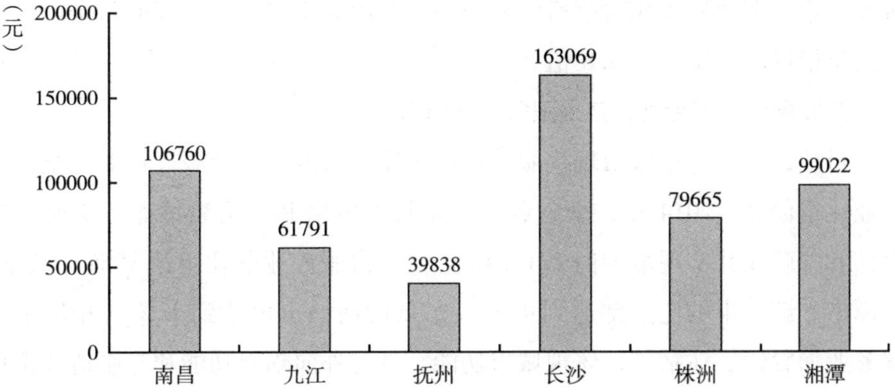

图 14　2014 年江西部分设区市与周边省份设区市服务业人均产出比较

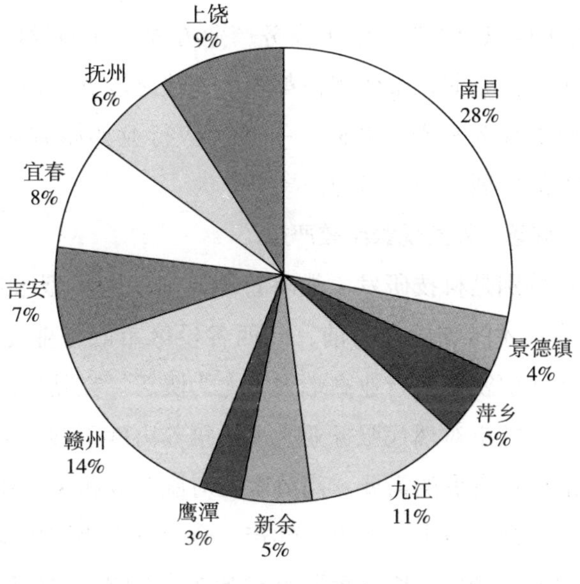

图 15　2014 年江西设区市现代服务业增加值所占比重

服务业占国民经济比重都超过 30%，而宜春只有 22.44%。从行业来看，省会城市南昌在消费零售、金融等行业发展方面在省内遥遥领先，且占比均高于其 GDP 占比，而鹰潭、景德镇等设区市相关行业发展较落后。九江市和上饶市由于拥有丰富的旅游资源，在旅游业发展上列前两位，而新余、抚州等设区市旅游业发展相对落后。从服务业产出效率来看，最高的新余市人均产出是最低的上饶市的4.8倍。

3. 发展结构不合理，新兴服务业发展缓慢

目前，江西各设区市现代服务业所占比重偏低，传统服务行业占全部服务业比重偏高。2014年，全省各设区市批发零售和住宿餐饮业、交通运输仓储和邮政业共实现增加值2215.48亿元，占服务业的比重达39%。其中，鹰潭市和新余市的比重都达到49%，最低的南昌市也达到32%。相比生活服务业如餐饮、住宿等，体现城市功能、具有外向辐射功能和与制造业密切关联的生产性服务业，如金融业、科技和信息服务业、电子商务产业、旅游业等发展滞后，规模太小，领域不广，对经济的服务能力明显不足，高层次的生产性服务业比重过低。比如2014年，抚州市金融业占服务业比重只有4%，九江市的比重只有5%。电子商务产业方面，江西设区市没有一家上亿元规模的电子商务企业，整体规模都较小，缺乏能够引领电子商务发展的龙头企业和广泛的商务平台。此外，一些优势行业如旅游业，虽然发展较快，但仍有很大的发展空间和潜力。

4. 高端人才缺乏，外流现象比较严重

现代服务业特别是科技研发、战略管理等知识密集型服务行业的发展，离不开大量高端人才的支撑。当前，江西各设区市服务业专业人才比较缺乏，特别是一些知识密集型行业高端人才尤为匮乏。究其原因，一方面是长期以来，全省各设区市对现代服务业人才的培养力度不够，从业人员整体素质很难满足当前产业发展的需要。高等院校对服务业相关专业不够重视，培育的人才难以适应社会需求，政府、学校、企业三方协同机制尚未形成。另一方面就是受“珠三角”“长三角”区位影响，物流、教育、卫生、科技、信息技术、金融保险等现代服务业人才外流严重，加剧了服务业人才的紧缺。另外，江西留住人才的政策环境还不够完善，这也成为影响服务业尤其是现代服务业发展的制约因素。

5. 市场化程度、国际化开放程度不够，竞争力亟待提高

目前，服务业在我国三次产业中一些垄断和限制性的领域比较多，市场

进入限制性壁垒使大量民营资本和外资无法实现在市场的有效竞争。政府成为三次产业中垄断性经营和限制性经营最多的领域，政府垄断资源与市场门槛过高等问题大量存在，很多领域民营资本仍然无法进入。自然垄断和行政垄断使服务产业市场化竞争不充分，缺乏发展的活力和动力，造成服务业生产效率低。近年来，竞争性服务业发展较快，市场竞争比较充分，产业发展比较快，但是一些非竞争性服务业发展比较滞后，长期以来受到管理体制的限制，市场竞争不足，资源配置还没有得到有效发挥，造成产业整体发展的落后。服务业对外开放程度相对较低，2014 年，各设区市现代服务业外商直接投资额为 14.83 亿美元，占全省直接投资额的比重为 17.54%，比现代服务业增加值的比重低 10 个百分点；服务业直接投资项目数为 146 项，仅占全部投资项目数的 17.76%。

二 “十三五”时期江西设区市现代服务业发展展望

“十三五”时期，是江西省与全国同步全面建成小康社会的决胜阶段，同时也是江西省进入中高收入发展时期和工业化中后期。随着一系列国家战略的全面实施、全省城镇化和工业转型升级的加快推进以及人民消费需求的日益升级，江西各设区市现代服务业将面临更多的发展机遇，前景十分广阔。

（一）“十三五”时期江西设区市现代服务业发展的趋势

1. 国家战略举措的实施，为服务业发展提供了重大平台

近年来，江西省一批国家战略先后实施，环鄱阳湖生态经济区、赣南等原中央苏区振兴发展、罗霄山片区区域发展和扶贫攻坚规划、生态文明先行示范区建设、“一带一路”、海西经济区规划等。南昌作为节点城市，纳入了“一带一路”国家战略，长江中游城市群包括江西的南昌市、九江市、景德镇市、鹰潭市、新余市、宜春市、萍乡市、上饶市及抚州市、吉安市的部分县（区），而上饶、鹰潭、抚州、赣州的部分地区则是海峡西岸经济区

规划范围，这些战略着重提出要加快发展现代服务业，改造提升传统服务业。提出要依托中心城市，发挥区域生态资源优势和交通区位优势，重点发展节能环保、生态旅游、特色文化、商贸物流、金融保险等服务业，不断提高服务业的比重，充分发挥服务业的配套、支撑和引领作用。可以看出，这些国家战略的深入推进，将为全省各设区市现代服务业的发展带来重大机遇。

2. 宏观经济政策的改善，为服务业发展提供了良好环境

党的十八大提出把“推动服务业特别是现代服务业发展壮大”作为经济结构战略性调整的重要任务之一。2013 年 10 月，《中共江西省委 江西省人民政府关于推进旅游强省建设的意见》提出了推进旅游业转型升级、实现旅游业跨越发展、建成重要旅游目的地的战略任务，2014 年江西省人民政府《关于加快发展养老服务业的实施意见》从目标任务、扶持政策、组织领导方面提出促进养老服务业发展的要求。2015 年 5 月，《江西省人民政府关于印发服务业发展提速三年行动计划（2015 - 2017 年）的通知》（赣府发〔2015〕17 号）明确提出，到 2017 年江西省要构建“一核七带、百点支撑”的服务业发展格局。此外，还出台了一系列服务业重点领域的规划和政策文件，使各设区市现代服务业发展的环境进一步优化。

3. 经济的持续发展，使服务业成为经济增长的重要引擎

从国内外经济发展规律来看，现代服务业是各国经济持续快速发展的主要原动力，其产业的竞争优势也已成为经济现代化的重要标志。一些国家发展经验表明，服务业发展与人均 GDP 具有显著的正相关关系，当一个国家和地区人均收入高于 3000 美元时，将进入服务业发展的重要阶段。当前江西省人均 GDP 已经超过 5000 美元，到 2020 年预计将突破 10000 美元，可以预见，“十三五”时期将是各设区市现代服务业加速发展的时期。

4. 城市化加速发展，为现代服务业发展注入强大动力

当前，江西省各设区市已进入工业化和城镇化“双轮”驱动的快速发展阶段，城市经济活力显现。在城市化发展的过程中，生产力的发展将促进人口和其他社会经济要素从农业生产部门转向非农业生产部门。城市化发

展、产业结构变动必然创造对生产性服务业的大量需求，这主要表现在信息技术服务和金融服务等在生产过程中变得更加重要，不仅与生产活动相关的服务业比重会不断增加，而且城乡居民收入水平提高和消费结构升级，也会促进与居民生活相关的服务业提档升级，这些因素将共同推动江西各设区市现代服务业进入新一轮大发展时期。对各国经济发展的研究结果也表明，城市化进展同服务业发展的相关性要高于城市化进展同第二产业发展的相关性。根据全省“十三五”规划，到2020年全省城镇常住人口占总人口的60%，这将极大地促进全省服务业发展。

5. 新兴服务业态大量涌现，为现代服务业发展拓展广阔空间

“十三五”时期，随着新科技革命浪潮的兴起，知识、技术和信息对经济增长的贡献越来越大，因信息技术和现代管理而产生的现代服务业正成为世界经济的主要增长点。现代服务业正发挥越来越重要的作用，而信息化和网络化已成为现代服务业最主要的特征。在现代服务业绿色发展过程中，许多新兴服务业态如互联网金融、物联网、智慧旅游、电子商务、文化创意、养老服务得到快速发展，这些新业态的一个重要特征是以互联网信息技术为支撑，应用大数据、云计算、物联网、移动互联网等新一代信息技术，形成全球化、信息化、网络化、智能化、一体化、融合化的商业模式。未来新兴服务业态将呈现快速增长势头，成为拉动服务业增长的新引擎、利润的新源泉和产业升级的新动力。

（二）“十三五”时期促进江西设区市现代服务业发展的主要对策

1. 做大现代服务业规模

按照江西绿色崛起的要求，以服务业转型为目标，以做大现代服务业总量、提升现代服务业质量为主要任务，抓住现代金融、现代物流、电子商务、旅游、文化创意、养老服务、医疗健康服务等重点领域，坚持市场化、产业化、社会化方向，以体制、机制和政策创新为突破口，以服务业企业绿色化为落脚点，认真落实“服务业发展提速三年行动计划”，培育一批过百亿元的现代服务业龙头企业和现代服务业集聚区，构建集约高效的现代服务

产业体系。建设企业孵化、信息服务、科技研发等方面的公共服务平台，扶持培育一批服务业龙头企业，打造全省服务业知名品牌，支持制定省级地方行业标准和行业规范，并力争上升为国家标准，打造服务业核心优势。要逐步培育一批特色鲜明、优势互补、技术领先、集聚效应突出、辐射带动作用大的服务业集聚区，提升全省服务业竞争能力。

2. 加大现代服务业政策支持力度

为了加快现代服务业发展，各设区市政府应有针对性地通过制定财政补贴、税收减免以及优惠的信贷、投资、土地等政策，鼓励现代服务产品的开发和推广。对现代服务业集聚区内的服务业建设项目，在用地指标上优先安排，在融资及财政资金扶持等方面加大倾斜力度；扩大现代服务业企业的授信额度，优先支持符合条件的现代服务业企业上市融资，实现低成本扩张；对知名的现代服务业企业予以税收减免；加大现代服务业招商引资力度，重点吸引国内外知名现代服务业企业入驻集聚区，培育知名现代服务业龙头企业。

3. 优化现代服务业结构

如今，在经济发展的过程中更加重视产业结构调整的作用，因此，江西各设区市服务业结构从交通运输、批发零售、住宿餐饮等传统服务业向电子商务、金融、旅游、文化等现代服务业发展已经成为总体趋势。要坚持把促进服务业发展与促进产业结构调整相结合。要稳步发展和加速改造服务业中的基础行业，如交通运输、邮电通信、仓储等，这些行业对国民经济发展具有全局性、先导性的影响，要重视利用现代技术对其进行改造和整合。要大力发展现代物流业、移动电信服务业、互联网服务业、电子商务服务业，要积极发展新兴服务业。商务服务业、房地产业、金融业、文化产业等行业发展前景广阔，对提升服务业层次和促进整个国民经济的发展具有关键性作用。各设区市要加快新兴服务业发展，不断增加其在经济发展中所占的比重，提高竞争力，优化服务业结构，推动服务业产业升级。

4. 确定各区域发展重点和优势领域

《江西省人民政府关于印发服务业发展提速三年行动计划（2015－2017

年）的通知》明确提出，依托各地区位优势、资源禀赋和产业基础，遵循服务业发展规律和工业化、城镇化发展趋势，进一步优化重点产业空间布局，着力构建“一核七带、百点支撑”的服务业发展格局。按照三年行动计划的要求，南昌市要发挥省会城市的综合优势和独特功能，加快建设南昌大都市区，集中发展总部经济、金融保险、高技术服务、商务会展、文化创意、健康养老等产业，打造都市型高端服务业核心集聚区。其他设区市则依托区域中心城市和综合交通通道，大力培育发展类型各异、功能突出、错位发展的服务产业带。如旅游产业方面，可以联合将鄱阳湖、庐山西海、仙女湖、陡水湖、醉仙湖、军山湖、万安水库、峡江水利枢纽等打造成展示江西水文化的重要平台。电子商务产业方面，充分利用樟树道地药材、新干箱包、南康家具、黎川日用陶瓷、南丰蜜橘、赣南脐橙等品牌效应，培育壮大一批电子商务应用示范企业。健康养生产业方面，充分利用江西中医中药、温泉疗养等方面的优势，加快岐黄国医书院、樟树东方古海养生旅游度假区、龙虎山道教养生中医园、武宁国际养生度假中心、星子杏林文化养生堂、武功山嵘源温泉山庄、三百山温泉养生中心、大觉山法水温泉度假村、铜钹山九仙湖国际干细胞（旅游）健康中心等基地建设。现代物流业方面，要注重依托江西主要的交通干线城市和重要交通枢纽城市，构建重要的物流服务区域中心。

5. 构建高效的政府服务体系

政府部门应以制度创新为驱动力，构建集约高效的现代服务体系，为现代服务业发展营造一个统一开放、竞争有序、公平公正的市场环境。应加大服务业向民间资本开放的力度，取消经营范围限制，打破教育、医疗、文化等行业对社会资本的限制，加快公共服务领域对社会资本放开。防止服务业市场的垄断行为，提高资源的利用效率。同时，要进一步消除地方保护与管制，充分发挥市场配置资源的决定性作用，实现服务业资源的最优配置。为现代服务业的发展提供公平竞争的市场环境。进一步放宽外资市场准入，提高服务业对外开放程度。在金融、文化、教育、医疗等服务业领域积极稳妥推进市场的开放，在养老、会计审计、商贸物流、建筑设计、电子商务等服务业领域对外资的准入限制应该予以放开。加大服务业吸引外资力度，放宽对外资在服务业股权设立方式、规模等方面的限制，允许外资以独资、合资等各种形式设立服务业企业，允许外资通过兼并、收购等方式进入服务业不同领域。

6. 创新现代服务业人才培养机制

创新企业和高校人才合作机制。深化省内教育教学改革，建立更能适应企业需求的专业和人才培养机制，培养一批紧缺专业的高技术人才和复合型的现代服务业人才。加快建立高校与企业合作培养人才的共建机制和培养基地，进行产教融合，由高校提供场地，企业提供资金、管理和运营模式。整合现有高等院校的教育资源，充分发挥科研院所和各类社会力量的作用，大力促进与发展现代服务业相关学科的建设，在人员培养和教师队伍建设方面形成特色和规模优势。完善现代服务业特别是科技创新产业发展的人才引进机制，建立高端人才引进的绿色通道，实现柔性人才引进机制。优化人才使用环境，建立和完善公平、公正、公开的人才选用机制，让优秀人才能够脱颖而出。建立科技人才激励机制，鼓励通过技术入股、管理人员持股、股权激励等方式吸引人才，提高高端人才收入回报。鼓励国内外顶尖人才在赣创业。通过设立领军型创新创业人才计划，积极吸引国内外顶尖人才。实施人才中介服务机构协作制度，筛选确定一批引才协作单位，采取猎头、政府购买公共服务等方式寻找和对接急需的高层次人才。在企业注册、纳税融资、子女教育、医疗保障等方面为引进人才提供服务。

参考文献

李小玉、方平：《2014～2015年江西设区市现代服务业发展报告》，《江西设区市发展报告（2015）》，江西人民出版社，2015。

《奋力打造生态文明建设的江西样板——绿色崛起干部读本》，江西人民出版社，2015。

江西省统计局服务业统计处：《江西省服务业发展问题研究》，2014。

B.7
2015～2016年江西设区市创新能力发展报告

李志萌　盛方富　马　回*

江西经济发展长期滞后，创新能力不足是主要影响因素之一。“十三五”时期，江西要实现全面小康的奋斗目标，就必须紧紧抓住创新这个“牛鼻子”，将其贯穿经济社会的各项工作中。11个设区市作为江西的重要组成部分，评估其创新能力的强弱，进而围绕存在的不足提出切实可行的对策建议，对江西“十三五”时期营造良好的创新生态、打造创新型省份具有重要意义。

一　江西设区市创新能力评估

一个地区创新能力的评价，取决于指标体系的科学选取。指标数量、权重分配以及主观与客观指标的比例，都会在一定程度上影响创新能力的最终排名。

（一）评价指标体系

本文在指标选取过程中，紧紧围绕创新能力的实质内涵，借鉴国家创新能力指标体系、中国区域创新能力报告等诸多权威研究成果，结合江西创新能力的自身特征，在考虑数据可获得性的前提下，从五个方面构建评价指标体系。

* 作者工作单位：江西省社会科学院。

1. 创新资源投入

反映一个地区对创新活动的投入力度、创新人才状况及创新资源配置结构等，主要包括5个二级指标，即R&D内部研发经费支出、R&D人员占科技活动人员比重、每万人平均研发机构数等。

2. 知识创造水平

反映一个地区科研产出能力和科技综合实力，主要包括4个指标，即每万人平均发明专利申请受理量、每亿元R&D内部研发经费支出产生的发明专利申请量等。

3. 企业创新能力

企业区域创新的主体，主要用来反映企业创新活动的投入强度、企业创新人才构成、企业创新能效，主要由企业R&D研究人员占全社会R&D研究人员比重、企业R&D经费投入强度、新产品销售收入占全部产品销售收入的比重等5个指标来集中体现。

4. 创新综合环境

主要用来反映一个地区创新活动所依赖的外部硬件环境和软件环境好坏，主要包括6个指标，即存贷比、每人平均电话用户数、每人平均互联网宽带接入用户数等。

5. 创新活动绩效

这是结果性指标，用于反映一个地区通过开展创新活动所产生的效果和社会经济影响，主要包括7个指标，即人均GDP、地区GDP增长率、高新技术产业增加值占规上工业企业增加值比重、单位能源消耗的经济产出等（见表1）。

表1　江西11个设区市创新能力评价指标体系

一级指标	二级指标	单位
创新资源投入(5)	R&D内部研发经费支出	亿元
	R&D内部研发经费支出占GDP比重	%
	R&D内部研发经费支出增长率	%
	R&D人员占科技活动人员比重	%
	每万人平均研发机构数	个

续表

一级指标	二级指标	单位
知识创造水平(4)	每万人平均发明专利申请受理量	件
	每万人平均发明专利申请授权量	件
	每亿元 R&D 内部研发经费支出产生的发明专利申请量	件
	每亿元 R&D 内部研发经费支出产生的发明专利授权量	件
企业创新能力(5)	企业 R&D 研究人员占全社会 R&D 研究人员比重	%
	企业 R&D 人员占企业科技活动人员比重	%
	企业 R&D 经费投入强度	%
	新产品销售收入占全部产品销售收入的比重	%
	战略性新兴产业增加值占工业增加值的比重	%
创新综合环境(6)	存贷比	%
	每人平均电话用户数	户
	电话用户数增长率	%
	每人平均互联网宽带接入用户数	户
	教育经费支出占公共财政预算支出比重	%
	教育经费支出增长率	%
创新活动绩效(7)	人均 GDP	元
	地区 GDP 增长率	%
	高新技术产业增加值占规上工业企业增加值比重	%
	出口额	亿元
	出口额占进出口额比重	%
	出口额增长率	%
	单位能源消耗的经济产出	万元/吨标准煤

（二）评价方法

本文主要使用加权综合赋权法。一是主观赋权法通过层次分析法（使用 AHP 软件）来确定各评价指标的主观权重；二是基础指标在进行无量纲化后，通过因子分析法（使用 SPSS 软件）来确定各评价指标的客观权重；三是对得出的主客观权重，采用算术平均法得出每个指标的综合权重。

由于基础指标在经过标准化处理后会有正有负，在计算 11 个设区市创新能力得分时也会出现负值，虽不影响排名，但看起来不太直观，为便于观察比较，这里拟使用功效系数法对初始得分进行处理，处理的得分表达式为：

$$y = 40 \times \frac{x - x_{min}}{x_{max} - x_{min}} + 60$$

其中，x_{min} 与 x_{max} 分别指初始得分中的最小值与最大值，处理之后各个设区市的最终得分将控制在 60 ~ 100 分。

（三）数据采集与处理结果

1. 数据采集

文中所使用的数据均来源于《江西统计年鉴》（2014、2015）以及江西省科技厅与江西省统计局联合发布的《关于发布全省科技进步统计监测评价结果的通知》中有关企业创新能力方面的数据。

2. 处理结果

（1）创新能力综合评估排名。经计算整理，2014 年江西 11 个设区市创新能力综合得分前三位的分别是南昌市、鹰潭市和景德镇市，排在倒数第一位的是萍乡市（见表 2）。2014 年，萍乡市 R&D 内部研发经费支出、R&D 内部研发经费支出占 GDP 比重、战略性新兴产业增加值占工业增加值的比重、企业 R&D 经费投入强度、单位能源消耗的经济产出等指标在 11 个设区市中均排名靠后，且 R&D 内部研发经费支出下降了 46.49%，近乎一半；赣州市这几年无论是与创新相关的总量、增速还是人均水平、软硬件环境等都呈快速提升态势，在全省的位次稳步前移。

表 2　江西 11 个设区市创新能力综合评估排名

单位：分

地区	南昌市	鹰潭市	景德镇市	新余市	赣州市	宜春市
得分	100	81.6540	80.3559	70.0690	68.7222	68.3833
名次	1	2	3	4	5	6
地区	吉安市	九江市	上饶市	抚州市	萍乡市	
得分	66.4781	65.4145	65.0213	62.8501	60	
名次	7	8	9	10	11	

根据得分情况，可以把11个设区市创新能力分为三个梯队，除南昌市外，其他设区市评估综合得分均不高，区域间的差距较大，11个设区市中处于第三梯队的达到8个（见表3）。

表3　江西11个设区市创新能力梯队分类

分　类	创新能力得分	设区市
第一梯队	≥90分	南昌市
第二梯队	80～89分	鹰潭市、景德镇市
第三梯队	≤80分	新余市、赣州市、宜春市、吉安市、九江市、萍乡市、抚州市、上饶市

（2）创新能力分项指标评估排名。

①创新资源投入评估排名。创新资源投入一方面是其经济实力的体现，另一方面也是其创新能力的先决条件。根据评估，2014年创新资源投入得分排前三位的依次是南昌市、鹰潭市、景德镇市；排名后三位的依次是九江市、抚州市和萍乡市（见表4）。在选取的指标中，2014年九江市R&D内部研发经费支出占GDP比重排倒数第三位，R&D研发人员占科技活动人员比重则排倒数第一位；萍乡市R&D内部研发经费支出及占GDP比重、R&D内部研发经费支出增长率均排倒数第一位。

表4　江西11个设区市创新资源投入评估排名

单位：分

地区	南昌市	鹰潭市	景德镇市	宜春市	新余市	上饶市
得分	100	87.5939	79.0380	70.5329	66.7752	66.0707
名次	1	2	3	4	5	6
地区	吉安市	赣州市	九江市	抚州市	萍乡市	
得分	65.4925	65.4525	62.8535	61.3539	60	
名次	7	8	9	10	11	

②知识创造水平评估排名。根据评估，除南昌市得分遥遥领先于其他设区市外，其他10个设区市之间的差别不大，比较均衡并且水平均亟待提高（见表5）。

表 5　江西 11 个设区市知识创造水平评估排名

单位：分

地区	南昌市	景德镇市	鹰潭市	抚州市	新余市	赣州市
得分	100	71.8864	67.9146	67.8663	64.6183	63.6425
名次	1	2	3	4	5	6
地区	九江市	吉安市	宜春市	上饶市	萍乡市	
得分	63.2712	61.1219	61.0163	60.2893	60	
名次	7	8	9	10	11	

③企业创新能力评估排名。评估显示，企业创新能力评估得分排名前三位的分别是景德镇市、南昌市和鹰潭市；排后三位的依次是抚州市、九江市和萍乡市（见表 6）。关于企业创新能力基础指标的数据均来源于江西省科技厅、江西省统计局联合发布的《关于发布全省科技进步统计监测评价结果的通知》。根据该资料，2014 年南昌市企业 R&D 研究人员占全社会 R&D 研究人员比重（31.10%）、企业 R&D 经费投入强度（0.8%）、新产品销售收入占全部产品销售收入的比重（10.40%）、战略性新兴产业增加值占工业增加值的比重（12.70%），均低于景德镇市（分别为 79.70%、1.3%、14.20%、37.10%）；九江市、萍乡市的企业 R&D 经费投入强度、新产品销售收入占全部产品销售收入的比重分别为 0.1% 和 0.2%、2.7% 和 0.8%，分别列倒数第一位和倒数第二位。

表 6　江西 11 个设区市企业创新能力评估排名

单位：分

地区	景德镇市	南昌市	鹰潭市	宜春市	新余市	赣州市
得分	100	87.9868	87.8993	78.2147	77.4446	77.3711
名次	1	2	3	4	5	6
地区	吉安市	上饶市	抚州市	九江市	萍乡市	
得分	74.1247	71.5857	64.1170	63.1426	60	
名次	7	8	9	10	11	

④创新综合环境评估排名。根据评估，南昌市创新综合环境得分排名第一位；新余市、景德镇市、鹰潭市和九江市得分比较接近，依次排第2位至第5位；吉安市、抚州市和上饶市依次排后三位（见表7）。

表7　江西11个设区市创新综合环境评估排名

单位：分

地区	南昌市	新余市	景德镇市	鹰潭市	九江市	赣州市
得分	100	78.1243	74.0043	73.7469	73.1352	69.8911
名次	1	2	3	4	5	6
地区	萍乡市	宜春市	吉安市	抚州市	上饶市	
得分	69.1317	66.7477	62.1392	60.1375	60	
名次	7	8	9	10	11	

⑤创新活动绩效评估排名。评估得分前三位的分别是南昌市、鹰潭市和吉安市，排后三位的依次是新余市、宜春市和萍乡市（见表8）。根据选取的基础指标，吉安市地区GDP增长率、高新技术产业增加值占规上工业企业增加值比重、出口额、出口额增长率、单位能源消耗的经济产出等指标在11个设区市中均排在前列，有的指标甚至排名第一位；景德镇市出口额和出口额增长率均排倒数第一位，其中出口额负增长31.69%；萍乡市地区GDP增长率、出口额增长率、单位能源消耗的经济产出等指标均排倒数。

表8　江西11个设区市创新活动绩效评估排名

单位：分

地区	南昌市	鹰潭市	吉安市	九江市	上饶市	赣州市
得分	100	85.0774	79.4088	76.2366	75.8134	75.5192
名次	1	2	3	4	5	6
地区	抚州市	景德镇市	新余市	宜春市	萍乡市	
得分	72.0860	71.7756	68.3510	67.6520	60	
名次	7	8	9	10	11	

3. 结论

通过评估可得出以下三点结论。

第一，创新能力与地区经济发展质量之间的关联较为明显。2014 年，南昌市、鹰潭市、新余市的综合创新能力较强，相应也更能支撑其提升经济发展质量和效益，这三个设区市 2014 年的人均 GDP 在全省排前三位。九江市经济总量在全省 11 个设区市中排名第 3 位，但其创新能力综合排名则是倒数第 4 位；2014 年，鹰潭市和景德镇市经济总量分别排倒数第 1 位和倒数第 2 位，但其创新能力评估综合排名分列第 2 位、第 3 位。

第二，由于选取的指标中有存量指标，也有增量指标，因此，得出的有关创新能力排名是动态变化的，每年都会变动，并且某个地区的位次甚至存在较大浮动的可能。这点在萍乡市和赣州市得以体现，萍乡市作为能源型城市，处于转型过程中，经济增长新动能不足，致使 2014 年增量创新投入较其他设区市不仅未增而且还大幅度下滑，这在一定程度上影响萍乡市动态创新能力排名；赣州市因原中央苏区政策红利释放，创新发展的软硬件环境、投入力度、企业活力、发展绩效等较其他设区市呈现较为明显的优势，动态排名位次靠前。

第三，对全省 11 个设区市创新能力进行排名作为初次尝试，受数据可获取性影响，在指标设置上存在次优选择，这难免会给最终评估排名结果带来一定程度的影响，但整体而言与江西现实状况比较吻合，具有一定的参考价值。

二　影响江西设区市创新能力提升的因素分析

回顾“十二五”，江西 11 个设区市的创新能力都有了质的飞跃，经济实力不断增强，社会发展长足进步。但《中国区域创新能力报告 2014》统计显示，2014 年，江西省创新能力与 2013 年持平，排名全国第 20 位。其中，知识创造指标、知识获取综合指标、企业创新综合指标、创新环境综合指标、创新绩效综合指标的排名分别为第 25 位、第 17 位、第 27 位、第 18 位、第 14 位。另外，江西省的创新实力、创新效率、创新潜力指标分别排名第 18 位、第 22 位、第 12 位。综合以上指标排名来看，江西省还属于欠发达地区，创新驱动、加快发展的任务很重，影响江西省各设区市创新能力提升的因素主要表现在四个方面。

（一）创新投入强度较低且结构不合理

1. 创新投入总量偏少且强度较低

截至2014年底，江西省R&D内部经费支出共计153.1亿元，较2010年的87.2亿元增长了75.6%。但是，投入总量仍然较少。以投入最多的南昌市为例，2014年，南昌市R&D内部经费支出59.4亿元，仅相当于长沙市（经费支出246.9亿元）的24.1%，上海市（经费支出831.0亿元）的7.1%。同时，投入强度较低。第三次全国经济普查统计数据显示，2013年，南昌市规模以上工业企业R&D经费投入强度（规模以上工业企业R&D经费投入占主营业务收入的比重）为0.7%，不足全国平均水平（2.17%）的1/3。

2. 经费来源和支出结构不均衡

目前，江西省各设区市的企业R&D经费中，由政府支持的占比较低。以支出最多的南昌市政府为例，截至2013年底，来自南昌市政府的科技经费支出只占R&D经费总支出的12.2%，不及长沙市政府的17.7%，与上海市政府的31.6%更是存在明显差距。此外，R&D经费支出结构也不均衡，主要长期用于试验发展，在基础研究和应用研究方面投入较少，与上海、北京等发达城市形成鲜明对比。

（二）自主创新能力不足且发展缓慢

1. 企业的研发步伐缓慢

规模以上工业企业在新产品开发方面的经费投入规模仍然较小。截至2014年底，江西省规模以上工业企业新产品开发经费支出129.2亿元，仅为湖北省的35.4%、湖南省的41.0%及安徽省的35.1%。同时，《2014年江西省重点企业科技统计快报》数据显示，江西省各设区市重点企业R&D经费内部支出较2013年平均下降1.6%，半数以上企业R&D经费内部支出较2013年有了不同程度的减少。2014年，九江市企业主营业务收入将近

6000亿元，企业研发投入只有5.5亿元，占比0.1%，与省科技创新指数考核对企业R&D经费占主营业务收入比重0.5%的要求相去甚远。自有品牌、拥有自主知识产权的产品较少，产品的科技含量和附加值较低，是制约江西设区市自主创新能力提高的关键因素。

2. 有产品或工艺创新活动的企业占比较小

截至2014年底，江西省有产品或工艺创新活动的企业占全部企业的比重为30.8%，较湖北省的34.8%、湖南省的41.0%及安徽省的36.3%，分别少4.0个、10.2个及5.5个百分点。

（三）知识产权创造的质量不高且人才流失严重

1. 企业知识产权创造的产出效率和质量不高

2014年，江西省规模以上工业企业中有R&D活动的企业所占比重为11.7%，低于全国16.9%的平均水平5.2个百分点。江西省规模以上工业企业专利申请数占全国专利申请数的比重只有1.1%，有效发明专利数占全国有效发明专利数的比重更低，仅有0.8%。同时，专利产出的质量也有待提升。截至2014年底，全省专利申请授权量仅占专利申请受理量的11.6%，新余市当年专利申请297件，仅授权1件，鹰潭市当年专利申请378件，0件授权。

2. 劳动力资源短缺，科技人才流失严重

目前，各设区市劳动力资源素质相对较低，人才不足，特别是高技能人才严重缺乏，人才培养模式不能与社会需求接轨，缺乏发展后劲，职业教育课程体系的灵活性与职业的功能性不相吻合，职业资格认证和劳动就业准入制度落实不到位。高等教育发展滞后，中部地区共有“211”大学16所，其中武汉7所，长沙和合肥各3所，而南昌仅1所。中部“985”高校共5所，其中长沙和武汉各2所，合肥1所，南昌无“985”高校。另外，江西与其他地区尤其是邻近的中部地区在人才待遇、创业条件、相关政策等方面普遍存在一定差距，导致全省中青年优秀科技人才不断流失。这种情况如果得不到彻底改变，势必会影响江西科技队伍的稳定和发展。

（四）科技成果转化能力偏弱且科技意识不强

1. 技术成果市场化程度较低

技术市场的发展和技术成果交易的繁荣，是科技成果转化的主要渠道，也是城市创新驱动能力的重要组成部分。江西省技术成果市场化程度较低，亟须加强技术成果的转移转化。《南昌市2014 年国民经济和社会发展统计公报》统计数据显示，截至2014 年底，南昌技术合同成交额在省内名列前茅，总计24. 38 亿元，但与同为省会城市的长沙市（31. 52 亿元）相比依然存在一定差距，更是远远低于发达城市如上海市667. 99 亿元的规模。同时，截至2014 年底，南昌市规模以上工业企业新产品销售收入533. 4 亿元，仅占长沙市（3256. 2 亿元）的16. 4%、上海市（8447. 0 亿元）的6. 3%。

2. 科技意识不强

其主要表现在两个方面：一方面，企业自身的科技创新能力不足。当前，各设区市的企业在高水平技术创新过程中主要进行试验应用，处于产业技术开发的低端，要成为具有雄厚科技实力的企业并引领整个产业链的创新方向，还有很长一段路要走。另一方面，企业的商业模式缺少创新。从已经形成一定规模的新型商业模式来看，各设区市的企业主要还是以模仿型、改进型的商业模式为主。此外，当前推动企业商业模式创新的实施主体还是政府，“政府主导、政策推动”的色彩偏重，导致企业自主创新的动力和资源配置也不足。

三 “十三五”时期提升江西省设区市创新能力的思路和建议

通过上文的分析可以看出，各个设区市的创新能力评价结果受到其自身创新资源的投入、创新设施的条件及研究机构的数量等因素的影响，创新综合环境和创新活动绩效也会影响其最后的评分。同时，“十二五”期间，由于各设区市在创新指标投入上的侧重不同，各设区市创新能力的得分也不断变化，原本评分较低的设区市可以通过政府部门的政策支持和制度完善，以及创新主体自身创新能力的加强，提升设区市的整体创新评分。这不仅为提高江西省各设区市创新能力提供了理论基础和支撑，也有利于各设区市有针对性地从其各项评价指标的提高着手，提升该地区的整体创新能力①，并最终为“十三五”时期江西省深入实施创新驱动发展战略、全面提升综合创新能力提供有力支撑。

（一）差别化推进创新

第一，对于处在第一、第二梯队的南昌市、鹰潭市、景德镇市，其创新能力较强、经济基础较好，建议在保持现有创新优势的基础上，加快推进基础研究和应用研究相结合，积极发展战略性新兴产业，增强发展后劲。第二，对于处在第三梯队的设区市，因为科技创新能力基础薄弱，建议加大传统产业改造升级力度，大力引进先进的科学技术，推动技术交易市场的发展，利用市场带动该区域科技创新。

（二）加大扶持力度

江西省 11 个设区市科技创新投入普遍偏低。由于各设区市在科技创新上都是以政府投入为主导的，随着科技的进步、社会的发展，各设区市开展科技创新活动所需的经费与日俱增，有限的政府投入严重制约了各设区市科技创新的发展。建议“十三五”期间，加大政府的扶持力度，增加科技创新经费。第一，加大政府对企业科技创新的资金扶持力度，改进支持科技创新的方式，引导国家和地方专项资金把支持的范围从技术、产品创新逐渐向商业模式创新扩展，设立对商业模式创新进行支持的专项资金，引进国外先进的商业模式。第二，建立健全符合市场竞争规律的科技创新、成果转化、社会化科技投入等机制，促进科技创新和金融相结合，加大政策性银行贷款

① 吴依依：《江西省 11 个设区市区域创新能力动态分析与比较》，江西财经大学硕士学位论文，2012。

的支持力度，引导企业、金融机构及各类社会资本支持创新型企业和高新技术产业发展。另外，完善政府资金对科技创新投资的退出机制，实现科技创新资本的良性循环，撬动更多社会资本投入科技创新活动，从而不断增加各设区市的科技创新投入。

（三）强化人才培养引进

科技创新人才是地区科学技术创新的关键，但是江西省11个设区市的科技创新人才总量不足，尤其是掌握高新技术的科技创新人才十分匮乏。因此，建议“十三五”期间，各设区市加大科技创新人才的培养和引进力度。第一，各设区市应落实《关于深入实施创新驱动发展战略推进创新型省份建设的意见》有关精神，创新科技人才相关政策，充分调动科技人员工作的积极性和创造性，同时用最先进的科技知识培训科技人员。第二，加大教育投入。针对江西省各设区市高等教育发展滞后的现实问题，各设区市应加大教育投入，着力建设一批水平较高的高等学府，扭转江西省各设区市教育水平落后的局势。第三，培养和引进科技创新人才。对研究生的教育结构进行优化，培养较高层次的科技创新人才。第四，加强专业人才队伍建设。各设区市可以根据本地区产业发展的特点，培养相应行业科技创新需要的应用型人才，满足当地科技创新活动的人才需求，积极引进国外高层次留学人才；注重对现有科技创新人员的继续教育和在职培训，鼓励相关人员学习先进的科技创新知识和技术。第五，加强开放合作。加强省内合作，江西省各设区市之间应多进行科技创新交流，实现科技创新资源的优化配置，取长补短；加强省外合作，加强与周边发达省份或发达国家的学术交流合作，进一步增加现有科技创新人员的知识储备并提升研发技能。例如，处于第三梯队的吉安市在知识流动能力与企业创新能力上劣势明显，其努力的方向应该是大力吸引外资，鼓励企业间的技术合同转让等。

（四）完善科技创新环境

环境是提升区域科技创新能力的条件之一，要提高江西省11个设区市的科技创新能力，就需要优化科技创新的整体环境。第一，对处于第一梯队的南昌市，应发挥其创新基础条件良好的优势，加强全体市民对创新认识的思想教育，并将创新提高到全市战略的高度上，继续大力发展教育事业，发挥企业和高校在创新过程中的主体作用，始终将工作的重心放在有效提升企业创新能力和高校创新培育上，出台扶持企业从事创新活动的相关政策条例，鼓励企业增加对研发和技改的资金投入，提升产品和服务的附加值，对于从事高新技术的企业从税收优惠或补贴等方面支持其发展①。第二，对处于第二梯队的景德镇市，其创新能力有一定基础，应继续发挥其企业创新能力较强和创新绩效较高的优势，重点改善创新环境和提高知识流动能力，在营造鼓励创新的良好氛围基础上，切实提高政府财政投入尤其是在基础设施和教育领域的投入，有效改善创新环境；同时，进一步加大政府对企业创新的扶持力度，鼓励先进技术的引进，全力支持以企业为主体的创新主体再创佳绩。

（五）加强产学研合作

针对江西省各设区市科技成果转化率较低的现状，可以通过加强产学研合作的方式来提高各设区市的科技创新能力。企业可以与高等院校和科研机构合作建立企业专门的研发中心，为企业的发展需要提供有针对性的科技创新支持及专业人才储备，高等院校和科研机构也可以通过与企业合作，实现科研成果更有效的转化，使新产品、新技术能够更方便地投入市场，这不仅提升了企业的整体科技创新能力，而且增强了地区的综合竞争力。例如处于第三梯队的上饶市，尽管在创新资源投入方面具有一定的比较优势，但在企业创新能力、创新综合环境方面劣势明显。因此，对上饶市来说，应形成一个包括企业、大专院校、研究机构、政府在内的创新体系，发挥企业在这个体系内的主体作用，增加科研投入，扭转上饶市区域创新能力急速下降的态势，并逐步提高其区域创新能力。

---

① 熊衍飞：《江西省设区市区域创新能力及其提升研究》，江西财经大学硕士学位论文，2013。

（六）加强知识产权保护

加强对知识产权的保护能够让各设区市在开展科技创新工作时更具有积极性，更无后顾之忧。为使江西省各设区市的知识产权保护体系更加完备，首先，各设区市政府应该建立健全相关知识产权保护的法律法规，让知识产权更有保障，加大资金投入力度，建立相应的知识产权运营资金，用以支持本区域开展专利申请与保护工作。其次，加强对知识产权相关政策与法律法规的宣传工作，营造一个保护知识产权的良好氛围。最后，作为科技创新主体的企业应该增强知识产权保护意识，加强对企业科技创新过程中产生的知识产权的申请与保护①，加强对企业知识产权的管理、监督以及保护，以此来维护企业自身的权益，增强科技创新动力。

① 孙绪华：《我国科技资源配置的实证分析与效率评价》，华中农业大学博士学位论文，2013。

区域报告

Regional Reports

B.8
推进昌九一体化跟踪研究

姜玮　张宜红*

2013年7月，江西省委十三届七次全会做出了“重点推进昌九一体化建设”的战略决策。本文在跟踪评估昌九一体化近三年的成效基础上，剖析未来推进昌九一体化发展的瓶颈，进而提出相应的对策措施。

一　昌九一体化跟踪评估

近三年来，江西省委省政府高度重视，南昌、九江和各个省直部门积极参与昌九一体化建设，按照“规划一体化、基础设施一体化、公共服务一体化和产业互补对接”的总体要求，建设成效非常显著，“双核”裂变效应明显，可概括为“两个不断提升，三个基本形成”。

* 作者工作单位：江西省社会科学院。

（一）经济增长的“龙头”地位不断提升

昌九两市经济发展呈稳步提升的态势，主要经济指标占全省比重逐年提高，综合实力得到显著增强，“龙头”地位不断提升。从表1可知，2015年，昌九两市实现地区生产总值5922.8亿元，占全省比重达35.4%，比2013年、2014年分别提高了1个百分点、0.7个百分点；2015年，昌九两市财政总收入、规模以上工业增加值、固定资产投资、实际利用外资分别为1112.6亿元、2544.6亿元、6138.0亿元、53.8亿美元，占全省比重分别为36.8%、35.0%、36.1%、56.8%，分别比2013年占全省比重进一步提高了1.2个百分点、1.2个百分点、1.8个百分点、1.2个百分点。

表1　2013～2015年昌九两市主要经济指标及在全省的经济地位

主要经济指标	经济地位	2013年	2014年	2015年
地区生产总值（GDP）	绝对值（亿元）	4937.8	5447.9	5922.8
	占全省比重（%）	34.4	34.7	35.4
财政总收入	绝对值（亿元）	838.2	966.8	1112.6
	占全省比重（%）	35.6	36.1	36.8
规模以上工业增加值	绝对值（亿元）	1944.3	2326.2	2544.6
	占全省比重（%）	33.8	34.0	35.0
固定资产投资	绝对值（亿元）	4417.5	5246.8	6138.0
	占全省比重（%）	34.3	34.7	36.1
实际利用外资	绝对值（亿美元）	42.0	46.6	53.8
	占全省比重（%）	55.6	55.2	56.8

资料来源：由江西、南昌和九江历年统计公报和政府工作报告的数据计算得出。

（二）转型升级的引领作用不断提升

昌九两市积极调整经济结构，不断提升发展质量，率先转型升级，主要表现为“三个比重提升”明显：一是高新技术产业占全省比重提升。2015年，昌九两市高新技术产业增加值达600.4亿元，增长10.6%，占全省比重达32.1%，提高0.2个百分点，高新技术产业发展势头良好。二是服务业占全省比重提升。2015 年，昌九两市服务业增加值为 2829.7 亿元，占其地区生产总值比重达 47.8%，增长 8.4 个百分点，三次产业结构不断优化。三是税收收入占全省比重提升。2015 年，经济下行趋势没有得到根本性改变，但昌九两市财政总收入仍保持较快增长速度，比全省平均水平高出 6.7 个百分点；同期，在昌九两市财政收入结构中，税收收入占比达 87.5%，与全省平均水平相比高出 9.9 个百分点，说明昌九两市财政保持了较好的运行质量。

（三）昌九一体化规划体系基本形成

规划一体化，是引领昌九一体化发展升级的主抓手。立足昌九两市实际发展情况，江西省委省政府出台制定了“1+8”昌九一体化规划体系。目前，已经基本编制完成昌九一体化总体规划和各专项规划，基本形成了昌九一体化发展规划体系。2014 年 9 月 23 日，《昌九一体化发展规划（2013－2020 年）》由江西省政府正式出台并印发，同时配套出台了《〈昌九一体化发展规划〉实施方案》，对实施昌九一体化发展规划的具体任务和责任分工做出了明确的规定。与此同时，《南昌临空经济区发展规划》《共青先导区建设总体方案》《昌九大气污染联防联控规划》等规划方案也获得江西省政府通过。江西省发展和改革委员会于 2015 年 11 月印发《昌九一体化综合交通发展规划（2013－2020 年）》，陆续出台印发了城镇体系规划、土地利用规划、工业布局规划三个专项规划。此外，江西省政府还出台印发并已实施昌九大道规划方案和通信与金融同城化以及商务、水利、社会保障一体化等工作方案。在制定出台并完善昌九一体化规划体系的基础上，相关配套政策文件《关于支持昌九一体化发展的若干政策措施》由江西省政府办公厅印发，提出了 20 条具体、有含金量的政策措施以加快推进昌九一体化发展。

（四）交通一体化总体格局基本形成

交通基础设施先行，是加快推进昌九一体化的重要支撑。一是公路建设扎实推进。加快建设昌九大道，已开工建设昌九高速“四改八”扩建工程，南昌至永修139路公交线路已开通运行，南昌轨道交通1号线已顺利运行。二是铁路建设加快推进。昌九城际铁路、京九铁路顺畅运行，已全线投入运营沪昆客专杭长段，全面打通了横贯江西东西的高铁通道。三是航道建设步伐加快。江西积极策应长江黄金水道建设，加快赣江南昌至湖口航道改造升级，其航道标准达二级，船舶吨位跃升为2000吨级；昌九通关实现一体化。四是航空事业持续发展。曼谷、新加坡、仁川等14条新国际航线先后在昌北机场开通并运行顺畅；2015年3月，中国民航局许可组建江西航空有限公司，并于2016年3月1日江西航空顺利首飞；截至2016年3月15日，江西航空已有2架波音737－800飞机，并开通了南昌经西安至乌鲁木齐、南昌至海口、南昌至厦门、南昌至贵阳等航线，预计2016年底，江西航空的飞机数量将达到5架。

（五）公共服务同城化态势基本形成

昌九两市除在规划、交通、通关等方面实现一体化外，还全面开展在通信、金融、科教、社会保障和医疗卫生等公共服务领域的“同城化”，昌九两市市民乐享“同城”生活。一是昌九通信资费同城化。2014年4月1日起，仅用半年时间，南昌、九江两市移动电话和固定电话资费同城化就得以实现。二是深入实施金融一体化。昌九两市先后在南昌银行、九江银行、农村合作金融机构以及浦发、中信、招商等股份制银行开展银行卡、存折、住房公积金贷款等业务同城化和一体化。三是有序开展科教一体化。昌九两地大力实施图书通借通还“一卡通”业务，成效显著，并逐步扩大至昌九所有县（市、区）；昌九两市积极开展了两地高校学分互认试点，并在教育各个阶段各自选择3～5所学校进行友好对接。四是稳步推进社保和医疗卫生一体化。昌九两市医疗保险双向互通、即时结算、报销互认，就医同城化目标得以实现；2014年7月，稳步推进养老保险待遇同城化政策落地；南昌、九江两市共同选择确定了24家市级定点医疗机构进行新农合定点互认、同等报销试点，就转诊就诊流程及结算办法出台明确的细则，并将此试点范围扩大到昌九两地县级层面，2016年预计可以延伸至乡镇层面。五是有序开展其他领域公共服务同城化。南昌、九江两市出台了“一站式”户口迁移办理手续和流程，搭建并开通了一体化的人力资源市场信息服务平台，商务和旅游一体化得以加速推进，等等。

二 推进昌九一体化的瓶颈

南昌市、九江市实施昌九一体化战略已取得了明显成效，但仍然存在诸多瓶颈和障碍。

（一）体制机制障碍有待破解

加快推进昌九一体化，其难点在于如何打破行政和体制机制壁垒。昌九一体化战略实施近三年来，体制机制改革有所成效，成立了昌九一体化发展领导小组，但仍然存在诸多体制机制障碍，主要表现在两个方面：一是一些“先行先试”改革举措并未在昌九两地大范围实施。出台行政审批“负面清单”、全面推行人事制度改革、实行“股权—产权—地权”投融资模式、创新园区体制机制等一系列“先行先试”改革举措正在共青先导区和南昌临空经济区两个园区探索实施，但并没有在昌九两地大范围实施，昌九一体化“先行先试”改革举措仍有待进一步深入推进；与此同时，共青先导区和南昌临空经济区的先行示范带动作用并未充分显现。二是昌九两地合作对话机制有待深化。昌九两地有一些干部仍然没有转变观念，各自为政，行政区划意识仍然较强，行政壁垒仍然存在，对昌九一体化战略仍存疑虑，昌九两地合作对话机制有待深化。

（二）互联互通水平有待进一步提升

一是昌九两地内部互联互通水平有待提升。近三年来，昌九两地虽然在公路、铁路、航道、航空等交通基础设施方面加快了互联互通建设步伐，但在能源、环保和信息网络等重大基础设施方面互联互通水平仍然较低。二是昌九对外互联互通水平有待提升。昌九两地是江西省融入“一带一路”的桥头堡，昌九地区联结湖北、湖南的交通、水利、信息、环保等重大基础设施尚待推进。三是昌九两地公共服务水平仍然有差距。虽然昌九两地在公共服务一体化方面取得了较为显著的成效，但昌九两地财政资源不同，必然造成两地公共服务一体化水平仍然有较大差距。2014 年，南昌市本级财政支出占全市财政支出比重为 36.3%，而同期九江市这一比重为 16.1%。可见，南昌、九江两地的市本级预算存在显著差异，造成昌九两市城乡公共服务供给能力具有巨大的差异。从表 2 可以看出，2014 年，南昌、九江两市财政都比较重视社会保障与就业、教育、医疗卫生等公共服务建设，占全市财政支出比重相当，分别为 9.8%、17.3%、9.7% 和 11.6%、18.4%、9.6%；而在农林水事务、住房保障、城乡社区事务等领域差距较大，分别为 7.5%、3.6%、14.2% 和 14.7%、6.9%、7.5%。可见，九江更加注重农林水事务和住房保障等公共服务的投入，而南昌市则比较重视城乡社区事务，该项支出占比远高于九江市，主要原因在于南昌市棚户区改造支出较大。

表 2　2014 年昌九两地一般公共预算支出主要去向

单位：亿元，%

类　别	南昌		九江	
	绝对数	占全市财政支出比重	绝对数	占全市财政支出比重
全市地方一般公共预算支出总额	473.4	—	384.0	—
市本级地方一般公共预算支出	171.7	36.3	61.7	16.1
一般公共服务	42.3	8.9	40.2	10.5
公共安全	24.5	5.2	15.5	4.0
教育	82.0	17.3	70.5	18.4
科学技术	7.9	1.7	4.5	1.2
农林水事务	35.5	7.5	56.5	14.7
社会保障与就业	46.3	9.8	44.4	11.6
医疗卫生	45.8	9.7	36.7	9.6
城乡社区事务	67.3	14.2	28.8	7.5
资源勘探电力信息等事务	31.1	6.6	10.9	2.8
住房保障	16.9	3.6	26.7	6.9

资料来源：南昌市和九江市 2014 年实际财政总预算执行情况的相关报告。

（三）产业合作有待深化

目前，昌九两地合作尚停留在基础设施、公共服务等领域一体化中，产业对接、错位发展等深层次合作相对滞后，产业同构化现象明显。从表3可以看出，南昌、九江产业结构相似系数接近100%，尤其是实施昌九一体化战略以来，两地产业结构相似系数有所扩大，表明两地产业结构高度相似，且有强化的趋势，产业同构化现象明显。与此同时，截至2015年底，南昌和九江规模以上工业主营业务收入排名前十位的产业中，纺织服装和服饰业、非金属矿物制品、电气机械和器材制造业、化学原料和化学制品制造业、黑色金属冶炼和压延加工业5个行业存在重叠，这表明两市之间资源整合与优势互补存在较大的调整空间。

表3　2009～2015年昌九两市三次产业结构及其相似系数

单位：%

年份	南昌			九江			产业结构相似系数
	第一产业	第二产业	第三产业	第一产业	第二产业	第三产业	
2009	6.0	55.4	38.6	11.0	53.1	35.9	99.7
2010	5.5	56.7	37.8	9.5	56.2	34.3	99.7
2011	5.2	56.9	37.9	8.6	58.6	32.8	99.6
2012	4.9	57.9	37.2	8.3	57.0	34.7	99.8
2013	4.7	55.5	39.8	8.1	56.1	35.8	99.7
2014	4.5	55.0	40.5	7.7	55.3	37.0	99.8
2015	4.3	54.5	41.2	7.4	53.3	39.3	99.9

资料来源：江西省统计局、南昌市统计局和九江市统计局。

（四）重大平台建设有待突破

区域发展升级需要国家级新区作为重大平台支撑，而国家级新区也可以为区域发展体制机制改革提供“试验田”。国家级新区发展实践经验表明，大多数新区成立后，经济发展呈快速增长趋势，甚至出现爆点。如上海浦东区 1993 年的 GDP 为 164 亿元，2014 年的 GDP 达到 7109 亿元，是 1993 年的 43 倍。天津滨海新区 1994 年 GDP 仅为 112.4 亿元，到 2014 年达 8760.2 亿元，是 1994 年的 78 倍。此外，兰州新区 2015 年地区生产总值为 125.8 亿元，是 2011 年的 3.22 倍，年均增速达 33.98%。截至 2016 年 3 月，国家已批复上海浦东新区、天津滨海新区等国家级新区 24 个，其中中部地区仅有湖南湘江新区 1 个。

三　未来深入推进昌九一体化的对策建议

推进长江中游城市群发展是长江经济带建设的重要支撑，而江西既是长江中游城市群的重要支点，也是其短板。江西要在长江中游城市群中实现崛起，昌九地区就要率先实现崛起，而昌九地区的崛起必须依靠城市经济的崛起。可见，做大城市经济总量是实现昌九一体化的重要推动力，其实质是南昌、九江两个城市经济的互动、互通、互融、互补、互赢，需创新体制机制，建立健全合作交流机制，搭建重要合作平台，加快基础设施互联互通，深化公共服务均等化，加快实现第二、第三产业融合对接发展。

（一）互动：进一步建立健全合作交流机制

互动交流是昌九一体化的重要基石。一是要加快转变思想观念。昌九两地领导要积极更新观念理念，打破行政壁垒，淡化行政区划概念，建立定期合作对话机制，以协商昌九两地合作发展的重大事项和重大问题，引领带动昌九一体化协调互动发展。二是要加快“先行先试、改革创新”步伐。将南昌临空经济区和共青先导区内一些可复制、可推广的政策机制扩大覆盖到整个昌九地区，加快“先行先试、改革创新”步伐。三是要理顺政府与市场的关系，构建“政府引导、市场主导”合作有序的区域推进机制。对于昌九两市跨区基础设施、生态环保、社会民生等公共服务领域，两地政府应该是建设主体，需发挥主导作用，采取政府购买公共服务的形式，积极探索 PPP 模式，鼓励社会提供公共产品和公共服务；而对于跨区域产业合作、投资等领域建设和体制机制改革，南昌、九江两市政府需要加强沟通和协作，发挥市场决定性作用，逐步构建培育公正、公平、公开、有序的市场秩序和充分竞争的市场环境。

（二）互通：进一步推进基础设施互联互通

基础设施互联互通是昌九一体化的重要抓手。一是进一步提升昌九互联互通水平。加快推进昌九大道建设、昌九高速“四改八”扩建工程，加快建设昌九客专，加快实现昌九两地道路交通无缝对接；积极策应长江黄金水道，加快推进南昌港与九江港联运通道建设，实现赣江与长江干支相通，吨位升级，进一步提高九江长江岸线资源使用效率；提高昌北机场国内国际航线密度，尤其是要增加江西航空的航班次数，加快推进昌北机场、庐山机场联动发展，逐步实现一体化，适时加快推进共青城通用机场和修水通勤机场建设，规划建设九江庐山旅游机场；加快推进南昌综合报税区建设，积极争取设立九江综合保税区和九江自由贸易港区，深化通关一体化；科学合理规划衔接南昌、九江两市信息基础设施，不断提高昌九两市基础设施互联共建水平和信息化水平。二是提升昌九地区与长江中游城市群基础设施互联互通水平。打通昌九地区与湖北、湖南等地的交通通道，加快推进昌九地区与湖北、湖南等地区能源、水利、环保和信息网络等重大基础设施共建共联，逐步提高昌九地区与长江中游城市群互联互通和无缝对接水平，加快融入“一带一路”和长江经济带基础设施体系。

（三）互融：进一步深化公共服务合作共享

融合发展、同城发展是昌九一体化的重要要求。一是健全公共服务信息互联共享机制。依托网络体系互联互通，不断开放昌九两市的公共服务资源，促进基本公共服务资源要素充分流动并实现共享，逐步消除基本公共服务资源共享的行政壁垒与制度障碍，促进昌九两地社会保障关系得以顺畅转移衔接、就医费用得以异地结算等一体化进程。二是建立健全统一的政策衔接机制。先行推进低保、救助、脱贫“三标准”的统一衔接，由江西省和昌九两市公共财政共同出资，探索设立昌九“基本公共服务均等化专项统筹资金”，实现昌九基本公共服务一体化。三是建立健全人才互动互认合作机制。建立专业技术职务任职资格互认机制；共建昌九两地高层次人才名录，探索昌九区域性职业教育与职业技能鉴定的互通互认。

（四）互补：进一步深入推进产业合作对接

产业互补对接是昌九一体化的核心。南昌与九江产业同构化现象明显，如何进行产业合作对接，进一步做大做强产业，需要加快实现从“零和博弈”到“共赢发展”的转变。一是大力推进昌九产业错位发展。南昌应立足科技、金融、研发、人才、信息等方面的比较优势，重点发展生物医药、汽车制造、航空制造、总部经济和软件等高端产业；而九江应立足交通便利、水运发达的比较优势，重点引导钢铁冶炼、石油化工、运输设备制造等重化工业向沿江集聚。二是深化昌九产业整合。昌九两地各市、县（区）当务之急要重点筛选一批有合作前景和合作意愿、符合比较优势原则的产业项目进行对接，加强两地产业深化合作，推动产业整合，在产业之间建立上下游联动机制，形成一体化产业链，进一步提升昌九产业综合竞争力。三是大力推动昌九地区园区共建共享。以南昌、九江高新技术产业园区为重点，加快产业对接与合作，鼓励采取“飞地经济”方式，共联共建，推进昌九两地园区合作，探索打造产业合作示范园。

（五）互赢：进一步加快建设重大合作平台

互赢是昌九两市共同愿景。昌九一体化不是行政区划的一体化，其本质是城市群和城市经济的一体化发展。为此，建议以国家批复赣江新区为契机，以赣江新区为龙头，以重点打造昌九抚城市群为核心，带动环鄱阳湖城市群发展，并作为对接“一带一路”的战略通道、长江经济带的战略支点、长江中游城市群的战略支撑、江西经济转型升级和新一轮全方位扩大开放的引爆点和战略平台。

参考文献

江西省发展和改革委员会：《进一步加快昌九一体化发展　努力实现“三个突破”》，《江西日报》2015 年 7 月 22 日。

郑则文、张成华：《昌九公共服务一体化困境与对策研究》，《九江学院学报》（自然科学报）2015 年第 12 期。

张志勇：《双向融合促“同城”》，《江西日报》2015 年 7 月 15 日。

彭迪云：《长江经济带国家战略创新价值与江西融入发展对策》，《企业经济》2015 年第 9 期。

蒋大国、路洪卫：《深化体制机制改革　扎实推进长江中游城市群建设》，《政策》2015 年第 8 期。

蒋大国、路洪卫：《扎实推进长江中游城市群建设》，《中国经济时报》2015 年 6 月 24 日。

吴思勇：《“同城”效应改变百姓生活》，《南昌日报》2015 年 7 月 22 日。

B.9

加快推进昌抚一体化研究

王 果 李华旭*

推进昌抚一体化发展是省委、省政府做出的重大决策，是实现昌抚两地经济互利共赢的重要途径，对促进两地合作发展迈上新台阶有着重要意义。

一 昌抚一体化总体发展状况

（一）昌抚一体化发展历程

昌抚一体化作为南昌都市圈重要组成部分，走过了近十年的发展历程。2006 年初，省“十一五”规划明确提出了抚州融入南昌经济圈的发展战略，确定了昌抚一体化的发展雏形；2011 年初，省“十二五”规划又进一步提出，加快推进昌抚一体化的发展进程；2012 年 6 月，省委、省政府明确了打造南昌核心增长极这一重要发展思路，为昌抚一体化赋予了新的发展内涵；同年，抚州启动昌抚一体化战略规划纲要编制工作，形成了《昌抚一体化战略规划纲要（2012－2020 年）》；2014 年 9 月 9 日，省政府以赣府发〔2014〕29 号文印发了《关于支持抚州深化区域合作加快发展的若干意见》，明确要以银（昌抚）高速、316 国道为依托，以临川区云山镇为中心，重点建设昌抚合作示范区；2014 年 11 月，省政府专门出台《支持抚州深化区域合作加快发展重点任务分工方案》，确定了两市在通信、金融、交通、教育、旅游等方面共建共享的牵头部门与参与部门，规划研究昌抚快速公

* 作者工作单位：江西省社会科学院。

路、城际铁路等项目建设；2015 年 7 月 27 日，抚州市与省发改委、金融、通信等部门及南昌市人民政府共同签订了《昌抚金融同城化专题协调会备忘录》和《昌抚通信同城化专题协调会备忘录》，明确了昌抚一体化过程中具体项目与工作的实施时间、责任范围等内容；2016 年 2 月，《江西省国民经济和社会发展第十三个五年规划纲要》明确指出，鼓励优化抚州沿向莆线生产力布局，深化昌抚一体化与赣闽开放合作。昌抚一体化呈现加速发展的良好势头。

（二）昌抚一体化发展的主要成效

1. 城际连接带实现快速发展

基础设施一体化建设取得显著成效，南昌至抚州公路客运体系进一步完善，昌抚大道建设、南昌城区至抚州城区的公交客运班线营运、抚州至昌北机场加密城际快巴等也稳步推进。昌抚轨道交通也进入实质论证阶段。两地正在积极争取支持恢复抚河通航、开通向莆铁路货运快速班列，进一步深化与省铁路投资集团湄洲湾海西物流基地的合作，建立货物进出口快速通道。

2. 社保、户籍、医疗等走向同城化

加快推进社保同城化进程，努力实现两地社会保障关系互联互认与正常转移接续。加快推进昌抚户籍管理同城化进程，建立一体化的户籍管理制度，放宽两市市辖区的落户与迁移条件，逐步推进两市农业转移人口市民化。加快推进昌抚医疗卫生同城化进程，建立异地医院远程会诊制度，完善两地新农合定点医疗机构互动互认的相关工作，实现两地医疗资源共享。加快推进昌抚电信通信同城化进程，逐步推动银行卡、存折业务、银行分支机构同城化等，实现两地金融同城化。

3. 区域经济合作成效显著

南昌和抚州联合建设对外招商平台，有序开展面向双方招商的相关活动，充分发挥南昌的带动作用，联合抚州共同参与国家、重大区域组织及省对外招商平台。运用“飞地经济”建设产业平台，允许利用南昌和抚州两市的财政、投资政策等出台具体相关措施在对方开发区内共建项目。重点支

持南昌优势产业、有竞争力的企业在抚州投资和发展，培育壮大区域性企业集团和连锁经营。

4. 旅游一体化建设持续前进

建设南昌和抚州两地无障碍旅游区，开通两地景点之间的快速绿色通道，建立昌抚景区一票制度。共享旅游资源与信息，打造精品旅游路线，完善旅游一体化信息服务体系。努力争取开通南昌－抚州－厦门的旅游专线，进一步促进两市旅游发展。

5. 农产品产销对接稳步推进

充分利用抚州丰富的农业资源，推动两地农业企业加强合作，共同发展绿色、生态、高效农业。以抚州规划建设南昌市菜篮子基地为契机，推进两地市场与基地对接，建立稳定的两地农产品购销关系，大力支持农业产业化、两地龙头企业产销对接，进一步深化农产品生产、加工和销售的合作。

二　南昌和抚州经济社会总体比较

全面分析比较两地经济社会发展总体状况，深入梳理两地发展侧重点和发展潜力，对于充分发挥两地比较优势、准确判定两地区域合作关键点，进而加快推进一体化进程具有重要价值。

（一）总体比较

选择地区生产总值、全社会固定资产投资、三次产业结构、进出口总额和实际利用外资、教育与科研实力五个指标对南昌与抚州总体情况进行比较。运用地区生产总值衡量两地的综合经济实力，运用固定资产投资衡量区域经济增长动力情况，运用三次产业结构反映区域的经济结构，运用进出口总额和实际利用外资反映区域的吸引外资能力和开放水平，运用教育与科研实力反映区域的人力资本、技术资本和研发实力。

1. 地区生产总值比较

一是总量差距较大。南昌经济总量明显高于抚州，以 2015 年为例，南昌地区生产总值是抚州的3.6倍，人均GDP是抚州的2.7倍。二是增速基本持平。2011～2015年，南昌GDP年均增长12.6%，抚州年均增长11.9%，南昌略高0.7个百分点，但抚州增长动力强劲。表1至表3是南昌、抚州以及与全省、全国系列指标的比较。

表1　地区生产总值

单位：亿元

地区＼年份	2010	2011	2012	2013	2014	2015
南　昌	2207.1	2688.9	3000.5	3336.0	3667.9	4000.0
抚　州	630.0	742.5	825.0	940.6	1036.8	1105.1
江西省	9451.3	11702.8	12948.9	14338.5	15708.6	16723.8
全　国	401512.8	484124.0	534123.0	588019.0	635910.0	676708.0

资料来源：2010～2015年中国、南昌、抚州、江西省统计年鉴。

表2　人均GDP

单位：元

地区＼年份	2010	2011	2012	2013	2014	2015
南　昌	43961	53023	58715	64611	70753	75879
抚　州	16134	18979	20893	23903	26165	27735
江西省	21253	26150	28800	31771	33847	36724
全　国	30015	35198	38420	41908	46426	49351

资料来源：2010～2015年中国、南昌、抚州、江西省统计年鉴。

表3　GDP增长率

单位：%

地区＼年份	2010	2011	2012	2013	2014	2015
南　昌	14.0	13.0	12.5	10.7	9.8	9.6
抚　州	15.0	12.5	10.8	10.3	9.8	9.2
江西省	14.0	12.5	11.0	10.1	9.7	9.1
全　国	10.4	9.5	7.7	7.7	7.3	6.9

资料来源：2010～2015年中国、南昌、抚州、江西省统计年鉴。

2. 全社会固定资产投资比较

一是南昌固定资产投资额远大于抚州。从投资总额看，2015 年，南昌固定资产投资额是抚州的近 4 倍。二是抚州固定资产投资额增速高于南昌。从年均投资增长速度看，2011～2015 年，南昌固定资产投资额年均增长 15.4%，而抚州则为 18.0%，抚州高于南昌 2.6 个百分点（见表 4）。

表 4　固定资产投资额

单位：亿元，%

地区＼年份	2010	2011	2012	2013	2014	2015	年均增长
南　昌	1952.0	2022.3	2403.2	2896.9	3434.3	4000.1	15.4
抚　州	479.9	572.1	697.8	835.3	1001.5	1099.7	18.0
江西省	8772.3	9087.6	10774.2	12866.2	15110.0	17388.1	14.7
全　国	278121.9	311485.1	374694.7	447074.0	512761.0	562000.0	15.1

数据来源：2010～2015 年中国、南昌、抚州、江西省统计年鉴。

3. 三次产业结构比较

一是抚州第一产业比重远高于南昌。与全省进行比较，南昌第一产业所占比重低于全省平均水平，而抚州明显高于全省平均水平。以 2015 年为例，南昌第一产业占比 4.3%，低于全省 6.3 个百分点，抚州占比 16.5%，高于全省近 6 个百分点，高于南昌 12.2 个百分点（见表 5）。二是第二产业比重下降幅度基本相当。2012～2015 年，南昌第二产业比重下降 3.4 个百分点，抚州下降 3.1 个百分点，同期江西省第二产业比重下降 3.0 个百分点，两地

表 5　三次产业结构

地区＼年份	2010	2011	2012	2013	2014	2015
南　昌	—	—	4.9：57.9：37.2	4.7：55.5：39.8	4.5：55.0：40.5	4.3：54.5：41.2
抚　州	19.0：49.9：31.1	18.4：53.3：28.3	18.4：52.8：28.8	17.4：52.0：30.6	16.7：51.6：31.7	16.5：49.7：33.8
江西省	12.8：55.0：32.2	12.0：56.9：31.1	11.7：53.8：34.5	11.4：53.5：35.1	10.7：53.4：35.9	10.6：50.8：38.6

资料来源：2010～2015 年中国、南昌、抚州、江西省统计年鉴。

第二产业比重下降幅度都高于全省。三是第三产业增长动力悬殊。第三产业所占比重方面，南昌该项指标最强，处于增长中，且高于全省平均水平，而抚州尽管该项指标也处于上升趋势，但是整体低于全省平均水平。

4. 进出口总额和实际利用外资

2010～2015年，南昌和抚州的进出口总额都在增长，但是抚州的进出口总额基数小而且增幅缓慢（见表6），说明南昌的经济外向度较高。在实际利用外资方面，抚州总量较小并且无明显增长，南昌与抚州在外向经济的表现上地区差异较大。

表6　进出口总额

单位：亿美元

地区＼年份	2010	2011	2012	2013	2014	2015
南　昌	53.0	78.8	82.9	97.2	122.3	114.6
抚　州	5.6	9.6	10.6	12.6	15.6	14.3
江西省	216.2	316.0	334.1	367.4	427.8	440.3
全　国	29740.0	36418.6	38671.2	41603.1	43030.0	40956.0

资料来源：2010～2015年中国、南昌、抚州、江西省统计年鉴。

表7　实际利用外资

单位：亿美元

地区＼年份	2010	2011	2012	2013	2014	2015
南　昌	14.8	16.8	19.0	21.2	23.2	27.1
抚　州	1.5	1.8	2.0	2.2	2.5	2.9
江西省	51.0	60.6	68.2	75.5	84.5	94.7
全　国	1088.2	1177.0	1132.9	1187.2	1197.1	1263.0

资料来源：2010～2015年中国、南昌、抚州、江西省统计年鉴。

5. 教育与科研实力比较

从高等教育的总量和质量来看，与抚州相比，南昌具有绝对优势。无论是科研力量、科研水平和成果数量，还是科技投入与产出能力、技术辐射和扩散能力、科技产业化水平，南昌都居于全省领先水平。

（二）结论

1. 南昌经济水平总体高于抚州

这一方面充分体现了南昌作为省会城市的极化作用不断加强，另一方面也表明南昌和抚州相互协作与共同发展的联系并不紧密，缺少市场与自发的经济联系。

2. 抚州经济增长动力较为强劲

在抚州现有经济基础条件下，GDP 增速基本与南昌持平，固定资产投资增速高于南昌，抚州蕴藏经济增长的可持续动力。

3. 两地产业发展优势各有侧重

南昌三次产业中，第二产业、第三产业比重高于全省水平，表明南昌工业、服务业发展水平较高，优势较强；抚州第一产业优势较为明显，比重远高于全省平均水平，第二产业发展动力也较为强劲。

4. 两地经济发展潜力还未充分释放

总体来看，尽管南昌的整体实力在江西具有一定的竞争力，但是与其他省会城市相比，南昌在发展中依然缺乏持续动力，在充分发挥龙头带动作用方面还存在差距；抚州毗邻省会中心城市，接受南昌经济辐射的能力还有待提升，经济发展潜在空间还未充分挖掘。

三　推进昌抚一体化发展的难点和问题

（一）行政利益矛盾冲突尚未调和

一是规划制定还需进一步协调。受到行政区划以及地方利益影响，昌抚一体化过程中缺少宏观协调和整体统筹，依靠两市临时、局部和非制度性的调度现象严重，南昌和抚州两市各自利益与整体利益尚未有机融合，造成两地发展的不经济性和不可持续性。二是两地行政主体还需要进一步衔接。两市独立的行政区利益，造成两地过度重视短期利益和局部利益，使他们在合作中态度难以达成一致，各行政主体很难从更高、更宽广和更长远的层面来协商，严重干扰区域合作，影响了一体化的深入推进。三是资源无效组合。管理上的多层次分割，生产效率的降低，资源的浪费，交易成本的提高，使彼此间合作的效率大打折扣。四是缺乏相对独立的协调组织机构。昌抚实施一体化发展，两地政府要做到高效合作，实现互利共赢，必须要有统一的具有权威性的协调组织机构，以保障两地局部经济利益的协调，但是目前，实质性的、对政府有约束力的协调组织机构依然缺失。

（二）区域一体化市场尚未形成

完善的市场体系是昌抚一体化发展的重要基础，建立昌抚一体化的市场体系关键是充分发挥市场机制在资源配置中的作用。实现昌抚一体化根本上是实现市场一体化。单纯依靠政府手段实现区域之间生产力的合理分工和布局是不现实的。在现有昌抚一体化整个区域的大市场内，共同的市场体系尚未得到培育，适应昌抚一体化的市场化机制无法健全完善。正是因为昌抚一体化过程中统一的市场体系尚未建立起来，区域范围内的经济集聚和扩散效应就无法发挥作用，增长极和中心城市的功能受到阻碍，进而影响了昌抚一体化的进程。

（三）协调合作机制尚不完善

在昌抚一体化发展过程中，会遇到如环境污染、资源利用等跨区域管理的一系列问题，目前，昌抚一体化进程中尚未建立有效的经济一体化协调机制。有关产业结构、生态治理以及基础建设等跨区域合作的问题，南昌和抚州两地政府缺少统一的合作理念，合作程度还不深，合作节奏缓慢。昌抚一体化区域地方的利益最大化与整个区域一体化的目标还有待衔接。同时，昌抚一体化现有合作机制中缺少有效的激励与约束机制，缺少明确的“奖优惩劣”制度设计。

（四）区域利益共同体尚未形成

利益共同体以理性预期为基础，利益双方或者多方因共同利益而结成不同形式和方式的行动体，也就是利益联盟式的共同体。利益共同体形成的根本驱动力是利益双方或者多方能够互利共赢地联合在一起。在昌抚一体化的过程中依然没有形成真正意义上的利益共同体，在利益补偿方式、利益补偿内容、利益补偿资金筹集渠道、利益补偿实施等多方面都缺少科学合理的制度安排，利益共享补偿机制还存在一定缺失。

（五）产业发展同质化现象严重

在昌抚一体化发展过程中，缺乏对产业的宏观调控，造成产业结构同质化，产业发展缺少协调性，两地产业要素资源浪费和重复投资现象严重，无法充分发挥产业互补优势。例如在主导产业中，南昌和抚州两地有生物医药、电子信息、汽车及零部件、机电、食品加工五个产业都是相同的，两地产业发展侧重点、差异化不明显。除此之外，昌抚一体化过程中区域产业合作工作进展偏缓慢，两地之间的产业协作主要集中在部分企业部分产品中的部分产业链合作（例如江铃底盘等），产业间的融合基础还不牢，产业链配套协作不强。

四　加快昌抚一体化的对策建议

推进昌抚一体化，要通过两地政府引导，依托两地现有产业基础，突出“大项目—产业链—产业群—产业基地—卫星城”的发展模式，以产业为纽带，强化产业协作配套，形成梯度发展、错位竞争的格局。

（一）科学统筹发展规划，在发展空间布局上突出区域的“专业化”

区域的“专业化”可以带动区域在某个产业规划上，充分利用南昌、抚州县区资源禀赋和产业基础，以向莆铁路沿线为轴线，统筹产业发展规划和顶层设计，在每个县区范围内确定 1～2 个主导产业，以工业目标管理和招商引资考核评分为手段，科学评价两市各地区产业集群，解决产业发展同质化与恶性竞争等问题，实现区域范围内产业的相对专业化。

（二）着力推进工业协作对接，突出合作的“差异化”和“互补性”

加快推进产业互补进程，争取实现两地产业一体化。目前，南昌与抚州产业垂直分工的雏形基本形成，以产业统一布局为重要突破口，两市统一规划产业布局、统筹产业政策、统一整合产业资源，建立两市优势互补、分工协作的产业发展格局。实施产业差异化合作战略，推进新能源汽车、机械制造和金属建材等优势产业“强强联合”，生物医药、绿色食品制造、化工建材等特色产业“错位发展”。在航空制造等高端产业上延长“总部－生产制造基地”链条，实现南昌的“服务”与抚州的“生产”合作。注重引进和发展产业链上下游配套生产企业，打造相对完整、自主配套、品种齐全、结构合理的产业链，并向高附加值的产品高端和终端延伸，形成多品种、多系列、多档次共同发展的产业发展格局。

（三）大力深化农业优势合作，在挖掘区域特色基础上强化联动发展

一是推动农业重大项目对接，支持南昌和抚州共同建立优质高效绿色养殖基地、发展现代畜禽产品加工业、开展畜禽粪污处理及病死畜禽无害化处理加工等项目，鼓励两市在大米、白莲、食用菌、水产品、蔬菜等生产、深加工方面的合作。二是加快建立昌抚休闲农业旅游地图，依托抚州资溪马头山、黎川岩泉、南城麻姑山、宜黄军峰山、乐安流坑等抚州市特色景观，两市联合发展观光、度假、旅游、休闲农业旅游区，以南昌市进贤县军山湖为品牌，推动昌抚休闲旅游和观光农业共同发展。三是大力推进南昌和抚州两市农产品市场与基地无缝对接，鼓励抚州为南昌农产品市场和加工企业提供安全、绿色、优质的农产品和特色农产品，鼓励南昌本地农产品批发市场和超市在抚州建立水果、蔬菜、水产品和畜产品等农产品基地，建立净菜配送物流中心，实现南昌、抚州两市农产品无障碍流通。

（四）高效推进服务业紧密协同，在注重辐射带动基础上强化融合发展

立足资源禀赋、产业基础和区位条件，发挥南昌和抚州现代服务业的辐射带动作用，推动生产性服务业与先进制造业融合发展，促进生产性与生活性服务业联动发展。一是加快现代物流业发展。推进重要物流通道、物流园区、储运设施和信息化平台建设，尽快开通向莆铁路货运班列，深化口岸通关、检验检疫、电子口岸等方面的合作。二是促进金融业合作发展。以银行金融、公（私）募金融、互联网金融和民间金融为四大金融主导产业，增强金融业对两地经济社会发展的支撑能力。共同推进旅游业发展。充分挖掘“临川文化”和“麻姑文化”精髓，唱响“华夏梦都、才子之乡”品牌，拓展文养、汤养、禅养、食养、药养、体养、学养等新兴业态，全力推进两地文化旅游产业集群。三是着力推动健康服务业发展。统筹共享两市医疗与养老服务资源，建立完善健康养老服务网络体系。

（五）加快推进要素优化配置，在促进区域要素匹配基础上突出“互通性”

促进土地、资本、人才、技术、物流、信息等生产要素互通。加快两地金融市场一体化的进程，充分发挥金融市场协同效应，强化南昌和抚州金融市场的分工合作与一体化，争取建成区域性金融“高速公路”。逐步完善公共服务体系，加快推进两市就业与创业公共服务一体化进程，基本形成适应两市发展需要、多层次的人力资本市场和智能化就业创业服务体系，完善两市统筹协调、政策相通的体制机制，保证两市人力资源无障碍流动。抚州属于内陆欠发达地区，具有土地资源相对丰富且成本较低、劳动力成本较低、农业资源丰富、区位条件日益凸显等优势，但是科技、人才、资金、管理、信息等方面存在“短板”，要充分利用向莆铁路加速人才、技术、资金、信息等要素的流通，借助南昌在生产技术、环保技术、研发、设计、管理等方面的优势，建立两市共享信息、试验、检测等的公共服务平台，引导抚州产业优化和产业升级。

B.10
新宜萍与长株潭开放合作战略研究

麻智辉　高 玫*

新宜萍与长株潭地域临近、文化相通、经济联系密切，在经济全球化和区域经济一体化加速发展、我国经济发展进入新常态、改革进入攻坚期和深水区的大背景下，探索建立新宜萍与长株潭跨省战略合作机制，将有利于构建相邻省际合作新模式，促进赣湘两省跨区域整合配置资源，形成统一要素市场，实现合作共赢。对于推动赣湘区域产业结构优化升级、建设内陆地区开放型经济高地、协同打造中部地区重要经济增长极具有重要意义。

一　新宜萍与长株潭双向开放合作基础

新宜萍与长株潭地缘相近、人缘相亲、文化相融、经贸相通，在区域经济一体化日益深入的大背景下，具有双向开放合作的深厚基础。

（一）交通联系紧密

新宜萍、长株潭地处赣湘两省交界的重要连接地带，交通联系紧密，初步建立了涵盖航空、铁路、公路等多种运输方式，安全高效、畅通便捷、布局合理的现代综合交通运输体系。横贯东西的沪昆高铁把两地串联在一起，每日高铁班次达数十趟。区域内发达的高速公路、国道、省道以及其他等级的公路编织成网。内河水系可连通鄱阳湖、洞庭湖，直达长江。航空运输以

* 作者工作单位：江西省社会科学院。

长沙黄花岗国际机场、宜春明月山机场为枢纽港，可以通达国内主要中心城市和国外地区，是国内重要的区域性综合立体交通运输枢纽。

（二）地缘文化相近

新宜萍与长株潭历史上同属楚文化的影响地，山水相连、人缘相亲，历史上大规模人口迁移以及改革开放后不间断的人口相互导入，使两地拥有相似的语言文化、传统风俗和饮食习惯，为开放合作提供了有利条件。

（三）开放合作基础良好

新世纪以来，赣湘两省以长江中游城市群建设为契机，在经济、社会、文化、生态等方面签订了系列合作协议，形成了全方位合作格局，为新宜萍、长株潭的开放合作创造了良好的条件。特别值得一提的是，赣湘两省正在积极推进的赣湘开放合作试验区建设，为新宜萍、长株潭的开放合作搭建了重要的平台。2014 年 5 月 13 日，萍乡市与株洲市签订赣湘开放合作试验区战略合作框架协议，并启动了起步区建设；2015 年 4 月 15 日，赣湘两省政府又签署了《进一步推动赣湘合作框架协议》《共建赣湘开放合作试验区战略合作框架协议》等合作文件，并且共同编制了《湘赣开放合作试验区规划》，进一步将开放合作范围拓展到六市全境。目前，《湘赣开放合作试验区规划》已上报国家发改委，正等待批准。可以预见的是，如果《湘赣开放合作试验区规划》获批，新宜萍、长株潭的双向开放合作有望进一步深入。

（四）产业互补性强

新宜萍、长株潭虽然在花炮、钢铁等传统产业上存在一定的同构现象，但在先进制造业和战略性新兴产业方面差异化程度较高，互补性强，有利于两地之间形成合理的产业分工协作关系，共同承接东部地区产业转移，推动产业协同发展。特别是两地的旅游、物流等服务业发展迅速，产业一体化发展趋势明显，合作空间广阔（见表 1）。

表1　新宜萍与长株潭产业比较

地区	传统优势产业	先进制造业和战略性新兴产业	现代服务业
新宜萍	烟花鞭炮、钢铁、煤炭、陶瓷、医药、玻璃	锂电、光伏、新能源汽车、粉末冶金、新材料	旅游、物流
长株潭	钢铁、有色、烟花鞭炮	轨道交通、重型装备和专用机械、光电、信息、有色金属新材料	文化创意产业、物流、金融业

当然，两省六市在开展双向开放合作方面目前也面临一定的困难与问题：资源要素跨区域整合难度大，地区封锁和行政壁垒依然存在，省际基础设施互联互通还需加强，区域合作机制亟待完善，统一开放的市场体系尚待构建。这些问题唯有在两地深入合作中方能得到妥善解决。

二　新宜萍与长株潭双向开放战略总体思路

按照中央关于深化区域合作发展的总体要求，遵循“规划对接、交通互联、产业协作、服务共享、生态同护、政策共用”的思路，以两省边界区域开放合作为基础，以改革创新为动力，着力推动体制机制创新，不断拓展开放合作领域，努力把新宜萍与长株潭地区建设成为中部崛起的战略支点、区域发展的增长极和全国省际合作的示范区。

（一）合作原则

重点突破，有序推进。从两省六市整体利益出发，根据主体功能区规划和各地“十三五”规划纲要，因势利导，先易后难，逐步深入，务实推进，合理确定试验区开发建设时序和步骤，优化空间布局，积极有序推进合作发展。

优势互补，错位发展。充分发挥六市的比较优势，扬长避短，实现合理分工、优势整合，尽快形成区域内优势互补、各有侧重的产业发展格局。

开放引领，合作共赢。加强对内对外双向开放合作，完善内外联动、互利共赢的开放型经济体系，改善投资环境，吸引资金、技术、人才等要素集聚，在更宽领域、更高层次上参与长江中游城市群、长江经济带区域合作，提升区域综合竞争力，探索内陆地区对外开放合作新路子。

改革创新，先行先试。坚持解放思想、与时俱进、先行先试，优化发展环境，增强发展动力和活力，在深化重点领域和关键环节改革、创新区域管理体制和运行机制上实现新的突破。

（二）合作重点领域

基础设施领域。促进区域间大通道贯通，加快六市省际交通项目建设步伐，尽快打通省际高速公路对接通道，共同推进跨省高速铁路建设，开通江西至沿海省市的快速直通车，加密六市之间的交通网络。

产业合作领域。加快推进六市产业合作互动，协商制定产业协同发展的互利互惠政策，加强省际园区合作、产业协作，发挥江西土地、人力资源和区位等优势，发展飞地经济，共建产业合作园区，促进江西产业优化升级。

生态环保领域。共同加强六市跨区域生态环境综合治理，开展跨流域生态补偿试点，探索设立跨区域生态环境保护治理基金。深化六市省际生态环境污染联防联控机制，加强跨界环境执法联动，开展环境执法工作交流，建立跨界环境执法协作机制。

（三）合作模式

全方位合作模式。合作层次包括市、县（区）、乡（镇）三级，合作领域包括体制机制、产业发展、文化旅游、基础设施、生态环境、公共服务等经济社会发展的各个方面，由浅入深，逐步推进。

共建发展平台模式。采取联合招商、联合投资、共同管理等方式，发展飞地经济，共同开发建设合作园区。

产业对接合作模式。以优势互补、互惠互利为基础，有效整合内外资源和各方优势，着眼于产业差异性和互补性，加强六市省际产业合作，实现资源和生产要素跨地区自由流动，促进产业集聚、融合，实现合作效益最大化。

资源开发利用合作模式。具有优势和实力的企业可通过独资、合资、收购或兼并的产权式合作，或通过建立企业集团和产学研联合体以及参股、控股或项目合作开发等合作方式，实现资源开发利用的省际合作。

（四）合作机制

建立高层协调机制。两省六市共同构建开放合作高层协调机制，设立跨区域协调委员会，统筹协调区域合作中出现的重大问题，指导和督促区域合作的开展。

完善区域合作工作机制。建立市际政府联席会议制度，形成六市政府轮值主席召集制度，实现联席会议的常态化。推动对口部门定期召开工作会议，按照市际联席会议确定的工作主体，对接合作重点、工作任务和相关责任。

设立区域合作发展基金。支持由两省六市共同筹集专项资金，重点用于跨区域基础设施和医疗、养老、文化、卫生、生态、环保等公共服务领域项目的投资、建设、运营，为推动区域经济社会一体化发展注入新动力。

创新共享发展利益机制。探索在两省六市跨区域产业转移、货物运输、环境保护、生态补偿等合作领域构建利益共享机制，跨区域建立的飞地经济、合作园区产出的效益由合作各方分享。

建立健全民间交流机制。加强两省六市行业协会、商会、研究会的交流和沟通，促进民间交往。充分发挥其桥梁纽带作用，共同组建跨区域民间智库联盟，为区域经济发展出谋献策。

三　新宜萍与长株潭双向开放产业合作

产业合作是两省六市开发合作的核心，充分利用各方的比较优势，进行合理分工、错位发展，共同构建现代产业体系，提升全区域产业整体发展水平。

（一）协同推进农业现代化

突出抓好粮食、畜禽、油茶、竹、苗木花卉、有机农产品等农业优势特色产业，合作发展三高农业、生态农业，协同推进农业转型升级，共同培育新型农业生产经营主体和农业专业服务体系。

共建优势农产品生产加工基地。促进六市农业合作，共同培育壮大农产品加工龙头企业，鼓励和支持农民专业合作社发展，共同培育一批农产品加工示范园区，共同推进粮、果、菜、畜等优势农产品生产加工基地建设，支持上高创建国家级绿色食品产业基地，支持袁州、丰城申报国家级现代农业示范区。共建农业科技示范基地、水稻示范基地、蔬菜生产基地和现代畜牧业示范基地。

（二）共同构建现代工业体系

共同培育发展战略性新兴产业。通过顶层设计，从政府、企业、高校和科研机构等多方面共同推进两省六市在战略性新兴产业上的合作，构建产业合作平台，共建创新孵化基地和协同创新中心，重点加强各方在节能汽车、绿色照明、集成电路、电子信息、生物医药等产业方面的合作。

合作发展先进装备制造业。利用长沙市、株洲市在装备制造业上的优势，重点加强两省六市在轨道交通装备、电子电气设备、冶金重型装备和专用机械装备等产业方面的合作，建设全国重要的有色金属深加工和现代装备制造业基地。

改造提升传统优势产业。依托萍乡湘东、安源与宜春高安、丰城和株洲醴陵陶瓷产业优势，在共同做大做强工业陶瓷、日用陶瓷、建筑陶瓷的同时，努力引进艺术陶瓷、环保陶瓷、功能陶瓷的生产企业，实现陶瓷产业发展的多元化。整合上下游资源，进一步延伸产业链，推行品牌战略，树立行业标杆，打造全球重要的陶瓷产业基地。共同促进上栗、万载和浏阳、醴陵四地烟花鞭炮产业一体化发展，加强产业分工与合作，实现强强联合，做大做强。以新钢公司为龙头，延伸产业链，调整产品结构，提高产品技术含量和附加值，全力打造全国系列板管精品基地和华东带钢、钢丝生产基地。加快推进萍乡与株洲玻璃厂实现产业横向对接，在原料采购、物流配送、产品展示等方面优势互补，形成产业集聚效应，大力发展太阳能玻璃、绿色建材中空玻璃、汽车玻璃等新型特种玻璃制品，推动玻璃制造业技术改造升级。

（三）合力发展现代服务业

充分发挥两省六市在区位、交通、文化、生态等方面的优势，推进各方在现代服务业方面进行深度合作，全面提升区域服务业发展水平。

推进现代物流业发展。以建设两省边际商贸物流中心为发展目标，科学配置现有的物流资源，统筹规划物流园区、物流配送中心，引导物流资源、物流企业跨区域整合，建立六市物流联盟，打造服务两省、辐射全球的现代物流服务平台。充分发挥萍乡、宜春、新余、长沙、株洲、湘潭交通枢纽优势，整合现有资源，完善物流枢纽—物流园区—物流中心—物流配送中心等节点体系，重点推动发展第三方、第四方物流。建设一批综合性和专业化物流中心，加快建设新余赣西中心物流园区、宜春综合物流中心、萍乡赣湘物流港，做大光伏、钢铁、农产品、烟花鞭炮、陶瓷等专业市场。

共同打造旅游品牌。加快推进六市之间的旅游合作。以区域内旅游基础设施建设、陆海空联运航线通畅、旅游市场培育、旅游信息平台开发等为重点，建立旅游同盟，采取联合促销、共串线路、互送信息、共办活动等形式，打破行政壁垒，精心设计省际旅游黄金线路，共建无障碍旅游市场，全方位、多层次地开展省际旅游合作。

共同建设旅游基础设施，合力开拓旅游市场，联手整治旅游市场，建设国内外重要旅游目的地。积极策应“高铁时代”，推进杭南长高铁沿线赣湘旅游联盟建设，整合沿线旅游资源，打造“红古绿大”旅游概念，统筹推进六市旅游资源开发和旅游市场发展。积极打造无障碍旅游圈，联合编排特色旅游线路，组合优势产品，共同打造旅游经典品牌，支持符合条件的景区申报国家5A级景区和国家级风景名胜区，尽快开通井冈山至韶山的旅游客运专列；六市景区间开通无障碍旅游直通车，实行景区（点）的门票一体化，实现客源互换，方便异地购票；建立统一的旅游人才培训机制，交互培养各类旅游专业人才。联合开展旅游营销活动，免费在辖区内的主要景区

(点)互为对方提供广告宣传位，六市旅游企业联合组团赴主要客源地开展宣传促销活动，联合举办系列节会促销活动。共建旅游信息交流机制，建立统一的旅游信息交换平台，共同发布旅游信息，实现信息的共享。

近期应重点构建四条跨区域旅游线。①名山名湖名水精品旅游线。通过航空、高铁、高速公路等混合交通运输，整合形成岳麓山—韶山—武功山—杨岐山—明月山—九岭·官山—三爪仑—仙女湖—阁皂山—鸣翠湖线路。②京广沪昆高铁旅游线。利用新余、宜春、萍乡和长沙、株洲、湘潭互通高铁的优势，以华东、华南、西南地区为目标市场，整合形成长沙—湘潭—株洲—萍乡—宜春—新余线路。③领袖故里—红色摇篮经典旅游线。充分利用两省丰富的红色旅游资源，整合形成韶山—湘潭—长沙—浏阳—萍乡安源—袁州—新余—铜鼓—上高线路。④禅宗文化旅游精品线。形成明月山（仰山栖隐禅寺）—上高（九峰山九峰寺）—宜丰（黄檗山黄檗寺、洞山普利禅寺）—奉新（百丈寺）—靖安（宝峰寺）禅宗文化游。

共同发展文化创意产业。充分发挥长株潭文化创意产业优势，加强与新宜萍文化产业的对接合作，合力打造反映地域特色的文化作品，扶持优秀文化创意企业发展，培育和繁荣文化创意市场。依托中南传媒、芒果传媒、金鹰卡通、蓝猫动漫等品牌优势，共同发展工业设计、软件设计、广告与咨询策划等创意设计产业，建立中部地区工业创意中心和全国性互联网文化产业基地。

共同发展金融服务业。促进六市跨区域金融合作，新宜萍地区应积极引进长株潭地区商业银行、保险、证券、基金、期货等金融机构在本地设立分支机构，鼓励长株潭大型金融企业参股、控股新宜萍金融机构。整合六市优势民营企业资源，共同发起设立民营银行，支持六市相互在对方区域开办各类地方金融分支机构，促进区域共同发展。

合作开拓金融服务市场，共同推进省际金融信息共享工程，建立信息沟通机制，完善信用“黑名单”披露制度，扩大信用评级互认范围，逐步建立统一、覆盖面广泛的征信系统。共同建立六市金融人才培训机构，建立统一的金融人才资格认证标准、统一的金融人才市场并共享市场供求信息等。

合力发展健康服务业。充分利用长株潭、新宜萍地区生态环境好、旅游资源丰富、交通便捷的优势，统筹区域内资源配置，利用六市社会资本，支持发展休闲养老、中医养生保健、康复医疗产业，建设休闲养老园、医疗旅游城、养生保健园和健康养老服务平台，共同打造大健康产业。

（四）共同打造优势产业集群

以区域产业基础为出发点，选准新能源、新材料、陶瓷、烟花鞭炮、装备制造、汽车及零配件六大产业主攻方向，以培育特色优势产业集群，形成产业竞争力和可持续发展能力，共同建设优势互补的产业带，着力建设高端产业集聚区。

新能源产业集群。充分发挥江西赛维公司、江西瑞晶公司等企业的上游产品优势，拉长产业链，进一步提高电池组件、太阳能应用产品的生产制造能力，同时积极做好配辅料产品的“补链”工作，把新余市建设成世界光伏产业基地。以赣锋锂业公司为龙头，大力发展锂电池正负极材料、电解液等产品，扎实推进江西环明科技公司动力锂离子电池项目，形成完整的锂电池材料产业链。

新材料产业集群。以福斯特、江特锂电、冠能光电、富益特电子、鸿兴能源、时代新材、旗滨集团和株冶集团等企业为龙头，以发展先进硬质材料、高分子复合材料和有色金属新材料为方向，重点发展镍丝、镍带、高镍合金钢、不锈钢等镍基产品以及高纯氧化镁、活性二氧化硅等高附加值产品，着力开发锂基产品、钒铁合金、钨材精深加工新产品，建设具有国际先进水平的新材料产业基地。

陶瓷产业集群。做大做强普天高科、中材高新、龙发实业、华星、华联瓷业、湘瓷科艺、泰鑫瓷业、旭日陶瓷等龙头企业，加快提升陶瓷技术装备水平，加大工业特种陶瓷等新产品开发力度，推进工业陶瓷精专化、日用陶瓷品牌化、建筑陶瓷低碳化、艺术陶瓷高端化，鼓励企业研发电子陶瓷、光导纤维、高韧性陶瓷等精细陶瓷材料，打造集陶瓷研发设计、生产制造和展示交易于一体的具有国际影响力、国内领先的现代陶瓷产业集聚区。

装备制造产业集群。依托六市高新技术产业开发区、经济开发区，重点支持三九宜工、江西宜春第一机械厂、长青机械有限公司、宜春风动工具厂、江西轴承厂、宏达电机、力德风电、中联重科、三一重工、山河智能、泰富重工、南车株机、南车株所、南车电机、联诚集团、衡阳特变电工等，发展电梯系列产品、螺杆膨胀发电机、煤矿电机、工程机械装备、轨道交通装备、输变电成套装备、风电设备等一批高端产品，打造具有核心竞争力的大型企业集团，努力形成具有国际水平的装备制造基地。

烟花鞭炮产业集群。以上栗、万载、浏阳、醴陵为中心，共同建设花炮产业基地，鼓励骨干企业向“集团化、规模化”的内涵式道路发展，协同打造花炮品牌，提高高附加值、高科技含量产品的比重，逐步实现花炮产业安全化、机械化生产，形成集“造纸、印刷、包装、仓储、物流、专业燃放”等相关配套产业于一体的产业链条，促进花炮产业集群化发展。

汽车及零部件产业集群。依托两省六市高新区、经开区，以四方集团、赣湘国际汽配城、北汽、南车时代电动、株齿等企业为核心，重点发展汽车及零部件制造、新能源汽车、特种汽车、农用车、汽车电子、特种工程机械驱动桥和变速箱，形成较为完整的汽车和工程机械配件、零部件产业链，建设中部地区具有重要影响力的新能源汽车生产及示范运营基地。

粉末冶金先进制造产业集群。依托上栗县粉末冶金先进制造产业园，按照“纵向一体化产业链”的要求，支持以科鹏、倍特、安科为主导，重点发展金属粉末制造、粉末压制与注射成形、粉末烧成、粉末冶金设备制造、粉末冶金模具制造、粉末冶金磁性材料和粉末冶金应用产品等粉末冶金先进制造业。构建粉末冶金先进制造业研发中心、检测中心、孵化中心和特色基地，全力打造“世界一流、全国最大”的粉末冶金先进制造业基地。

四　新宜萍与长株潭双向开放体系建设

（一）共建统一开放的市场体系

建立统一的要素市场。充分发挥市场配置资源的决定性作用，打破行政区划限制，铲除市场壁垒，形成区域统一大市场。促进商品自由流通，实现区域无障碍流动。根据两省的产业特点，建立与之相适应的市场架构，逐步推进多层次、多功能的区域市场体系的建立。探索特殊产品交易市场，加快建设花炮产业材料共同市场。

建立统一的产权交易市场。大力推进两省六市产权交易市场一体化建设，为高新技术企业及技术市场等提供发展平台。整合区域现有资源，建立区域产权交易共同市场，推动产权跨区域流动，大力培育资产所有权、收益权、抵押权、经营权等多种产权交易品种，实现产权交易市场多样化。

建立统一的金融市场。鼓励省市商业银行、保险公司、证券公司等地方金融机构在区域内部互设分支机构，支持企业跨区域开展融资服务。建立两省六市银企信息对接共享机制，筹建信息对接共享平台。共同发行各种区域性政府债券和企业债券，共同筹建以大宗农产品和工业品为交易品种的联合期货交易所。

建设统一的技术市场。加强知识产权协同保护，在区域产权交易共同市场平台的基础上，打造技术产权交易一体化市场。加快区域科技资源公共服务平台建设步伐；促进产学研进一步结合，共同培育技术市场；推动高校、科研院所等合作建立技术服务机制，培育壮大技术服务类市场主体，实现技术服务内容、方式的多样化。

建立统一的人才市场。建立区域人才和劳动力信息统一平台，加强六市之间人才和劳动力流动的组织和服务，构造区域农村实用人才培训网络。在区域内建立高层次人才特区，共建企业博士后科研工作站和产业基础。

实行统一的市场规则。实行统一的市场准入制度，促进区域市场主体登记注册一体化。加强工商、质监、物价、税务、海关等部门的合作，统一市场监管，建设法治化营商环境，实施通关一体化。

建立统一的信息平台。加快推进区域公共服务平台一体化建设，逐步实现公共服务资源互联、互通、共享。探索建立区域企业信用信息互通共享机制，实现企业登记、信贷、纳税、合同履约等信用信息共享。

（二）构建双向开放合作廊道

发挥轴带带动作用，优化提升沪昆－京广高铁沿线（新余—宜春—萍乡—株洲—长沙）合作廊道，加快构建渝长厦－厦蓉沿线（长沙—浏阳—上栗—萍乡）合作廊道，促进沿线地区基础设施、产业发展、生态保护等方面的对接融合。

沪昆－京广高铁沿线合作廊道。以沪昆、京广综合运输通道为依托，促进新宜萍与长株潭深度融合，合作推进资源型城市转型发展，加快江西新余、宜春、萍乡中心城区发展，辐射带动沿线中小城市发展。支持沿线产业园区合作与整合，延伸装备制造、锂电新材料、高端陶瓷等产业链，打造成为先进制造业产业带。

渝长厦－厦蓉沿线合作廊道。依托在建的渝长厦快速铁路、厦蓉高速和319国道综合运输通道，强化萍乡、上栗、浏阳、长沙等节点城市功能，发挥长沙经开区、浏阳经开区、上栗经开区、萍乡经开区等的支撑作用，加快推进烟花鞭炮、特色农产品、红色旅游、物流等产业的合作发展，打造赣湘开放合作新高地。

（三）共建开放型经济支撑平台

共建产业合作试验区。鼓励江西的新余、宜春、萍乡和湖南的长沙、株洲、湘潭开展跨区域产业合作，探索共建产业园区新模式。上栗－浏阳产业合作试验区：在大瑶镇、金山镇接壤地区，规划建设面积20平方公里的产业合作园区，依托大瑶镇区和金山镇区及上栗县城，发展装备制造、烟花鞭炮及物流产业，承接沿海电子信息、五金家电等制造产业转移。湘东－醴陵产业合作试验区：在老关镇、东富镇接壤地区，对已有园区进行整合，规划建设面积20平方公里的产业合作园区，重点发展粉末冶金、陶瓷、玻璃、建材等产业，积极发展装备制造及配套产业，共同推进产业转型升级。

共同打造开放型经济合作平台。共建承接产业转移示范区，推进沿海产业组团式转移，在赣湘开放合作试验区起步区内先行建设赣湘承接产业转移示范区。共同推动省级开发区升级。积极争取丰城、樟树、高安、醴陵等省级开发区升级为国家级开发区，创建花炮科技服务平台，合作共建资源型城市转型升级平台、科技创新服务平台、产品检测服务平台。

着力建设加工贸易梯度转移承接基地。牢牢把握沿海地区加工贸易产业梯度转移的机遇，加快特色出口基地建设，完善提升萍乡、浏阳出口花炮基地建设，加快建设新余出口加工区，争创国家级外贸转型示范基地。打造花炮、陶瓷等一批有影响力的经贸展会，建设烟花外贸公共平台。

（四）加强对内对外开放合作

加强与国内其他地区的互动合作。发挥区位、资源等比较优势，以两省六市为整体，进一步密切与东部沿海地区的合作，引导沿海地区资金、技术向新宜萍、长株潭地区转移。加强与中西部其他地区的合作发展，全面参与长江经济带、泛珠三角经济区、长江中游城市群等的分工合作，积极开展与国内其他地区资源枯竭型城市的合作交流，共同探索建立接续替代产业扶持机制，促进资源型城市转型发展。深化与港澳台的全面合作，鼓励企业和产品以港澳台为平台“走出去”，拓展市场。积极参与中国—东盟博览会、中国进出口商品交易会、中国国际投资贸易洽谈会、中部投资贸易博览会等活动，打造花炮、陶瓷等一批国际经贸展会，提升两省六市产品的国际影响力。

积极参与国际交流和合作。全面融入和对接“一带一路”发展战略，加强与沿路国家在基础设施建设、能源开发、产业发展等领域的合作。深化与伏尔加河流域的合作，加强新宜萍、长株潭与俄罗斯伏尔加河沿岸联邦区在经贸投资、产业发展、技术创新、环境保护、科教文化、友好城市等领域的合作，适时编制有关合作规划，共同打造中俄城市可持续发展和环境合作示范区。全面深化与日本、韩国等东亚和东北亚地区的合作，广泛开展技术和人文交流。大力开拓中亚、西亚、非洲、澳洲和南美市场，积极发展对外工程承包和劳务输出，合作开发能源资源。实施“走出去”战略，鼓励有实力的企业到境外开发资源、承包工程、投资办厂，带动产品出口和劳务输出，提高国际市场竞争力。

参考文献

国家发展和改革委员会：《长江中游城市群发展规划》，2015 年 4 月 13 日。

秦尊文主编《长江中游城市群发展报告（2013～2014）》，社会科学文献出版社，2014。

白洁：《长江中游城市群产业分工协作的基础条件分析》，《湖北社会科学》2012 年第 6 期。

江西省政府、湖南省政府：《进一步推动赣湘合作框架协议》，2015。

江西省社会科学院、江西省发改委：《赣湘开放合作试验区发展规划》，2015 年 8 月。

国家发展和改革委员会：《晋陕豫黄河金三角区域合作规划》，2014 年 4 月 18 日。

国家发展和改革委员会：《粤桂合作特别试验区总体发展规划》，2014 年 6 月。

麻智辉：《共建中三角　助力江西发展升级》，《江西日报》2015 年 4 月 20 日。

B.11

赣南等原中央苏区振兴发展跟踪研究

平欲晓　易外庚 *

2015 年，江西省赣南等原中央苏区深入贯彻落实习近平总书记对江西工作提出的“一个希望、三个着力”重要要求，围绕与全国同步实现全面建成小康社会总目标，聚焦重点，真抓实干，已基本实现国务院下发的《关于支持赣南等原中央苏区振兴发展的若干意见》（国发〔2012〕21 号，以下简称《若干意见》）中确定的三年中期目标，赣南等原中央苏区经济社会发展呈现良好态势。

一　赣南等原中央苏区发展势头持续向好

（一）加速基础设施建设

1. 快速构建区域交通体系

正加速形成以铁路、高速公路、机场为主体的立体交通网络，加快打通原中央苏区对外综合交通运输大通道。铁路方面，2015 年，赣龙铁路扩能改造工程建成通车，昌吉赣客专、蒙华煤运通道全面开工建设，赣深客专、吉永泉铁路建设前期工作加快推进。高速公路方面，全面建成南昌至宁都、寻乌至全南、金溪至抚州、昌樟高速改扩建 4 个高速项目，兴国至赣县、宁都至定南、资溪花山界至里木、船顶隘至广昌高速公路项目加快建设，原中央苏区已实现县县通高速。机场方面，赣州黄金机场、井冈山机场改扩建工

* 作者工作单位：江西省社会科学院。

程开工建设，瑞金机场选址获国家民航总局正式批复，上饶三清山机场主体工程基本完工。

2. 加强区域能源保障能力

2015 年，赣州东（红都）500 千伏输变电工程投入运营，一定程度上缓解了电力能源紧张状况；华能瑞金电厂二期、天然气管网、成品油管道等工程快速推进；樟树—吉安—赣州成品油管道建成投产，西气东输三线东段（吉安—福州）工程江西境内管线基本建成；新余中电投分宜电厂扩建、大唐国际新余电厂扩建项目启动建设。大唐抚州电厂一期工程 1×100 万千瓦机组投产发电，500 千伏抚州电厂送出线路工程、500 千伏抚州 2 号主变扩建工程竣工投产。

3. 夯实农田水利基础

新干航电枢纽以及赣州和吉安城市防洪、“五河”治理等重大水利工程加快推进，峡江水利枢纽工程 9 台机组全部并网发电。大力实施病险水库（水闸）除险加固、小流域综合治理等水利项目建设，赣州市 209 个一般小型病险水库加固已完工；莲花寒山、寻乌太湖水库已开工建设，寻乌太湖水库项目列入国家重大项目资金安排计划。章江、长岗等大中型灌区的续建配套与节水改造工程加快推进。中小河流治理项目 143 个，治理河道长度 255.9 公里，2015 年底已完工 65 个，完成投资 7 亿元；五河治理城镇防洪工程共涉及 20 个县（市、区）的 26 个项目。

（二）加快民生事业发展

1. 基本解决民生问题

一是农村住房饮水得到全面改善。原中央苏区共计实施农村危房改造 22.65 万户，赣州、吉安、抚州、鹰潭、新余等原中央苏区“十二五”规划内农村人口安全饮水问题基本解决。二是农村基础设施得到完善。完成农网升级改造投资 24.7 亿元；完成新建、改造农村公路 8000 公里，完成农村公路危桥改造 146 座。三是特殊困难群体生活得到改善。赣州市 3.2 万名年满 60 周岁的烈士子女享受国家定期生活补助政策，1.9 万名年满 60 周岁的农村籍退役士兵享受国家定期生活补助政策。

2. 大力发展社会事业

一是教育事业优先发展得到有力保障。下达原中央苏区农村义务教育薄弱学校改造计划中央资金 11.8 亿元，全年累计改造校舍 4.9 万平方米、运动场6.5 万平方米；学前教育三年行动计划稳步实施，赣州市每个乡镇新建了公办中心幼儿园；“特岗计划”“国培计划”“省培计划”“中西部农村偏远地区学前教育巡回支教试点”顺利实施。二是医疗卫生基础设施得到加强。累计新建县、乡、村和城市社区医疗卫生服务项目 1323 个，基本实现每个乡镇卫生院都有 1 名全科医生的目标。三是现代公共文化体育服务体系粗具规模。累计新建、改造县级图书馆、文化馆 153 个；建设苏区基层群众体育健身场所 9 个、乡村两级农民体育健身工程 779 个、全民健身路径工程 114 个。四是就业和社会保障得到强化。共计培训原中央苏区范围内工业园区务工人员 7.48 万人，重点帮助革命烈士直系亲属、就业困难人员和零就业家庭解决就业问题；加快推动社会保障一卡通及金保工程二期建设；在城镇职工基本养老保险资金安排中，共划拨赣南等原中央苏区中央及省级财政专项转移支付补助资金 39.78 亿元，划拨省级调剂金 4.25 亿元。

3. 扎实推进精准扶贫

着力实施“精准识别、精准帮扶、精准管理”，全面开展贫困人群调查复核工作，完善了扶贫信息网络系统，建立了规范化的贫困人口动态管理机制。实行市、县、乡三级干部与贫困户结对帮扶全覆盖，扎实推进产业扶贫、就业扶贫、搬迁扶贫、教育扶贫、保障扶贫、基础设施扶贫。同时，全力探索实施电商精准扶贫新模式，有力带动了一大批贫困人群借助互联网实现脱贫致富。2015 年，原中央苏区县减少贫困人口 20%，贫困人口下降到 120 万人以下；搬迁移民 8.36 万人，占全省的 78.86%。

（三）加强产业转型升级

1. 做大做强工业优势产业

转型升级方面，中国南方稀土集团通过整合赣州市内稀土分离骨干企业和4家综合利用企业，并完成江铜集团和江钨控股集团部分相关资产整合，正式组建并挂牌运营，赣州打造全国重要的稀有金属新材料产业基地迈出坚实步伐。研发创新方面，国家离子型稀土资源高效开发利用工程技术研究中心、钨与稀土产品质量检验检测技术研发平台等创新平台加快建设，钨与稀土产品研发创新能力得到增强。赣州市依托江西青峰药业有限公司建设的“创新天然药物与中药注射剂国家重点实验室”获批，实现江西省企业国家重点实验室建设零的突破。新兴产业方面，电子信息、新能源汽车及其关键零部件等新兴产业集群不断形成，吉安市聚集电子信息企业360多家，2015年主营业务收入突破600亿元，占全省比重超过40%；赣州市新能源汽车及其关键零部件产业主营业务收入达415.11亿元。

2. 稳步发展现代农业

一是示范园区范围扩大。赣州国家农业科技园区获批建设，信丰县被认定为第三批国家现代农业示范区，原中央苏区的国家级现代农业示范区达到6个。二是示范效应不断显现。井冈山国家农业科技园带动吉安市形成“1+13”农业科技园体系，每个县均规划建设了1个核心区面积在2000亩以上的农业科技示范园。三是特色品牌逐步形成。赣南脐橙荣获“2015最受消费者喜爱的中国农产品区域公用品牌”，赣南柑橘黄龙病防控形势稳定，2015年脐橙产量稳定在128万吨，总销售收入达105亿元。油茶、蜜柚产业发展迅速，原中央苏区油茶林面积达960万亩；吉安蜜柚跻身全省三大果业品牌，产业种植面积达35万亩，居全省第一位。

3. 强力打造现代服务业

金融、旅游、物流、电子商务等现代服务业发展迅速。金融方面，2015年，赣州市有各类金融机构166家，村镇银行实现县域全覆盖，基础金融服务“村村通”提前实现全覆盖，成为赣粤闽湘四省周边九市中金融机构最多、种类最齐全的设区市。旅游方面，积极推动瑞金、兴国、井冈山红色旅游一体化战略，着力打造红色文化传承创新区、全国著名的红色旅游目的地，赣州、吉安旅游扶贫试验区加快建设，瑞金“共和国摇篮”景区成功创建5A景区，赣州跻身全国十二大重点红色旅游区，井冈山景区2015年接待游客 1384.46 万人次，实现旅游收入 108 亿元，分别增长 20.1% 和 21.4%；鹰潭市龙虎山列入首批国家级旅游业改革创新先行区。物流方面，赣州市新增规模以上物流企业 6 家，总数达 72 家，吉安万吉物流信息平台被评为全国十大商贸物流信息平台。电子商务方面，赣州市获批创建国家电子商务示范城市，赣州南康家具市场、新余高新区电子商务产业园获批第二批“国家电子商务示范基地”，原中央苏区共有 20 个县列为全国电子商务进农村综合示范县，获中央补助资金 3.775 亿元。

（四）加强生态文明建设

1. 推进生态建设和环境保护

一是稳步推进造林工程，全省共下达原中央苏区造林计划 46.85 万亩，其中抚州市完成山上造林面积 20 多万亩，森林覆盖率达到 65.6%，被中国标准化研究院评为“2015 年中国大陆城市‘氧吧’50 强”第一名。二是加快推动稀土废弃矿山、钨废弃矿山地质环境治理项目建设，赣州市综合治理稀土矿山 8.78 平方公里，完成矿山复绿 7845 亩。三是加强水土保持，全面完成原中央苏区水土流失综合治理 1176 平方公里的任务，建设了一批自然保护区、森林公园、湿地公园。

2. 促进生态与经济融合发展

加快建设赣州铜铝有色金属循环经济产业园，扎实推进赣州经开区国家循环化改造示范项目，建成示范项目 19 个。大余、崇义、章贡区、赣县等县（区）2015 ~ 2017 年度重金属污染防治项目获中央专项资金 4 亿元。吉安井开区获批国家园区循环化改造示范试点。

3. 完善生态文明建设长效机制

落实《江西省流域生态补偿办法（试行）》，探索建立资源有偿使用和生态补偿制度，积极推进东江源国家生态补偿试点工作。实行了最严格的水资源管理制度，创新河湖保护管理体制，落实境内河流湖泊“河长制”。印发《赣州水土保持改革试验区工作实施方案》，持续推进赣南苏区水土保持改革工作。

（五）推进重大平台建设

1. 获批、验收多个重大平台

2015 年，抚州、赣州、吉安三个高新技术产业园区顺利升级为国家级高新区；《瑞兴于经济振兴发展试验区建设规划》《吉泰走廊“四化”转型发展示范区规划》《上饶高铁经济试验区发展规划》经国家发改委正式复函并由省发改委正式印发；吉安全国生态保护与建设示范区、井开区国家园区循环化改造示范试点、国家智慧城市获国家批复；萍乡市赣湘开放合作试验区发展规划已经编制完成并上报国家发改委，赣州综合保税区一期工程顺利通过国家联合验收组正式验收。

2. 持续加大平台项目化、实体化扶持力度

一是突出重点。2015 年 5 月 23 日，为重点推进赣南等原中央苏区 30 个重点平台建设，江西省人民政府出台 30 条政策措施，在融资、土地、纳税、创新、试点等方面予以专门扶持。二是争取政策。国家发改委批准赣州市设立赣南苏区振兴发展产业投资基金，基金总规模 300 亿元，已引进首期基金 30 亿元投入产业和平台设施建设；南昌海关出台支持赣南等原中央苏区加工贸易发展的若干措施，推动苏区海关特殊监管区域整合优化。三是加强投资项目对接。专题举办赣南等原中央苏区产业平台投融资培训班和项目洽谈对接会，加强投融资项目对接，共计洽谈对接项目 196 个，现场签约资金 14.55 亿元，一批重点平台项目化、实体化水平明显提升。

3. 呈现试点示范积极效应

旅游扶贫试验区建设方面，赣州、吉安旅游扶贫试验区建设规划由省政府批复实施，赣州市旅游扶贫“十百千”工程扎实推进。赣州、吉安、抚州三市全年引进旅游项目 40 个，总投资 242 亿元，57 个村列入国家美丽乡村旅游扶贫重点村。教育改革方面，赣州市教育改革发展试验区建设稳步推进，全市累计筹集资金 7 亿余元，新增教育项目 860 个，并积极开展集团化办学模式、中考、城乡教师资源配置制度、职业教育人才培养模式等改革；抚州市积极推动“国家中小学教育质量综合评价改革实验区”和“基础教

育综合改革试验区”建设，推进就近入学、义务教育校长教师交流轮岗、教学综合评价、示范学校创建等系列改革，采取“名校带民校”形式，创办3所混合所有制民办学校，将新增优质学位2万多个。

（六）推动深化改革开放

1. 深入开展机制体制改革

结合苏区实际，着力在农业农村改革、行政体制改革、国资国企改革、统筹城乡发展和金融改革等方面探索实践，取得积极成效。赣州市行政审批精简率和办结时限缩短均超过50%，率先开展农民住房财产权抵押贷款试点，发放了全国第一本林权类不动产权证，组建全省首家金融资产交易中心、首家金融智库、首家网络小额贷款公司和首家商业保理外资金融服务机构。在赣州开展险资支农支小试点工作，大力推广“财园信贷通”“小微信贷通”“财政惠农信贷通”“银税互动”等融资新模式，累计为企业融资72.8亿元。

2. 不断提升区域合作水平

抓住“一带一路”和长江经济带建设机遇，加快推动原中央苏区与沿海沿边的通关协作，努力构建原中央苏区对外开放新格局。建成运营全国内陆首个进境木材国检监管区——赣州进境木材国检监管区，探索了“港口内移、就地办单、铁海联运、无缝对接”的内陆港模式。建成运营江西省首个公路口岸作业区——定南公路口岸作业区，成为赣南脐橙走向世界的快捷通道。赣州（吉安）至厦门海铁联运“五定班轮”稳定开行，进出口通道进一步畅通。赣州市引进深圳前海股权交易中心在广东省外设立首家办事处，并设立南康区服务基地，支持家具产业实现直接融资。吉安市引进上海股权交易中心，设立企业挂牌孵化基地，为中小企业融资开辟新渠道。

3. 激发先行先试活力

充分利用中央国家机关对口支援优势，着力开展先行先试，积极争取对口支援部委在受援地开展改革试点试验，打造改革创新试验田。大力推进农村承包土地经营权和农民住房财产权抵押贷款试点，并形成较为有效的

“两权”抵押贷款经验，如农民住房财产权抵押贷款试点赣州会昌模式、农村承包土地的经营权抵押贷款试点抚州金溪模式、农村信用体系建设试验试点吉安新干模式等。

（七）落实对口帮扶政策

1. 加大对口支援方案落实力度

中央单位已明确或落实到位的各类援助政策共计 412 项、项目 165 个，有效提升了受援地自我发展能力。交通运输部、国家能源局、国防科工局、财政部、商务部、住建部、中国人民银行、国土资源部、国家税务总局、国资委等部门和央企积极投身赣南等原中央苏区经济建设，在改善地方交通和能源设施建设、扶持地方产业发展以及电子商务进农村、危旧房改造、苏区企业发债融资、发展用地等许多方面提供了强有力的支持和帮助。

2. 保障地方人才上挂锻炼

中央单位共接受受援地 75 名干部到部委挂职锻炼，举办各类培训班 153 批次、培训 9800 多人。中组部支持赣州设立海外高层人才创新创业基地；教育部、科技部、工业和信息化部等部门积极支持开展高层次人才培养，批准江西理工大学举办全国“新能源动力电池及材料开发应用”高级研修班，培训新能源动力电池领域高层次人才近 100 人；中组部从江西选拔 4 名“西部之光”访问学者赴中央部委所属高校、企业、科研院所等访学。

3. 配合下派干部开展工作

第一批 52 名对口支援挂职干部扎根基层，开展了大量卓有成效的工作，畅通了国家部委和苏区对接互通的快速通道，促进了顶层设计与基层落实的无缝衔接，推动了一大批政策、项目和资金的高效落实。在第一批挂职干部挂职期满之际，省苏区办组织编写了《中央国家机关及有关单位对口支援赣南等原中央苏区工作纪实》和《中央国家机关及有关单位对口支援赣南等原中央苏区第一批挂职干部工作实践》，广泛学习宣传中央单位及第一批挂职干部扎根苏区倾情奉献的先进事迹。

二　积极推动赣南等原中央苏区进一步发展

经过三年多时间的较好实施，国务院《若干意见》中确定的中期目标基本实现，但由于底子薄、欠账多、涉及面广、要求高，赣南等原中央苏区要实现在2020年与全国同步全面建成小康社会仍旧面临很多困难和问题。其主要有以下几点。一是交通、能源等重大基础设施建设仍然较为滞后。铁路、公路建设相对较弱，赣州、吉安尚未通高速铁路，多条出省高速公路尚未全面贯通，电力供给能力严重不足。二是脱贫攻坚任务十分艰巨。原中央苏区贫困人口约占全省的2/3，贫困人口基数大。三是产业基础薄弱。整个原中央苏区特别是赣州市工业总量仍然偏小，工业结构较为单一，大部分工业企业规模小、实力弱。

2016年是“十三五”规划和全面建成小康社会决胜阶段的开局之年，也是纵深推进赣南等原中央苏区振兴发展的关键之年，始终坚持内外兼修，始终传承红色基因，始终做到埋头苦干，统筹抓好基础设施、精准扶贫、产业发展等重点工作就显得尤为重要。

（一）完善基础设施，破解经济社会发展瓶颈

1. 继续加快推进交通建设

铁路方面：尽早开工建设赣深客专、兴泉铁路。推动鹰潭至梅州铁路、长沙至赣州铁路、吉抚武温铁路、赣郴铁路等项目纳入国家“十三五”铁路规划。公路水运方面：开工建设广昌至吉安高速公路项目。推进县乡道改造和连通工程、安保工程，力争全面完成原中央苏区集中连片苏区县25户以上自然村通水泥公路建设任务。加快推进新干航电枢纽建设，力争开工建设井冈山航电枢纽，尽早实现南昌至赣州三级通航。机场方面：加快培育上饶三清山机场新航线。加快推动瑞金机场、抚州机场、鹰潭机场建设前期工作，争取纳入《2030年全国民用运输机场布局规划》和国家“十三五”机场建设规划。

2. 着力增强能源保障能力

加快华能瑞金电厂二期、赣州西和信丰等500千伏输变电工程建设，实现赣州市县县建成220千伏变电站。大力支持苏区市县建设风力发电、光伏发电，推进上饶、新余国家光伏发电“领跑者计划”。同时，加大赣南等原中央苏区农村电网改造力度。

3. 加强水利基础设施建设

开工建设廖坊灌区二期工程和宜春四方井等重点水利项目，争取将赣州、吉安等中心城区防洪工程以及上犹江引水工程、龙南县茶坑水库、定南县洋前坝水库、兴国县洋池口水库等纳入“十三五”水利专项规划。实施病险水闸除险加固，抓好“五小”水利工程和中小河流治理、城镇防洪、城镇应急备用水源等民生水利工程建设。

4. 提高信息化水平

加大“宽带中国”江西工程在原中央苏区的建设力度，支持吉安创建“宽带中国”示范城市。加快城市网络、智能控制、云计算、大数据、物联网、智慧城市、量子传输等信息技术创新和应用工程建设向原中央苏区倾斜，加快创建一批智慧城市，推进实施“无线城市”“光网城市”工程。

（二）推进精准扶贫，提升基本公共服务水平

1. 加大精准扶贫力度

把脱贫攻坚作为第一民生工程，支持苏区县开展旅游扶贫、金融扶贫、电商扶贫、光伏扶贫等精准扶贫工程，加快推进赣州旅游扶贫“十百千”工程，推广吉安“四个一”产业扶贫模式。全面实施重特大疾病医疗救助，防止因病致贫返贫，动员全社会力量广泛参与扶贫事业。

2. 提高住房饮水保障水平

继续实施农村危旧土坯房改造，加大城市棚户区、国有工矿棚户区、国有垦区危旧房、国有林场危旧房改造力度，推进城市棚户区改造安置。实施农村饮水安全巩固提升工程，进一步提高农村自来水普及率、供水保障率和

水质达标率，支持城乡供水一体化和城市饮用水备用水源建设。

3. 加快科教文卫事业发展

重点支持乡镇公办幼儿园建设，全面改善贫困地区义务教育学校基本办学条件，加快城区学校扩容和农村学校教师周转房建设。加强基层医疗卫生队伍建设，推动全科医生特设岗位培训，健全农村县、乡、村三级和城市社区医疗卫生服务网络。加快市县图书馆、文化馆、档案馆、博物馆及乡镇街道综合文化站、村及社区文化室、农家书屋等城乡公共文化设施建设。

4. 加大就业和社会保障力度

深入实施大学生就业促进计划和创业引领计划，启动农民工职业技能提升计划。加快社区服务中心、服务站等综合平台建设。合理提高新型农村社会养老保险和城镇居民社会养老保险基础养老金标准，完善低保、大病保险和城乡医疗救助等保障制度。

（三）构建现代产业体系，增强振兴发展内生动力

1. 不断强化科技创新

依托省创新驱动“5511”工程，推动苏区实施创新驱动战略。发挥国家离子型稀土资源高效开发利用工程技术中心、国家脐橙工程技术研究中心、国家（赣州）家具产品质量监督检验中心等科技创新平台的作用，加快推动关键技术研发。支持苏区市县推广创客空间、创业咖啡、创新工场等新型孵化模式，努力培育一批有示范效应的“双创”示范基地。

2. 发挥平台集聚作用

加快项目跟进和产业培育，策划、引进一批投资规模大、带动能力强的支撑型产业项目，延伸产业链条，壮大产业集群。扶持一批市场潜力大、发展前景好的新兴重大平台建设并纳入省重大平台调度，优先支持苏区符合条件的工业园区建设省级智能化、生态化园区。

3. 推动工业发展升级

加快培育战略性新兴产业，集中力量发展新能源、电子信息、生物医

药、新能源汽车及配套等具有比较优势的战略性新兴产业。改造提升传统优势产业，推动有色金属、绿色食品、机械制造、家具等产业发展升级，重点在钨和稀土、铜精深加工、氟盐化工、粉末冶金、家具制造等领域培育一批高端产品、高端品牌，努力培育千亿产业和百亿企业。

4. 加快发展特色农业

加快发展赣南脐橙、井冈蜜柚、蜜橘、白莲、油茶、茶叶等优势农业产业，着力建设生态原产地产品保护示范区、国家有机产品认证示范区，推进各类绿色认证，推进脐橙、柑橘、供港生猪等国家级出口食品农产品质量安全示范区建设，支持油茶龙头企业创建油茶品牌及标准体系。

5. 大力发展现代服务业

加强与金融机构的沟通对接，争取国家加大对赣州、吉安等市金融机构建设的支持力度。加快发展红色旅游产业，争取将赣南苏区和井冈山红色旅游长廊项目列入国家红色旅游发展三期规划纲要。大力发展现代物流业，培育发展现代物流龙头企业，推动物流业信息化、标准化、集约化发展。着力发展电子商务，推广实施电商精准扶贫新模式，支持建设一批电商产业园。

B.12
景德镇陶瓷产业创新发展研究

江西省社会科学院课题组*

国家“十三五”规划纲要提出，推进信息技术与制造技术深度融合，促进制造业朝高端、智能、绿色、服务方向发展。江西省“十三五”规划纲要明确了景德镇“建设世界瓷都”的定位，并指出，办好景德镇世界陶瓷博览会平台，推动景德镇陶瓷“走出去”，提升“一带一路”重要商品基地和起点城市的历史地位。作为古代陆上丝绸之路和海上丝绸之路的重要商品输出地和重要起点，景德镇以其博大精深、底蕴厚重的陶瓷及陶瓷文化，为古丝绸之路的辉煌、为东西方文明的沟通做出了极大的贡献。在新的时代背景下，如何通过加快景德镇陶瓷产业转型升级，争取在国家“一带一路”以及长江经济带战略中重铸瓷都辉煌，是一个具有历史与现实意义的重大课题，本文就此发表若干思考与建议。

一 景德镇陶瓷产业发展态势稳中趋好

景德镇陶瓷历史悠久，新中国成立后其最辉煌时产值占全国的20%以上，在瓷产区位于“老大”位置。20世纪90年代，由于错失产业结构调整的历史机遇，国内其他主要瓷产区迅速崛起，景德镇“老大”位置开始动摇。可喜的是，新世纪以来，景德镇积极推动陶瓷产业转型发展，以省部共建景德镇国家陶瓷科技城为契机，坚持走新型工业化道路，通过调结构、创新路、优环境、促稳定、上规模、争速度，陶瓷产业呈现稳中趋好的态势。

---

* 课题组组长：梁勇、龚建文；成员：麻智辉、甘庆华。

（一）综合实力不断提升

2015 年，景德镇市陶瓷工业总产值达 335.0 亿元，比上年增长 14.9%。其中，规模以上陶瓷工业总产值达 218.79 亿元，增长 14.8%，规模以下陶瓷企业及个体作坊完成工业总产值 116.21 亿元，增长 15.0%。自 2012 年景德镇陶瓷工业总产值首次突破 200 亿元大关后，每年都有新进步，2015 年更是突破 300 亿元大关（见图 1）。综合实力的提升，充分展现了景德镇传统陶瓷产业、陶瓷文化创意产业以及科技陶瓷、高新陶瓷的综合水平，以及遍布全市大大小小陶瓷作坊的蓬勃生机。

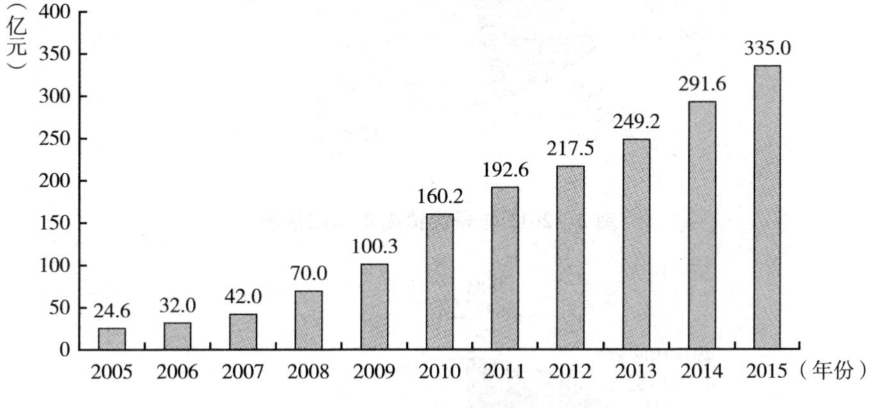

图 1　2005～2015 年景德镇陶瓷工业总产值

（二）增长空间不断拓展

2015 年，为策应“一带一路”国家战略，搭建陶瓷企业走向世界的良好平台，拓展陶瓷外贸的增长空间，景德镇积极组织企业“走出去”。如赴德国、美国、墨西哥、俄罗斯、日本、南非等参加中国品牌商品展，参加第 29 届大连进出口商品交易会暨首届中国景德镇“瓷”文化博览会、首届湖南（醴陵）陶瓷博览会等大型展会。仅 2015 年景德镇瓷博会期间，外贸订货就达 1.7 亿美元，同比增长 4.2%；内贸订货达 10.5 亿元，同比增长 4%。2015 年，景德镇市陶瓷产品进出口总额达 2.8 亿元，较上年同期增长

22.1%，其中出口2.7亿元，增长20.4%，进口924.4万元，增长1.1倍。2015年景德镇陶瓷出口情况和类别如图2、图3所示。

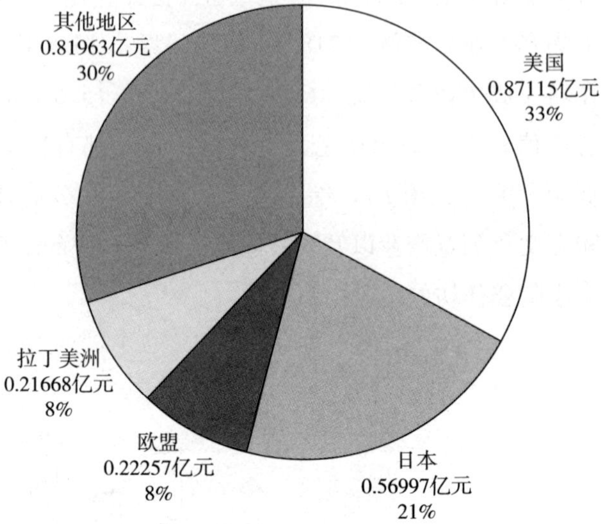

图2 2015年景德镇陶瓷出口情况

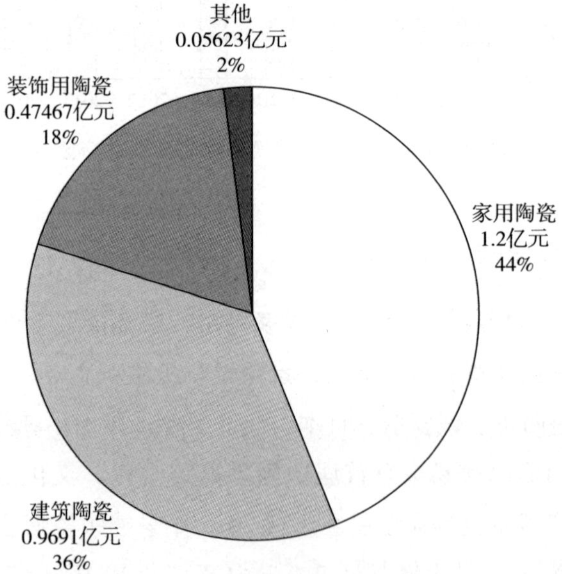

图3 2015年景德镇陶瓷出口类别

（三）项目建设快速推进

提升景德镇陶瓷产业发展实力的关键，就是要有源源不断的项目跟进，主攻大产业，培育大企业。为此，景德镇市推动了一批有规模、有前景的陶瓷企业及基地建设。截至2015年底，全市已建成各级文化产业示范基地19个（国家级3个、省级10个、市级6个）。比如，文化产业集聚区名坊园一期建成，28户手工制瓷企业落户。名坊园是景德镇市加快陶瓷转型升级的重要工程和省、市两级重点调度项目，入驻企业都是按照有实力、有绝活、有影响、有市场等标准，从数千家作坊中“海选”出来的，汇集了“名瓷、名人、名品”，展示着“绝技、绝艺、绝活”，对进一步加强景德镇陶瓷文化的挖掘、整理、传承与创新，促进陶瓷产业结构调整都具有重大意义。又如，为提升景德镇陶瓷产业集聚度，占地800亩的陶瓷工业综合体项目顺利启动，该项目完成后预计年产日用瓷7600万件，工业总产值达15亿元，可安置12万人就业。再如，重点企业“大瓷庄瓷业”已入驻陶瓷工业园，计划总投资3.2亿元，年产高档日用瓷5000万件，年产值达10亿元，现已完成一期建设，形成年生产上千个品种、2000万件汉玉瓷和骨质瓷等高档日用陶瓷产品的生产能力。

（四）新兴业态蓄势待发

2015年，景德镇加快推动新业态、新产业发展，以陶瓷文化创意产业等为载体的一批产业园陆续投入使用或开园。如景德镇陶溪川国际陶瓷文化产业园核心区即将完工，该园围绕核心主体地位，高起点、高品位、高质量规模设计，以形成集“吃、喝、玩、乐”四大要素于一体的强体验式文化创意园。又如，被列为省战略性新兴产业重大项目的景德镇皇窑陶瓷文化创意产业园，坚持高起点规划、高标准建设、高水平营运，占地面积210多亩，总建筑面积5.36万平方米，年接待游客可达10万人次。再如，陶瓷文化与旅游加速整合发展，以陶瓷文化遗产遗存为代表的丰富文化旅游资源逐步挖掘，以国家A级旅游景区为代表的文化旅游业态方兴未艾，以陶瓷文化创意产业为代表的文化旅游事业蓬勃发展。古窑民俗博览区成功创建国家5A级旅游景区，三宝国际陶艺村、雕塑瓷厂、乐天陶社创意集市等陶瓷文化创意集聚区成为景德镇新的旅游地标。

二　景德镇陶瓷产业创新发展面临的主要瓶颈

近年来，景德镇陶瓷产业转型发展取得一定成绩，但与广东佛山和潮州、山东淄博、河北唐山、福建德化等国内主要瓷产区相比，在规模、技术、品牌、效益等方面均存在较大差距，更不用说与英、德及日、韩等国的瓷产区相比，“瓷都”地位受到较大冲击。具体来看，其主要表现为“四有四缺”。

（一）有名号，缺品牌

作为世界陶瓷工业发源地、古丝绸之路主要商品输出地，“景德镇”名号享誉全球，是江西省乃至我国最响亮的品牌、最可观的无形资产。国内想打“景德镇”牌的大小企业难以计数，全球陶瓷产业大国如西班牙、葡萄牙、德国、法国及日本、韩国等，对“景德镇”陶瓷均极为推崇。

但是，由于对“景德镇瓷”没有制定国家标准，“景德镇瓷”名号被滥用，“地摊经济”、“甩卖营销”和造假售假相当严重，致使“景德镇瓷”品牌形象受到严重影响；同时，由于缺乏维护和塑造品牌的动力与机制，长期以来，景德镇没有把地理标志品牌延伸到行业和企业，存在重产地概念而忽视产品品牌塑造的问题，虽有一定数量的中国驰名商标（如“景德镇”“法蓝瓷”“红叶”等）和江西省著名商标（如“青花”“玲珑”“粉彩”“颜色釉”“望龙”等），但缺乏在国内乃至全球具有产业效应和产业号召力的产品品牌。

（二）有“大师”，缺“大家”

景德镇陶瓷产业不缺乏手法高超、技艺精湛的艺术大师，截至2015年底，全市拥有高级以上职称的陶瓷人才1950人，各类大师295人，其中中国工艺美术大师29人（约占全国的1/3）、中国陶瓷艺术大师27人、中国陶瓷设计艺术大师24人。此外，还拥有一大批身怀绝技的民间陶瓷艺人和陶瓷艺术工作者，他们创作的作品，提升了景德镇陶瓷的影响力。

然而，陶瓷产业要发展升级，不仅需要大师，而且更需要一大批大企业家和创业者。目前，景德镇陶瓷产业从业人员大多为原“十大瓷厂”的下岗职工，或一些中小企业主，他们在科学管理、产品创新、市场开拓等方面比较缺乏经验、缺乏闯劲。尤其是在如今的景德镇大环境下，社会普遍对“大师经济”过分倚重，上至官员、下至百姓，对大师称号趋之若鹜，冠以各种大师名称的创作室、工作室数以百计，没有形成产业化的生产，只在小众、个人市场上发展。

（三）有企业，缺龙头

世界经济发展的规律表明，区域经济的发展要有支柱产业和龙头企业作支撑，国内外陶瓷强市概莫如此。景德镇现有各类中小企业4800余家，陶瓷行业约占60%，数量可谓不少，但大多是小微企业和个体作坊，规模以上企业寥寥无几，产值上亿元的仅有1家，至今没有一家上市公司。而广东潮州年产值超亿元的企业有20家，佛山年产值超10亿元的有10家（超20亿元的有2家）。陶瓷上市公司中佛山有3家、潮州有2家。同时，2013年景德镇陶瓷总产值仅为佛山的30%、唐山的40%、淄博的45%、潮州的50%。

（四）有历史，缺文化

景德镇自古以瓷为业，陶瓷文化底蕴丰厚，千年窑火铸就了中国独一无二能代表“CHINA”的历史文化品牌，是首批“国家历史文化名城”与国家甲类对外开放地区。

但是，无论是从文化品位来看，还是从城市建设品位来看，景德镇对陶瓷文化品牌的发掘与融炼均不到位。景德镇在文化内涵的发掘与构建上没有彰显瓷都的文化特色，缺少凝聚历史记忆、代表“瓷都”文化品牌的标志性符号。如古街、古镇、古窑、古建筑等代表“瓷都”形象与魅力的陶瓷文化遗存不断消失，难以给人留下“千年瓷都”的深刻印象。

三 加快景德镇陶瓷产业创新发展的对策建议

“千年瓷都”要涅槃重生、再创辉煌，就一定要有全球视野，跳出景德镇看景德镇，紧紧抓住国家“一带一路”战略机遇，紧紧抓住世界陶瓷产业大调整的机遇，以“创新、协调、绿色、开放、共享”五大发展理念为引领，以“多元、强质、扩量、延链”为目标，以“扶持一批、引进一批、淘汰一批、改造一批”的强有力举措，擦亮“瓷都”金字招牌，努力把景德镇建设成为国际最有影响力的艺术陶瓷创意与生产基地、国际陶瓷研发设计与文化交流的重要平台、全国重要的现代陶瓷生产和加工出口基地、全国著名的世界文化遗产旅游目的地。

（一）创新思想观念，建设“活力瓷都”

1. 创新发展机制

以“建设活力瓷都”为主题，在景德镇掀起一场全面深入的解放思想大讨论活动；成立江西省陶瓷产业转型升级工作推进小组，制定出台“景德镇陶瓷产业振兴规划”；设立景德镇陶瓷产业发展专项资金，用于产业的振兴与发展；创建新型投融资机制，推动陶瓷企业信用合作、融资互动等改革试点；加快陶瓷行业立法，加快提出“景德镇陶瓷促进与保护条例”，争取 2016 年度内提交省人大审议立法通过。

2. 探索超常发展思路

坚持“战略为王、纲举目张”，全面推进品牌引领、基金引导、产权交易“三步棋”的超常规发展思路。品牌引领，就是由政府授权并拨付引导资金成立景德镇品牌基金，将当代中国最好陶瓷纳入景德镇品牌体系，体现做“老大”的胸襟和智慧；基金引导，就是组建高岭土资源基金、当代陶瓷艺术基金、时尚陶瓷产业基金和 china 品牌管理基金等，完成景德镇陶瓷及中国陶瓷重新走向全球的目标；产权交易，就是大力建设陶瓷产权交易所、世界陶艺村等平台。

（二）创新战略举措，建设“开放瓷都”

1. 建设“一个城市”

即建设特色鲜明的国际文化交流重点城市。凭借“一带一路”战略，积极引入品牌展会、国际峰会、高端论坛等具有全球影响的大型活动，将景德镇打造成江西融入“一带一路”战略的“桥头堡”；发挥景德镇陶瓷的国际影响力，以总部经济的理念，坚持市场主导和政府引导相结合，在景德镇建设中葡、中法、中德等陶瓷产业园，形成“一带一路”陶瓷产业联盟；按照“政府引导、开发区参与、金融支持、企业主体”的模式，鼓励景德镇有实力的企业“走出去”，全力打通连接“一带一路”的战略通道，把景德镇打造成新时期“一带一路”建设中特色鲜明的国际文化交流重点城市。

2. 构建“三大高地”

一是创建中国陶瓷大学。对景德镇陶瓷大学、景德镇学院、江西陶瓷工艺美术职业技术学院等院校资源进行整合，申报并创建“中国陶瓷大学”。二是创建中国陶瓷研究院。依托在景德镇的国家、省、市三级研究所，即中国轻工业陶瓷研究所、江西省陶瓷研究所、景德镇市陶瓷研究所等科研院所资源，申报并创建“中国陶瓷研究院”。三是创建中国陶瓷博物馆。以景德镇陶瓷馆为基础，申报并创建“中国陶瓷博物馆”，巩固景德镇在全国乃至全世界陶瓷“第一圣地”的形象。

（三）创新发展方式，建设“产业瓷都”

1. 坚持多元发展

根据艺术陶瓷、建筑陶瓷、日用陶瓷与高科技陶瓷的发展特点，坚持产品多元化、营销多元化、市场多元化、平台多元化的发展方向，以“创新、协调、绿色、开放、共享”的发展理念，推进陶瓷产业结构战略性调整和优化升级，努力实现从一业独大到“艺术陶瓷、日用陶瓷”双轮驱动，高技术陶瓷、建卫陶瓷、特种陶瓷多业发展，努力促进全市陶瓷工业又好又快发展。

2. 坚持创新发展

借鉴德、意、日等世界陶瓷强国以创新促发展、以创新铸品牌的发展经验，加强与跨国公司、科研机构、人才智库的对接合作，加大引进先进装备和技术、先进管理和理念的力度；同时，探索构建由新技术、新材料、新能源、新体系组成的“陶瓷产业升级版”，促进景德镇陶瓷产业向高端化、精细化、智能化发展，抢占陶瓷产业发展的制高点。

3. 坚持龙头带动

在世界已进入并购时代的背景下，要坚持景德镇陶瓷作为“重要支柱产业”的发展思路与定位，利用“景德镇”金字招牌的号召力，迅速组建由国资控股、充分吸纳民间资本的“陶瓷产业并购基金”，打造景德镇品牌的上市公司，填补中国证券市场第一股（中国陶瓷——CHINA china）的空缺；采取政府与社会资本合作（PPP）等模式，带动景德镇陶瓷企业联盟发展。力争在3~5年时间内，在景德镇打造一批企业“小巨人”“大航母”。

4. 坚持园区聚集

坚持“陶瓷集群化”发展理念，结合“退城进郊（园）”行动，建造地标式“中国陶瓷大厦·景德镇”，为瓷业国际组织、各瓷区代表处、业界顶级峰会展览等提供场所；以优惠政策有针对性地引进国内外高端品牌陶瓷企业，通过独资或合作方式，集中建设若干“品牌陶瓷大厦”，形成集总部中心、采购中心、研发中心、检测中心、营销中心、结算中心、展示中心、信息中心和文化中心于一体，配以商业、公寓、住宅、餐饮等生活配套设施，打造景德镇陶瓷中央商务区（CBD）。

5. 坚持“瓷商”引领

在“千年瓷都”的发展过程中，“瓷商”对陶瓷走向世界发挥了重大作用。要以现代营销理念为先导，创新观念、创新平台、创新渠道，通过整合、引进、培育、扶持等办法，打造具有国际视野、全新思维、敢闯天下的新一代“瓷商”。

（四）创新发展路径，建设“品牌瓷都”

1. 借“势”提升景德镇品牌价值与影响力

近年来，青海昆仑玉产业借成功申请奥运奖牌用玉之“势”，“无中生有”、异军突起、独领风骚，不仅创造出一个响亮的地域品牌，而且获得巨大的产业效益与社会反响。要认真学习其成功经验，借助国际奥委会主席巴赫来景德镇访问的东风，积极促使景德镇成为国际奥委会合作伙伴，通过奥运会这个平台推广景德镇陶瓷文化和陶瓷产品，提升景德镇陶瓷在国际产业价值链条上的位置，重塑景德镇陶瓷在历史丝绸之路中的贸易地位。

2. 提高“景德镇瓷”品牌准入门槛

引导并制定中国陶瓷标准规范，争取国家支持制定“景德镇瓷”国家标准，设立“景德镇杯”国家陶瓷艺术最高奖，开展中国最优陶瓷评选，并授予“景德镇瓷”品牌；实施景德镇瓷器和企业品牌双轮驱动，着力建设“景德镇瓷”品牌、四大传统名瓷商标和企业品牌、“名品、名人、名企”的品牌体系，支持陶瓷企业商标的注册、使用、管理、保护和培育，支持、引导企业加强品牌建设、改造和研发，创造自有品牌、知名品牌；坚持高压打假，依托相关法律和法规，打击非法厂家以“景德镇瓷”的名义生产、出售瓷器，维护景德镇陶瓷的千年品牌形象。

3. 建设新型特色文化旅游小镇

依托“世界瓷都、艺术之城、千年名镇、生态家园”的旅游城市形象，积极推进文化遗产的发掘、整理，构建完整的瓷业文化生态，利用信息化技术，推动陶瓷、文化与旅游产业互动，重点推动御窑厂遗址建设5A级景区、申报世界文化遗产。同时，借鉴“乌镇模式”，依托陶溪川国际陶瓷文化产业园、古窑民俗博览区国家5A级景区，扶持和建设一批特色鲜明的陶瓷文化旅游景点、旅游小镇。立足陶瓷元素，推动“陶瓷＋文化＋旅游”融合发展，打造陶瓷民俗风情游、陶瓷工艺流程游、陶瓷古迹寻踪游、陶瓷珍品鉴赏游等系列文化旅游品牌，打响景德镇“世界文化遗产旅游目的地”品牌，推动中国陶瓷文化“走出去”，让文化遗产活起来。

（五）创新发展环境，建设“服务瓷都”

1. 优化营商环境

深化政府职能转变，下大力气优化政务环境、市场环境与法治环境，大力提升行政效能。要加强对企业建设工作的帮扶，以优质的服务吸引国内外客商；切实加强对优化发展环境的监督，强化责任追究，促使服务真正到位、环境真正优化，使企业进得来、留得住、做得久。

2. 提升基础设施水平

大力推进景德镇对外通道建设，由省政府出面，加强与国家相关部委的沟通，加快推进景德镇机场搬迁项目，为“空中瓷路”奠定基础；加快推进九景衢铁路、皖赣线复线改造等项目，在景德镇争取实现“一横一纵高铁化”，为“陆上瓷路”添砖加瓦；加快景德镇境内高速公路建设，努力形成立体化、四通八达的快速通行网络。

3. 加强电商服务平台建设

加快制定出台“关于加快电子商务产业发展的实施意见”，设立专项资金，支持陶瓷电商平台发展。引进电商合作企业，做强本土陶瓷专业商务网站、陶瓷企业网站，建设一批电子商务示范基地和示范企业。引进上海复星集团等知名企业嫁接电商平台，打造出极具景德镇特色的航母级电商平台。加强与阿里巴巴等电商平台合作，打造专业、规范的陶瓷电子商务产业。搭建跨境电子商务平台，促进外贸出口发展。

参考文献

强卫：《在中国（江西）－澳大利亚经贸合作推介会暨江西景德镇陶瓷文化艺术展开幕式上的主旨演讲》，《江西日报》2015 年 6 月 26 日。

鹿心社：《全力打造“大陶瓷”产业格局》，《中国经济周刊》2016 年 3 月 22 日。

朱虹：《关于加快景德镇陶瓷产业发展升级的思考》，《中国陶瓷》2015 年第 11 期。

景德镇市统计局：《2010～2015 年景德镇市相关统计公报》，2016 年 4 月 8 日。

B.13

上饶市旅游产业发展态势分析及建议

龚建文　甘庆华*

江西省“十三五”规划纲要提出，深入实施旅游强省战略，把旅游业培育成综合性战略支柱产业，力争全省旅游总收入突破万亿元。面对这一宏伟的战略目标，近年来，地处赣东北地区的上饶市立足自身优势，紧紧把握新时期旅游业演化的总体趋势和阶段特征，不断破解发展新难题，厚植发展新优势，始终把旅游作为“第一位产业”和展示上饶形象的“第一窗口、第一名片、第一品牌”来抓，深入实施全要素、全产业、全过程、全时空、全方位的旅游全域化工程，实现了旅游产业的更好更快发展。总结与展示上饶市加快旅游产业发展的宝贵经验，对“十三五”时期促进全省旅游产业持续较快发展、不断跃上新的台阶有着深刻的启迪与借鉴作用。

一　“主要指标连续四年名列全省第一”的发展新跨越

“十二五”时期，上饶市牢牢把握江西建设旅游强省的战略机遇，在找准自身定位、做强优势特色的基础上，旅游产业发展取得历史性突破，多项主要指标连续四年名列全省第一，旅游发展日新月异，产业地位更加凸显，迈出了建设全国旅游强市的坚实步伐。

（一）旅游经济持续快速增长

近年来，上饶市旅游业一直保持两位数增长，高于全国、全省平均增长

* 作者工作单位：江西省社会科学院。

幅度。全市旅游接待总人数由2011年的2914.5万人次增加到2015年的9344.36万人次，年均增长36.4%；旅游总收入由2011年的215.38亿元增加到2015年的790.3亿元，年均增长40.8%；入境旅游人数由2011年的17.04万人次增加到2015年的62.5万人次，年均增长41.01%；旅游外汇收入由2011年的6378.3万美元增加到2015年的25635.4万美元，年均增长47.5%。上述数据表明，上饶市已跨入全国旅游城市第一方阵。

（二）旅游品牌创建成绩斐然

“十二五”期间，三清山、婺源江湾景区成功创建国家5A级旅游景区；婺源汪口、鄱阳湖国家湿地公园、三清山田园牧歌、婺源篁岭、婺源严田、万年神农源、德兴大茅山、婺源五龙源景区、灵山、婺源熹园、广丰铜钹山、横峰葛源、广丰红木文化创意产业园、翼天文化旅游城14家景区成功创建国家4A级旅游景区；万年神农源、德兴大茅山荣膺国家级风景名胜区；婺源获批全国乡村旅游度假实验区以及首批休闲农业与乡村旅游示范县；等等。目前，全市旅游品牌共有308个，其中，世界自然遗产2处、国家5A级旅游景区2处、国家4A级旅游景区18处、国家3A级景区7处、国家风景名胜区5处、国家生态旅游示范区2处，品牌数量和质量均列江西第一。

（三）旅游产业链条日臻完善

为壮大旅游经济，上饶市注重产业链条的延伸与建设。截至2015年底，全市开放的景区景点已达66处；旅游星级饭店53家，其中四星级25家；旅行社148家，星级旅行社23家；专业旅游运输公司5家；星级农家乐168家；导游员1500余人，景区讲解员2000余人；旅游企业资产总额突破100亿元，旅游商品突破3000种，生产企业近千家；旅游直接从业人员20万人，相关就业人员50万人。在第五届中国旅游产业发展年会上，上饶获得3项大奖，分别为“清婺景最美之旅”获“2015‘美丽中国’十佳主题旅游线路”、“三清山旅游+文化”获“2015‘旅游+’十大创新项目”、“婺源九思堂”入选“2015 中国特色民宿”，获奖数量首居全国设区市第一。

（四）旅游产业地位更加凸显

上饶市把旅游作为“第一位产业”，明确“按第一抓，抓成第一”的工作目标，提升旅游第一品牌。市委、市政府多次召开旅游发展大会，不断掀起建设旅游强市的高潮，从人、财、物及政策环境等方面出台系列文件，打出组合拳，支持旅游产业发展。在机构方面，成立由市委书记任第一组长、市长任组长的上饶市旅游工作领导小组，着力解决全市旅游产业发展过程中的困难和问题。各县（市、区）也先后成立旅游产业发展领导小组，将旅游产业发展提上重要议事日程。在市委、市政府的率先垂范下，“思旅游、议旅游、干旅游”的浓厚氛围正在形成，旅游产业在全市经济社会发展中的地位更加巩固。

二　在改革中创新、在创新中发展的主要做法

上饶市旅游产业发展之所以取得上述显著成绩，不仅得益于各级党委政府部门的关心与支持，更重要的是他们自力更生，坚持在改革中创新，在创新中不断探索出新经验、新做法。

（一）扎实推进旅游改革发展

“十二五”期间，上饶市遵照《国务院关于促进旅游业改革发展的若干意见》（国发〔2014〕31 号）要求，既精准对表上级改革措施，又自我加压、自我探索，走出一条创新发展的路子。

1. 深化体制改革

成立了上饶市旅游发展委员会，强化统筹指导管理职能，目前，班子人员已到位，“三定方案”已制定。县（市、区）旅游体制改革全面启动，其中 5 个县旅游局已更名为旅游发展委员会。

2. 深化企业改革

为了激发旅游产业发展活力，上饶加快组建旅游产业发展集团。2015年7月17日，市委常委会研究通过《上饶市旅游产业发展集团有限公司组建方案》，成立了上旅集团筹备工作领导小组，7月30日完成上旅集团注册，正在进行景区并购整合工作。

3. 创新发展模式

以上饶为中心，由浙江、安徽、福建、江西四省政府推动的“中国东部生态旅游实验区”创建工作成绩显著，相关申报材料已经上报国家相关部委。同时，上饶全面启动全域及三清山、婺源景区的中国特色旅游目的地申报工作，规划建设“三清山—港首（德兴）—婺源”国家生态旅游度假区。推动与旅游研究院合作，设立全国首家乡村旅游观察点（婺源），广泛开展动态研究，研究成果《乡村旅游发展的婺源模式》一书顺利出版。

4. 提升服务质量

上饶秉承“质量是第一生命力”的理念，深入推进智慧旅游和旅游标准化建设。全面建成并顺利上线与江西移动公司合作建设的“会旅游”平台，加快完善各景区的智旅设施，全系统利用智旅宣传、营销、服务、管理的氛围渐浓。引入第三方对全市各景区进行服务质量评估。积极利用通信资源，刊录宣传上饶旅游，向广大游客推送旅游信息。

（二）广泛开展旅游宣传营销

上饶市紧紧把握国家和省旅游宣传的主旋律，围绕“江西风景独好”这一形象标识，不断拓展宣传新路径，创新营销新模式。

1. 通过大活动推介上饶旅游

通过举办中国首届“金驹奖”世界大学生摄影节、鄱阳湖中华国际龙舟大赛、三清山国际旅游文化周、婺源中国乡村文化旅游节、5·19中国旅游日系列活动、“跑上饶马拉松、游世界遗产地”等活动，承办2015年全省旅游产业发展大会和京福、沪昆高铁旅游合作大会等会议，充分展示上饶旅游发展的最新成果，不断扩大上饶旅游在省内外的知名度。

2. 通过大媒体提升旅游品位

上饶市充分利用报刊、电视、网络等各类媒体，创新形式、舍得投入、持续发力，唱响“经典山水·美哉上饶”品牌。全面完成画册、形象宣传片、“一首歌曲、一个主题口号”的制作，拍摄电影、电视剧、微电影，出版旅游文化丛书等进行深度宣传，做到央视有报道、报刊有宣传、网络有活动。组织各大景区参与“江西风景独好”央视播放，并组织重点景区自行拍摄15分钟“经典山水·美哉上饶”宣传片在央视播放，大视角、大平面地宣传上饶市旅游，提升旅游知名度。

3. 通过大著作丰富旅游底蕴

上饶为全面展现厚重悠久的历史文化和快速发展的经济社会风貌，充分发挥市社会科学系统优势，集中力量，加快编撰“大美上饶·旅游文化书系”。其中，《上饶之最》根据上饶特色历史文化资源编撰，由中国旅游出版社出版，并作为重点出版书籍推介，被评为全国优秀社科读物；《名人与上饶》共3卷50余万字，编选的是名人践行上饶、名人书写上饶、名人吟画上饶等内容；《上饶史话》作为“中国史话”系列丛书的组成部分，被列入“十二五”国家重点图书出版项目。

4. 通过大推介叫响旅游品牌

上饶借两条“十字形”高铁在该市交会的优势，以高铁旅游市场为重点，组织上饶旅游大篷车，深入京福、沪昆高铁沿线城市，以及济南、德州、曲阜、聊城、青岛、合肥、徐州、枣庄等华东地区城市，广泛开展旅游宣传营销活动，举办“江西风景独好，上饶风光醉美”特卖会，获得轰动效应。

5. 通过大合作推动互动发展

上饶加大与闽浙皖赣四省和省内周边旅游城市的合作力度，共同建设“中国东部国家生态旅游示范区”“赣东北旅游合作联盟”等合作体，加快融入长珠闽及鄱阳湖生态经济区大旅游圈。组织赴港、澳、台等境外进行旅游推介，推动上饶市与港澳台地区的“一程多站”旅游合作。

（三）攻坚推进旅游项目建设

项目是产业发展的基石。上饶市紧紧围绕旅游产业发展的一系列重点工作、重点项目，攻坚克难，推动旅游产业不断发展。

1. 开展厕所革命

按照国家旅游局“厕所革命”部署，上饶市积极谋划，大力推进旅游厕所建设，全年共新改建厕所171座，其中列入“全省旅游厕所革命先锋行动”78座，全部达到A级以上标准，数量质量居全省前列。“婺源篁岭景区公厕”方案设计，荣获首届全国旅游厕所设计大赛一等奖。上饶市旅游厕所建设单位被国家旅游局评为先进单位。

2. 建设产业集群

上饶市把打造旅游产业集群作为加快旅游强市建设、推进旅游产业转型升级的重要抓手，坚持规划引领，不断完善产业体系，培育壮大龙头企业，在全省确立的35个重点旅游产业集群中，上饶市婺源、三清山、龟峰、铅山、鄱阳5个集群被纳入其中。按照“八个一”的工作要求，这5个集群以项目建设为抓手，抓紧开展各项工作，促进旅游业跨界融合，集群内要素集聚、产业配套、功能完善。目前，依托上饶（国际）干细胞再生医学产学研基地，申报建设的江西上饶国际医疗旅游产业先行区已获省政府批准设立，这是继海南博鳌、江苏常州之后国内第三个批准设立的医疗旅游先行区。

3. 完善旅游公路

上饶不断完善旅游交通网络，打造以上饶为中心的一小时旅游圈。建设大通道方面，投资80亿元，建成上武、德上高速，分别打通了向南、向北的旅游通道，大大缩短了市区到达婺源、三清山、大茅山和武夷山景区的时间和空间距离。修通循环线方面，投资26亿元，建设11条旅游公路。建成弋阳龟峰大道、沱川－清华、浙源－段莘、灵岩洞－景德镇瑶里等旅游公路，形成了重点景区之间的循环游览干线。打通连接线方面，投资6.5亿元，建设德上高速三清山连接线、德上高速怀玉山和大茅山连接线（祝梧旅游公路）、京福高铁婺源和玉山连接线等旅游交通干线，实现高速公路、高铁站与景区的直接连通。开建风景线方面，投资2.6亿元，建设总长120公里的婺源锦绣画廊休闲自行车公路、灵山景区连接城区的景观大道等项目。

4. 优化功能配套

加快建设旅游特色街和高星级旅游饭店。20多个高星级旅游饭店项目先后开工，三清山国际度假酒店创评五星级旅游饭店已上报国家旅游局，有望年内获得批准。建成了婺源朱子龙尾砚文化园、玉山紫湖旅游商品市场、麦可将旅游综合体、德兴市演艺中心等特色街区，丰富了全市旅游业态。

三　对江西加快推动旅游强省战略的启示与建议

上饶市加快旅游产业发展的成绩与做法，为全省加快推进旅游产业发展提供了有益的借鉴。

（一）高位推动，形成合力，是旅游业加快发展的先决条件

上饶市高度重视旅游产业的顶层设计，不仅提出并践行“第一位产业”“按第一抓，抓成第一”的口号，而且成立由市委书记任第一组长的组织机构，出台以市委名义下发的系列规范性文件，这种高位着手、联合推动的做法，给江西推动旅游强省建设以有益的启示。对于全省来说，一要强化顶层架构。在江西省组织机构、相关政策已经明朗的情况下，下一步重点应该是加强旅游产业规划与经济社会发展规划、城乡规划、生态环保规划、文物保护专项规划等各类规划相互衔接，增强旅游规划的科学性和落地性。同时，加强规划执行的检查与评估，形成对旅游产业发展持续的推动力。二要强化法治保障。要坚持依法兴旅、依法治旅，推动旅游管理向法治化、制度化、标准化转变，加强旅游市场综合监管，优化旅游发展环境。切实发挥行业协会作用，努力营造政会配合、部门联动、合力兴旅的良好氛围。三要建立协调机制。要在全省统一领导下，建立联席会议制度。各地旅游主管部门与规划、建设、交通运输等部门要各司其职。同时，旅游主管部门要主动谋划，

建立与行业协会的定期沟通机制，充分发挥行业协会在旅游产业发展中的重要作用。

（二）创新业态，多元发展，是旅游业快速发展的关键因素

创新是一个地区发展的不竭动力。上饶市积极发掘新兴产业、新兴业态对旅游产业发展的支撑与引领作用，不断深化“旅游+”发展战略。如大力引进民营资本，依托上饶（国际）干细胞再生医学产学研基地，打造省级乃至国家级医疗旅游先行区；依托中国移动公司平台，大力推进智慧旅游建设，以“会旅游 PC 端电子商务网站+移动端微信公众平台+旅游全网分销平台”为基础的上饶市智慧旅游运营体系已基本成形，开启并引领了全省智慧旅游的新时代；依托翼天文化旅游股份有限公司，加大非物质文化遗产进景区力度，加快旅游演出项目建设，《梦里老家》大型山水实景演出正在走出国门，唱响海外旅游市场。所有这些创新业态、多元发展的实践，启示着我们，旅游产业的发展，必须跳出“思旅游、谈旅游”框架，唯有如此，不断适应新时代要求的旅游产业发展新格局才能快速形成，特色化、精品化、高端化的旅游业态体系、旅游产品体系才能真正构建，从而形成具有较强吸引力和竞争力的旅游精品。

（三）全域旅游，打造品牌，是旅游业跨越发展的重要保障

品牌是旅游的生命力、影响力、持续力。上饶大力打造旅游品牌，积极推进全域旅游，坚持把旅游作为“第一位产业”和展示上饶形象的“第一窗口、第一名片、第一品牌”来抓，实施全要素、全产业、全过程、全时空、全方位的旅游全域化工程，推动旅游贯穿于生产、生活、生态各个领域，全面建设国际旅游名城。如积极推动境内的铜钹山、葛源、葛仙山、云碧峰、广丰红木文化创意产业园、玉山金沙溪梦里水乡创建国家 4A 级景区；启动婺源篁岭、鄱阳湖国家湿地公园创建 5A 级景区工作，推动龟峰成功创建 5A 级景区；高品位、高品质打造城市旅游主产品，力促灵山景区客流量大幅度增长，三宝街、石狮坊等项目快速推进，将中心城区建成游客必

到、必看、必游、必购的旅游目的地；科学论证和规划三清山－德兴（港首）－婺源生态旅游先导区建设项目；大力发展休闲农业、乡村旅游和民宿经济，加快旅游扶贫步伐，努力形成“景城呼应、城乡并举”的全域旅游发展新格局。这一高度重视旅游区域发展、旅游品牌建设的做法告诉我们，只有把品牌作为第一生产力、把质量作为第一生命力，才能取得旅游产业的不断向前跨越发展。为此，全省上下一定要加强旅游产业服务能力建设，在注重区域品牌建设的同时，提升并维护品牌的质量与水平。

（四）注重人才，善解难题，是旅游业加快发展的持续动力

上饶市建立以驻饶高等院校、职业技术学校、培训中心和旅游企业为主的多元化旅游人才教育培训体系，形成旅游人才链，大大促进了全市旅游产业的更好更快发展。这一实践告诉我们，加快一个地方旅游产业发展，必须要善用人才、勇解难题。对于全省旅游产业发展来说，一定要通过柔性引才，吸引社会智力资源前来服务。旅游主管部门要会同有关部门建立旅游从业人员职业技能培训制度，开展旅游管理人员、导游、领队以及相关服务人员的分级分类培训。鼓励培养和引进复合型、技能型、应用型的旅游策划、管理、营销、导游等旅游人才，对符合相关政策的，按照规定予以奖励或者补贴。鼓励和扶持高等院校、科研机构、职业培训机构设置旅游特色学科、专业和课程，开展国际交流合作，和旅游企业建立旅游职业教育与服务技能培训基地。加快建立江西旅游研究院，邀请省内外知名专家学者定期为江西旅游问症把脉、献计献策，充分利用国内外旅游专业智力资源。

B.14

“智慧新余”：智能化引领城市转型

——新余市推进智慧城市建设的实践与探索

江西省社会科学院课题组*

2012年，新余市启动了智慧城市建设，市委、市政府印发《关于加快推进智慧新余建设的意见》，将打造“智慧新余”上升为城市发展战略，争取通过几年的努力，基本建成“智慧新余”。通过整合城市各类资源，建立互联互通、协同运作的现代管理模式，提升城市的整体创新与发展能力，推动人流、物流、信息流、资金流协调高效运行，进而促进城市建设和管理的规范化、精准化和智能化，使现代城市功能与市民生活品质得以提升。2013年，作为江西唯一入选的设区市，新余市被住建部正式列为103个国家智慧城市建设的试点城市，新余智慧城市建设上升到国家层面。经过近年来的不懈努力，新余市智慧城市建设取得了可喜的成就，网络化、数字化、信息化、智能化极大地提升了新余市城市建设、管理与市民生活的水平，为江西新型城镇化建设与生态文明先行示范区建设树立了可资借鉴的样板。

一　智慧城市建设的时代背景

智慧城市是通过综合运用先进科学技术、整合信息资源、统筹业务应用系统，加强城市规划、建设和管理的城市发展新模式。建设智慧城市是响应党中央、国务院提出的“推进新型城镇化、坚持创新驱动发展战略”“全面建成小康社会”号召的重要举措。智慧城市是城市建设发展的高级阶段，

* 课题组组长：孙育平；成员：卢小祁、李华旭。

是城市发展的新动力，也是实现我国城市可持续发展的必经之路。加快我国智慧城市建设具有其必要性和紧迫性。

（一）智慧城市建设是转变经济发展方式的战略需要

随着城市的演进发展，土地、能源、空间等资源短缺成为城市实现可持续发展的制约性因素。“十二五”期间，我国城市化率已经达到并且突破了50%，城市化在促进国民经济和社会发展方面发挥的作用不断增强。但是，人口膨胀、交通堵塞、环境污染、资源短缺等诸多“城市病”正在困扰城市进步与发展。实现城市的可持续发展与繁荣，提升资源利用效率，促进新技术革命和城市化的融合发展，已经成为我国实现经济发展方式转型的重要思路。将新一代信息技术与智能技术手段创造性地运用到解决城市功能的培育、城市发展的定位、城市结构的调整、城市形象与特色的树立等系列现代化城市发展关键性问题中，尤其是应用智慧传感与城市智能决策平台来缓解能源短缺与环境污染等城市发展中的矛盾，这正是“智慧城市”提出的时代背景，在理论研讨与技术储备等方面，为智慧城市建设的战略推进奠定了时代发展的基础。

（二）城市可持续发展对产业转型升级提出要求

城市经济的可持续发展，需要具有核心竞争力的产业作为支撑，城市产业竞争力就是未来城市发展的潜力所在。目前，我国城市的支柱产业多停留在要素推动和劳动密集型产业上，产业发展缺少自主创新能力和品牌优势。而随着我国劳动力成本的逐步提高，资本将会流向更具劳动力成本优势的国家，资源密集型产业和劳动密集型产业在我国将逐渐丧失竞争优势。我国城市与城市之间的协同创新和联动合作机制尚未完全建立起来，区域经济发展缺少整体创新力。依托数字网络与信息化成长的智慧城市，借助物联网等高新技术的广泛运用，建立起产业之间虚拟与实体的协同创新平台，如智慧银行、智慧物流等，通过整合不同行业的协同资源，如智慧城管、智慧交通等，提高城市整体创新和协同能力，加快产业转型升级和城市管理水平提升。

（三）城市发展须适应后工业化时代生活方式的改变

城市发展是伴随几十年工业化逐步演进实现的，工业化尤其是后工业化改变了人民传统的生活方式，主要表现在人民生活更加社会化、网络化与国际化，居民服务更加丰富与多样。与此同时，随着城市规模日益扩大、流动人口增加和物流系统越来越复杂，出现了食品安全、药品安全、人身安全和社区安全等问题，如雾霾、拥堵的交通、食物供给安全保障系统缺乏等，这是新时期城市发展必须要解决的现实问题。新一代信息技术构建起城市实时更新的控制系统与协调系统，成为城市智慧化管理系统集成的基础，形成与现代城市实体系统相协调的有机体，也是营造现代城市宜居环境的重要举措。

（四）现代城市建设适应城市管理方式创新的需求

智慧城市建设以获取充分和透明的信息为途径，广泛传递安全的信息，科学处理有效的信息，进而提高城市管理效率、城市服务水平，实现城市创新性和科学性的跨越式发展，构建低碳城市生态圈，打造城市发展的新业态。此外，智慧城市具有相对准确的智能化调控能力、有效而及时的决策判断能力，智慧城市可以有效地在第一时间迅速感知城市的突发性事件。因此，智慧城市建设提高了不同区域与行业之间的相互协同能力，提高了处理突发性事件的服务水平，实现了现代城市管理应急预案的程序化与智能化。

二　新余建设智慧城市的特点分析

新余市入选国家智慧城市建设试点，具有典型的城市特性与发展特点，新余市智慧城市建设具有其独特的应用价值。新余市在政策保障、区位发展、产业发展和信息化基础建设方面有着非常好的优势条件，为顺利推进智慧城市建设奠定了较为有利的基础。

（一）国家政策与本地城市建设规划的结合

在党的十八大政府报告指出的“新四化”发展指引下，智慧城市建设是推动城市更好、更快、集约化发展的新理念。伴随城镇化步伐加快，城市经济在宏观经济发展中的地位与作用日益突出。工业化与信息化是加快新型城镇化建设、推动城市经济发展的重要驱动力，而智慧城市发展模式对于我国城市化具有重要的意义。

新余市在推进新型城镇化过程中，始终把信息化与城镇化建设紧密结合起来。《新余市城市总体规划（2008－2030年）》明确指出“加快推进信息化。加快信息服务设施建设，加快对传统产业的信息化改造，大力推动计算机技术和信息网络的广泛应用，推动信息化与新型工业化、农业现代化、新型城镇化发展深度融合，提升经济社会各领域信息化水平，加快数字新余建设”。2012年，早于国家试点城市一年，新余市就明确了智慧城市建设战略目标，为争取国家试点立项打下了坚实的基础。

（二）经济转型与产业调整面临的发展机遇

近年来，新余市紧紧围绕打造“国家新能源科技城”和“赣西区域中心城市”两大目标，大力推进新型工业城、科技创新城、生态文明城建设，加快推进产业集群和园区建设以及中小微企业发展，加速产业转型升级，提高经济发展质量，提升区域经济核心竞争力，新型工业化稳步推进。新余市的新型工业化必须建立在信息化的坚实基础上，必须考虑新余城市建设与产业发展紧密结合的成长模式，通过提升城市的产业功能、服务功能、管理功能，为城市产业高层次转型奠定基础。

区域合作广泛深入发展，加快融入鄱阳湖生态经济区，加快赣西“新宜萍”组团跨区域发展，与“长株潭”城市群对接合作，为新余市推进新型工业化进程、承接更高层次的产业转移、优化产业结构、提升产业竞争力创造了极为有利的条件。区域经济一体化进程不断加快，跨区域经济交流与合作进一步加强，产业转移速度加快，区域合作水平逐步提升，为新余市加强与周边省份和地区的区域经济合作、推进新型工业化进程、优化产业结构创造了极为有利的条件。而区域合作的纽带就在于充分利用信息化手段，构建智慧化的城市经济协同网络，促进各经济体之间的信息共享与资源整合配置，提升区域协作水平与效率。

（三）新型城镇化建设的良好基础

新余市高度重视新型城镇化建设，着力打造“产业新城、旅游名城、环保绿城”，推动新型工业化与城镇化的双轮驱动。《新余市国民经济与社会发展“十二五”规划纲要》明确指出“突出发展中心城区，加快建设县城，择优扶持小城镇，形成结构合理、配套完善、功能明确、发展协调的现代城镇格局”。以“改造老城区、建设生态新区、提升高新区”为发展思路，以户籍制度改革为契机，努力提升城市人气，增加城市人口。以新型工业化为引领，以产业集聚带动人口集聚，实现新型工业化和新型城镇化联动推进。目前，新余城市化率达到63.58%，较高的城市人口比例为智慧城市建设创造了先决的优势条件。

（四）信息技术充分运用的优势条件

新余市信息技术的大力发展，为新余智慧城市建设奠定了坚实基础。新余市“十二五”规划纲要明确要求：逐步完善信息基础设施建设，打造高标准的城乡通信网络系统，推进现代通信技术与信息资源在政府、企业和社会各个领域的应用。建设覆盖新余全市的功能健全、安全可靠、互联互通的电子政务网络平台，加快推进信息化在科技、教育、文化、卫生、城市管理等各个领域的应用。推进电子商务与各个产业融合发展，建设与优化数字认证、网上支付、社会诚信体系等电子商务支撑环境，建立信息网络安全保障体系。将信息技术充分运用到改造传统产业中，加快生产自动化、产品智能化、管理网络化和商务电子化进程。着力推广物联网的发展与应用，加快推进广电网、电信网、互联网“三网融合”，实现经济与社会活动的数字化和网络化。

（五）政策支持与资金保障

在推进智慧城市建设过程中，新余市政府研究制定了《智慧新余建设项目管理办法》与《智慧新余建设考核管理办法》，以加快智慧城市标准化与制度化建设。加快建设政府信息资源交换体系，建立多层次、多区域、多领域的信息资源共享机制，实现信息资源由单一系统共享到多系统共享的跨越。

构建“智慧新余”建设财政预算投入机制，从本市相关专项资金中切出部分资金，支持公益性、示范性、基础性项目建设，落实重点项目运维资金保障。县（区）政府（管委会）统筹安排智慧项目建设资金，用于支持重点项目建设。通过政府与通信运营商签订“智慧新余”建设战略合作协议，引进建设资金，加快信息基础设施建设。

三 “智慧新余”建设试点的有益探索

随着“智慧新余”建设的不断深入，新余市在智慧城市建设方面取得了一定成效。信息基础设施建设不断完善，智慧政务和智慧能源工程加快推进，在智慧公安、智慧环保和智慧社区建设等方面也积累了一定经验，连续四届入选“中国城市信息化 50 强”。2014 年，新余市入选信息惠民国家试点城市和信息消费国家试点城市。通过智能化引领城市转型，新余市探索出一条“智慧新余”建设发展之路。

（一）积极提升信息基础设施水平

新余市通过加快推进以物联网、云计算、3G/4G、下一代互联网为基础的信息基础设施建设，积极推进无线城市、光网城市、物联网感知体系建设，全面提升了城市信息基础设施水平。新余移动、新余电信、新余联通和新余广播电视台进行了基础网络设施的全面升级。截至 2014 年底，新余市光纤到户数量达 26 万户，覆盖率超过 95%；互联网宽带接入用户突破 21 万户，接入率超过 40%，城区家庭接入带宽能力普遍提高；城区无线宽带网络超过8M，覆盖率大大提高，超过93%；有线电视数字化改造基本完成，有线电视数字化覆盖率达99%。

（二）加快基础软件平台建设

在基础设施平台建设方面，新余市重点完成了公共平台、智慧城市运行管理中心与数据库建设，重点建设完成了城市公共基础数据库以及城市公共信息平台和信息安全体系。具体表现在以下三个方面：一是高位推进城市公共信息管理平台工程建设。目前，新余市已经完成了全市统一的公共信息管理平台一期工程建设，建成了共享数据云平台，构筑了动态IT基础架构，实现了IT基础资源的整合与共享，可为全市信息惠民项目建设提供计算、存储和网络资源的云服务支撑。此外，新余市通过建设地理信息共享展示平台，利用地理空间基础数据库及其专题库，为信息惠民项目建设提供基于GIS、可扩展的可视化监测与管理平台；通过打造共享数据交换平台，包括资源目录管理系统和共享数据交换系统等，为信息惠民各个重点项目提供安全、稳定的数据交换服务，实现信息资源共享和应用数据的互联互通。

二是积极推进城市公共基础数据库建设。通过加强专题应用数据库建设，新余市建成了城市公共基础数据库。为强化基础数据库建设政策保障，新余市印发了《新余市政务信息资源共享管理办法》《信息化建设项目考核管理暂行办法》等文件，以政府文件形式明确全市基础数据库建设标准。到2014年底，新余市已经建设完成了人口数据库，全市120余万常住人口的户籍资料全部纳入数据库管理；建成了法人基础数据库，采集了1万多家法人单位包含机构名称、法人代表、身份证号码、注册号在内的18条基础信息；建成了“数字新余”地理空间框架，建立了多级覆盖、多尺度、多类型、多时态的基础地理信息数据库；建成了企业信用数据库，市发改委、工信委等多个部门和各家商业银行已接入平台，共采集信用信息40万条，入库工商企业达2万多家。此外，新余市积极推进基础数据库升级，2014年2月新余市被国家测绘地理信息局批复成为城市时空信息云平台试点，该项目的建设将企业信用平台升级扩展为社会信用平台，全面收集包括个人、企业、组织、金融在内的全社会信用信息。

三是加快推进信息安全体系建设。新余市通过加快推进信息安全基础工程建设，大力推动信息安全容灾中心、双活中心建设，逐步构建信息安全灾难恢复和应用备份体系。通过建设信息安全综合监控平台，构建紧密联动的应急响应体系，提高了新余市信息安全事件的整体应对能力。同时，新余市按照等保要求，建设了 PCI/CA 身份认证系统，建设了多层次安全保障体系及集管理、监控、分析功能于一体的安全管理平台，整合堡垒主机、防火墙、入侵防御、数据备份等软硬件安全设施，构建了统一的信息惠民共享安全保障平台。

（三）推进智能化在政务服务和基本公共服务中的应用

一是建成了统一的政务信息网。通过实施省市联网工程、市县联网工程和市直横向联网工程建设，新余市实现了市、县、乡镇、村四级党政机关和市直各部门的网络互联互通，形成了党政机关信息交流与共享机制。

二是建成了统一的政务网数据中心。新余市按照国家 B 级标准建设完成市政务信息网数据中心，面积近 900 平方米。政务网数据中心共分为应用区、网络区、动力环境区和监控区 4 个功能区域，配备有 36 个标准机柜、大功率 UPS、精密空调、新风系统、视频监控、消防等设备，可为市政府各部门提供网络接入、服务器托管、数据存储等服务。新余市将逐步把全市相关单位的机房整合到市政务网数据中心机房统一运维和管理。

三是智能化地提升了政府基本公共服务效率。住建、环保、城管、工信、卫计和民政等部门通过使用城市公共信息管理平台上的四个基础共享平台，大大提高了工作效率。空间地理基础数据库为环保监测、人口健康、社区网格化、交通运输能源监测、房产应用、数字城市管理等系统提供了基础数据支撑。智慧天网的视频资源提供给综合办公、数字城管、应急指挥、环保监测、照明监测、安全生产等系统使用。新余市通过统一政府信息网络主动公开各类政务信息，网上发布率达 100%。新余市通过已经建成的数字化综合办公平台，实现了市、县、乡、村四级协同办公，同时整合各部门异构系统，实现资源共享，网上审批（办事）实现全程无纸化，所有行政审批项目均在网上办理，面向公众的政府跨部门协同工作全部通过电子数据交换，市、县两级政府部门核心业务的电子化处理率大大提高。

（四）建成一批成熟的智慧应用系统

目前，新余市已经建成了多个智慧应用系统。其一，建成了人口数据库、法人单位数据库和空间地理信息数据库。其二，建成了多种智慧应用平台。不仅建成了智慧天网、企业征信和金融一体化平台，而且还在城管、环保、节能等方面进行了积极的尝试，积极探索建立数字城管、智慧环保、智慧节能、交通运营车辆指挥中心、“五险合一”社会保险平台、人口与计生“三零”综合管理信息系统和应急指挥平台。其三，人口健康信息综合管理平台、社区数字化综合服务管理平台、安全生产监管平台、数字文化网平台等已经在建设中。

（五）积极推动创新类智慧应用项目建设

新余市结合自身的实际情况，积极推进智慧能源与节能减排工程建设，并力求使之成为智慧新余的特色应用。该项目以建立城市能源、环境和经济模型并实现城市可持续发展为目标，采用现代自动控制、云计算、物联网、移动互联网、3D、GIS、组态等技术手段，对工业企业能耗、机关办公与大型公共建筑能耗、城市照明能耗、交通运输车辆油耗、新能源与可再生能源应用、主要污染物排放和环境状况进行实时动态监控。新余市智慧能源与环境监测管理项目主要包括一个综合管理平台即能源与环境综合监测管理平台，电力需求侧监测管理平台、工业能耗监测管理平台、建筑能耗监测管理平台、新能源与可再生能源应用监测管理平台、城市照明监测管理平台、交通运输能耗监测管理平台以及环境监测管理平台七个行业平台。

新余市初步形成了“智慧新余”的基本框架，信息基础设施得以提升，智慧应用系统逐渐成熟完善，智慧产业开始形成一定规模，城市建设和管理智能化应用水平不断提升，基本建成了以电子政务为支撑的服务型政府。

四 新余智慧城市建设取得成效的保障

新余市智慧城市建设能够取得相应成效，得益于坚实的组织保障、创新的发展思路和有力的举措。

（一）强化组织领导，保障智慧城市创建工作有序推进

其一，新余市委、市政府领导层对“智慧新余”建设高度重视。市委、市政府领导多次现场调研，听取情况汇报，做出工作指示。市委、市政府领导围绕智慧城市创建工作主题，先后多次调度召开了各种层级和各种形式的会议，从全市工作角度部署智慧城市的创建工作，对“智慧新余”所涉及项目或议题进行认真评估与审议。其二，颁发《关于调整智慧新余建设工作领导小组成员的通知》，由市长担任工作领导小组组长，常务副市长和分管副市长担任副组长，市属有关单位主要负责人任组员。领导小组下设办公室，由政府副秘书长任办公室主任，办公室负责“智慧新余”发展规划、战略和有关政策制定，统筹协调智慧城市建设中的重大问题，保障智慧城市建设工作统一、高效、协调推进。各县区和有关责任单位相应地成立了智慧城市建设工作推进小组，明确项目分工和责任。此外，“智慧新余”建设被列为各级党政领导干部政绩考核的重要内容，特别成立专家咨询委员会，在政府各部门和企事业单位探索设立信息主管制度。其三，以市委、市政府名义发布《关于印发创建智慧新余工作任务分工的通知》，明确任务分工，将重点工程细化为若干个重点建设项目，并落实具体的责任单位和责任人，将“智慧新余”建设任务实施情况纳入政府绩效考核体系。此外，新余市每年制订智慧城市建设年度工作计划，落实规划统筹、项目管理和资源共享机制，对智慧城市建设有关项目进行统一管理。同时，整合网络资源和应用机

房，对全市信息化项目建设进行审批，未经过审批的一律不得建设，财政一律不予资金支持。

（二）坚持共享原则，提高智慧城市建设效率

其一，形成共享机制。新余市制定了《政府信息资源共享管理办法》，通过管理办法的实施来整合现有网络资源。管理办法要求尚未建纵向网的部门不能单独建网，必须依托市政务信息网开展应用，并计划逐步将那些已经建立纵向网的部门全部整合进入市政务信息网体系。按照国家信息化建设标准，市政府集中建设电子政务机房，形成基于云计算的统一数据中心和数据交换中心，集中管理和维护。开放数据中心的主机服务器托管平台，促进不同通信网络之间的有效链接，实现互联互通。其二，完善共享政策标准。根据智慧城市建设的相关需求，新余市研究制定了“智慧新余”建设的标准与应用解决方案，以相关制度和标准的实施来推动“智慧新余”建设。新余市制定出台了《新余市政务信息资源共享管理办法》，探索建立多层次、跨区域、跨部门、跨领域的信息资源开发和共享机制，推动信息由过去单一系统共享向多系统共享的转变，进而保障政府信息资源目录和交换体系的快速建立。

（三）坚持创新理念，强化智慧城市建设资金保障

其一，新余市将“谁投资，谁受益”的理念应用于智慧城市建设中，通过撬动社会资本，引导、支持社会资本投入信息基础设施建设等领域，保障新余市基础设施建设的各项资金需求以推动城市信息化建设。在引进社会资金加入新余信息基础设施建设的过程中，新余市切实履行与各通信运营企业签订的战略合作框架协议，通过政企合作，加快推进了增值业务在智慧城市创建中的应用。其二，设立信息化建设专项资金，市、县两级政府均设立了信息化建设专项资金，专项资金列入政府投资管理体系，重点支持公益性、基础性、战略性重大信息化工程项目建设，重点支持软件产业、信息服务业、电子信息产品制造业等领域经济和社会效益明显的创新研发项目，专

项资金的投入有效保障了新余市智慧城市建设的推动和信息产业的发展。其三，广泛吸收民间资本，发展多元投资主体，鼓励有管理、技术和资金优势的企业和社会机构参与“智慧新余”建设项目的投资和运营，鼓励引导企业积极参与政府依法开放的信息资源增值开发和服务。其四，统筹建设资金。加大财政预算资金对“智慧新余”建设的投入力度，充分利用好本市相关专项资金支持智慧城市建设，从相关专项资金中切出部分资金，支持公益性、示范性、基础性项目建设，落实重点项目运维资金保障。县、区政府统筹安排智慧项目建设资金，用于支持重点项目建设。市政府各部门积极向上级部门申报信息化建设项目，争取资金支持。同时，新余市还加大了信息化资源整合力度，努力提高信息化项目的使用效益，节约财政资金。

（四）因地制宜，坚持打造特色智慧城市

新余市是一座新兴工业城市，也是第三批全国资源枯竭型城市，2011 年被列为全国节能减排财政政策综合示范城市，节能减排任务十分艰巨，由于新余市城市规划、建设和发展前期缺乏统筹协调，随着城市发展所需的部分资源不断衰减，城市在转型过程中面临许多矛盾和问题。为此，市委、市政府在智慧城市建设中，高度重视城市节能减排工作，并且重点考虑了智慧节能与减排在智慧城市中的特色化应用。通过建设智慧节能减排特色工程更好地统筹协调新余市人口、资源、生态环境和经济发展等的关系，提升城市规划、建设、管理和服务能力，促进产业发展、环境保护和文化传承统筹协调。

参考文献

邓小勇：《大力推进智慧城市建设》，《中国信息界》2012 年第 12 期。

余少华：《建设智慧城市是提高我国综合竞争力的战略选择》，《科技日报》2010 年 10 月 8 日。

中国通信工业协会物联网分会：《基于我国物联网技术应用与发展中的智慧城市建设分析与探讨》，《信息与电脑》2012 年第 12 期。

B.15

吉安革命老区脱贫攻坚的经验与启示

江西省社会科学院课题组 *

党的十八届五中全会指出，农村贫困人口脱贫是全面建成小康社会最艰巨的任务，也是全面建成小康社会的标志性指标。打赢脱贫攻坚战是全面建成小康社会的底线目标。切实解决好老区贫困人口脱贫问题，是实现全面建成小康社会目标的关键。吉安是著名的革命老区，在这片光荣的红土地上，诞生了伟大的井冈山精神，但也分布了 5 个国家扶贫开发重点县、4 个罗霄山连片特困片区县、661 个贫困村和 37.2 万贫困人口。打好脱贫攻坚战是对长眠在这片红土地上革命先烈的最好告慰。近年来，吉安市遵循党中央“确保老区人民同全国人民一道进入全面小康社会”“决不能让一个苏区老区掉队”的要求，坚持把打好脱贫攻坚战作为推进苏区振兴和实现全面小康的重要抓手，以愚公之志、实干之风加快老区发展步伐。

一　吉安革命老区脱贫攻坚的主要做法

近年来，吉安市将精准扶贫与转变干部作风结合起来，真抓实干，脱贫攻坚取得明显成效。全市农村贫困人口由 2011 年的 59.8 万人减少到 2014 年的 37.2 万人，贫困发生率由 2011 年的 15.6% 下降到 2014 年的 9.5%。并规划 2015 ~2017 年，每年减少农村贫困人口 10 万人，贫困发生率降到 3% 以下，剩下的 7.2 万贫困人口通过社会保障兜底于 2018 年脱贫。吉安市脱贫攻坚的做法主要包括以下几个方面。

* 课题组组长：姜玮；成员：马雪松、张晓霞、方芳、吴少杰。

（一）创新机制，精准解决“扶持谁、谁来扶、怎么扶”问题

2012年以前，江西各地都确定了贫困村，但“贫困户”还是个笼统称呼、模糊概念，没有确认到户，也就无法真正扶贫到户。要防止扶贫资金“撒胡椒面”，就必须精确梳理出贫困家庭并建档管理，以贫困户为扶贫政策的最终落脚点，精准扶贫到户。吉安市从2012年开始探索、总结并推广“核定对象、分类施策、责任帮扶、限期摘帽”的精准扶贫工作机制，变“漫灌”为“滴灌”，确保“滴滴到根”。

1. 精准识别，核定对象，解决“扶持谁”的问题

甄别核实。依据国家扶贫对象认定标准和家庭经济收入情况、住房条件、健康状况、子女赡养能力等因素，对“全国扶贫开发建档立卡信息采集系统”中的贫困户进行全面清查、核实甄别。井冈山市创新“12345”精准识别模式：一访，即走访农户；二榜，即在各村一榜公示，在圩镇二榜集中公示；三会，即召开村民代表大会、村委会、村党政班子会；四议，即通过村民小组提议、村民评议、村“两委”审议、乡班子会决议四个程序；五核，即各村民小组开展核对，村“两委”审核，驻村工作组核实，乡仲裁小组核查，最后乡（镇）党政班子会核定。遂川县在集中核查阶段，还制定了12项反向指标①，对具有该12项情形之一的，一律不得确认为贫困

① 贫困户建档立卡12项反向评价标准：①家庭成员有财政供养人员（含退休人员）以及现任村干部的；②家庭住房装修档次或家居生活用具明显高于当地平均水平，或拥有非生活必需的高档消费品，或家中购置工程机械及大型农机具（含小车、客货运输车）的；③户口虽在农村，但在集镇或者县城及以上城市购置或建有店面、住房（当年扶贫搬迁对象除外）的；④户口虽在农村，但长期家庭主要劳力整体外出务工连续三年以上且没有其他特殊困难的；⑤家庭成员中在校学生有在高收费非公办幼儿园入托，或在中小学自费择校就读，或自费在非国家统招高额收费高校就学，或自费出国留学的；⑥家庭成员中已办登记注册经营实体长期雇佣他人从事生产经营活动（含各类企业、商店、餐馆、旅店等以及种养大户，无论是否在本村经营）的；⑦在法定劳动年龄内有劳动能力（在校就读学生除外），无正当理由不参加生产劳动的；⑧经常出入餐饮、娱乐高消费场所的，因赌博吸毒、嫖娼行为而造成生活困难且尚未改正的；⑨家庭成年人因打架斗殴或交通肇事伤残或赔偿（仅限执法机关裁定的责任方）而致贫的；⑩有虐待老人、残疾人、智障人行为及不履行赡养义务的；⑪对举报或质疑不能做出合理解释的；⑫具有其他不符合贫困户标准情形的。

户，有效防止了“人情户”“关系户”的情形发生。

分类立卡。按照致贫原因和贫困程度，将核定的贫困户分为三类：有劳动能力、家庭经济收入处于贫困线边缘的为蓝卡户；有一定劳动能力、家庭贫困程度比较深的为黄卡户；年老体弱或因病因残丧失劳动能力的为红卡户，并统一制作识别卡和扶持手册发放到贫困户。

动态管理。每年对贫困户信息进行核查，及时补充贫困户遗漏信息，及时发现并纠正“系统”中的错误信息，及时更新贫困户的动态变化情况，做到“贫困在库，脱贫出库”。

2. 各方协调，责任帮扶，解决“谁来扶”的问题

吉安市形成了“领导挂村帮户、单位蹲村驻点、干部结对帮扶”的责任机制，实现了“贫困村帮扶全覆盖，贫困户帮扶分批全覆盖”。遂川县成立扶贫攻坚“三年大决战”指挥部，由县委书记任指挥长，下设办公室和七个扶贫攻坚工作组。明确各级党委、政府扶贫的“第一责任”，构建起“县负总责、乡镇落实、部门帮扶、群众参与”的扶贫工作格局。

在挂村帮扶上，市委、市政府主要领导率先垂范，各挂点帮扶 2 个贫困村，市四套班子成员每人挂点帮扶 1 个贫困村，各县（市、区）四套班子成员也相应落实挂点帮扶。同时，安排市、县机关和企事业单位组成 661 个工作组到贫困村开展定点帮扶。2015 年，市、县两级定点扶贫单位为贫困村筹集帮扶资金 1.3 亿元，帮助建设项目 2275 个。

在干部结对帮扶上，按照“321”帮扶方式，厅级干部每人帮扶 3 户、县级干部每人帮扶 2 户、科以下干部每人帮扶 1 户，全市还选派了 679 名干部到贫困村担任“第一书记”，与贫困群众同吃共住谋脱贫。全市参与结对帮扶的干部达 1.8 万人，结对帮扶贫困户 2 万多户。

3. 精准施策，分类帮扶，解决“怎么扶”的问题

吉安市根据红、黄、蓝卡户的劳动力和贫困程度，结合该地自然资源和经济资源现状，对基础设施相对薄弱的贫困村，实施基础设施扶贫，解决基础设施建设“最后一公里”问题；对产业发展滞后、经济收入低下的贫困村或贫困户，实施产业扶贫，引导贫困村围绕六大特色富民产业，通过

“公司+基地+合作社+干部+贫困户”的模式，因地制宜地帮助贫困户发展1~2项致富产业；对“一方水土养不了一方人”的地区，实施安居搬迁扶贫；对贫困劳动力自我发展能力较弱的，实施智力扶贫；对农村贫困地区富余劳动力，实施劳务扶贫；对没有劳动能力的特殊困难群众，实施保障扶贫。

一是产业扶贫作为精准扶贫的重中之重，是贫困人口阻断返贫、实现可持续发展的有效途径。吉安市从资源禀赋和产业基础出发，制定了产业扶贫实施意见，市财政拿出1亿元，因地制宜、因户施策地扶持贫困户发展井冈蜜柚、绿色蔬菜、花卉苗木、高产油茶、珍贵楠木、茶叶烟叶等富民产业。采取“龙头企业+基地+贫困户”“基地+合作社+贫困户”“五统一分（统一供苗、统一培训、统一标准、统一物资、统一营销、分户经营）”等模式，实施产业扶贫。

吉安县在精准施策中因地制宜，创造了“四个一”产业扶贫模式，即一户一亩葡萄、一户一亩井冈蜜柚、一户一个鸡棚、一户一人进园务工，贫困户只要实现了其中1个“一”，就基本可以脱贫。有一定发展能力的一般贫困人口、低保贫困人口产业脱贫步伐加快。全县1551户贫困户种植横江葡萄，户均2.8亩，亩均收入在8000元以上；4556户贫困户种植井冈蜜柚，户均3.5亩，亩均收入约1万元；参与温氏合作养鸡的贫困户962户，户均1.2个鸡棚，每户每年收入在4万元以上；8200多名贫困群众在园区务工，年均收入3万元。

二是对“一方水土养不了一方人”的区域实施整体搬迁，有序组织向县城、工业园区、中心镇（村）搬迁，真正使贫困人口“搬得出、稳得住、能致富”。

遂川县移民搬迁扶贫试验区是移民进城进园的典范。统一规划建设移民安置房、学校、幼儿园、医院、商业以及配套的邮政、电信、道路、绿化等设施，是一个集城市化、工业化、现代化于一体的新型移民搬迁试验区。移民购房成本价为1350元/平方米，购买小户型（60平方米和90平方米）的特困户，还可以享受100元/平方米和50元/平方米的优惠，也就是说，特困户仅需 7.5 万元即可购买一套 60 平方米普通装修的安置房。贫困户危旧房土坯房改造补助为 14500 元/户，移民扶贫到户补助为 4000 元/人。通过政策叠加，贫困户基本可以搬得出。

井冈山市下七乡创新“引农出山、移民建镇、特困上楼”三管齐下的移民搬迁扶贫模式。通过政策整合、社会捐赠、市场弥补三个途径，解决“爱心公寓”统建楼项目建设资金短缺问题。包括整合扶贫移民集中安置点基础项目资金、保障性住房补助资金、农村危旧土坯房改造基础设施建设配套资金、交通和水利等专项资金 110 万元，乡政府垫资 20 万元，社会捐赠 100 万元，临街一层的商铺出让金 50 万元，36 户特困户集资 50 万元，2～3 人的特困户缴纳 1.5 万元，4 人及以上的特困户缴纳 2 万元。

（二）化解致贫原因，阻断返贫渠道

吉安市在扶贫攻坚的同时，注重分析和化解致贫原因，阻断返贫渠道。致贫原因各种各样，有的是因病致贫，有的是因灾致贫，还有的因学致贫，如 2013 年高考后全市因升学致贫返贫的就有 850 户。

在分类施策、精准帮扶的基础上，吉安市注重了源头治理。

针对因灾致贫，吉安市加强了水利设施建设，全市 46 座大中型水库、176 座小（一）型和 532 座小（二）水库全部进行了除险加固，提高了防洪抗旱能力，极大地消减因灾致贫的因素。

针对因病致贫，除了加大社会保障的力度，还从农村饮用水入手，实施农村饮水安全工程，使 1.2 万户贫困户喝上安全水，有效提升农村人口身体素质，传染病发病率明显下降，加快了脱贫致富的步伐；同时，全面提升乡镇卫生院综合服务能力，全市 100% 的中心卫生院、95% 以上的一般卫生院达到规范化建设标准，提高村卫生室建设标准，尽可能阻断因病致贫的渠道。

针对因学致贫返贫，采取更多措施，尽力阻断贫困代际传递。2013 年起，设立吉安市圆梦助学金，对考取全日制普通高等学校的贫困户子女每人一次性补助 8000 元，2015 年，为录取的 7751 名贫困大学生办理国家生源

地信用助学贷款5985.2万元。2015年，落实教育资助资金26131.18万元，惠及所有贫困学生。贫困户子女参加中、高等职业学历教育的，免费教育并每人每学年给予生活补助资金2000元。恢复偏远农村小学教学点86个，创新边远地区支教模式，变学生走读为老师走教，推动校长老师交流轮岗。建设7所思源实验学校，接纳农村贫困家庭子女进城就学6000余人。义务教育阶段贫困户子女寄宿生生活补助标准每人每年增加500元；各级中学全面开设励志班，每人每年资助1000元，并免除学杂费、住宿费。

二　吉安革命老区脱贫攻坚的启示

吉安革命老区坚持治标和治本相结合、普惠制与特惠制相结合、宏观扶贫和微观扶贫并重，将金融产品和互联网引入扶贫脱贫工作，为贫困地区脱贫攻坚提供了许多有益的启示。

（一）创新发展是脱贫攻坚的持久动力

吉安市将创新发展理念渗透到脱贫攻坚工作的各个环节，创新发展是脱贫攻坚取得成效的持久动力。

1. 创新“合作社+贫困户”“公司+贫困户”模式

在脱贫攻坚中，用创新理念将贫困户组织起来，抱团发展。具有一定自主发展能力的贫困户，以村组为单位组建专业合作社，增强群众抗风险能力和市场竞争力。目前，全市贫困村成立农民专业合作社972个，在脱贫过程中发挥了重要作用。

合作社在脱贫攻坚过程中又根据具体情况创建了“合作社+贫困户”“公司+合作社+贫困户”“基地+合作社+贫困户”“龙头企业+合作社+贫困户”“党支部+合作社+贫困户”等不同的扶贫模式。

合作社的合作方式也充分体现了创新理念和创新精神。有用政府产业扶贫资金（特困户1万元，一般贫困户5000元）作为股金加入合作社的，年底保证15%以上的分红，有劳动能力的参加合作社生产获得薪金；有以土地入股参加合作社的，在促进适度规模经营的同时，贫困户也可以获得生产分红和参与劳动的工资；有些没有劳动能力的特困户，政府相关部门担保贴息贷款，将小额贷款作为股金参加合作社，年底获得不低于股金 15% 的收益，保证其逐步脱贫。

在以合作社为主要载体的脱贫攻坚过程中，还产生了“公司 + 贫困户”“龙头企业 + 贫困户”的扶贫模式。吉安县依托吉安温氏、正邦集团等龙头企业，以赊销记账的方式，推行“提供鸡苗、提供饲料、提供疫苗、提供技术和回收全部合格肉鸡”的“四提供一回收”模式，帮助贫困户发展肉鸡养殖产业，有效解决了贫困户缺技术、缺资金、缺市场的难题，降低了农户参与扶贫产业的门槛。井冈山市拿山乡沟边村以井冈山忆当年布鞋有限公司为依托，采取“统一设计产品、统一提供半成品、统一免费培训、统一按劳取酬、统一成品回收”的方式，将棕丝等原料分散给该村贫困户手工纳制成红军鞋。

2. 创新金融扶贫模式

吉安市通过扶贫贷款风险补偿、小额贷款贴息等方式，鼓励和支持商业银行开展扶贫小额信贷，为贫困户发展产业提供资金支持。比如，农业银行开发的“金穗油茶贷”产品，根据油茶生长周期，贷款最长期限可达 15 年，且前 3 ~5 年只付利息不还本。“金穗油茶贷”推出不到一年，已发放扶贫贷款近 3 亿元，惠及 6000 余户农户，平均每户贷款额度为 4 万 ~5 万元，深受油茶种植和加工农户的欢迎。井冈山市创新金融扶贫产品“惠农宝”，保障贫困户的“资本”收益。“红卡户”以每户 10000 元的产业扶持资金，自愿入股井冈山惠农宝金融产业合作社，确保年收益达到入股本金的 15%。目前，1645 户“红卡户”中有 1505 户加入了“惠农宝”。下七乡建立“456”收益风险机制，即村集体承担 4% 的风险、专业合作社承担 5% 的风险、扶贫基金承担 6% 的风险，确保入股贫困户年收益不低于 15%。

吉安县创新了担保贷款、贷款贴息、现金直补、产业保险的“四轮驱动”金融扶持模式。大力推进财政惠农信贷通等担保贷款模式，在全省率先开展“致富宝”产业扶贫担保贷款试点，为全县贫困群众发展产业提供每户 10 万元以内的担保贷款。县财政按照贫困户每户 10 万元的限额，以基准利率为标准，据实全额贴息。对贫困户发展井冈蜜柚、横江葡萄等六大特色产业，县财政安排资金实行差异化奖补。创新实施产业保险制度，采取公司和个人承保、政府补贴的办法实施产业保险。保险金额方面，公司（30%）、政府（54%）出大头，种养户出小部分（16%），最大限度地帮助贫困户减少因天灾等造成的损失，增强了发展产业的信心。“四轮驱动”金融扶持模式，既是扶贫攻坚中的创新之举，又充分体现了协调、共享的发展理念，最大限度地降低了贫困户发展产业的成本，最大限度地降低了贫困户发展产业的风险，基本实现了贫困户零投入、零风险，既解决了贫困群众的“无米”之炊问题，又解决其“后顾”之忧，这种做法值得借鉴。

3. 创新“互联网 + ”模式

吉安市将信息化手段引入扶贫脱贫工作，创新了“互联网 + ”模式。通过手机短信平台和 QQ、微信等服务平台，及时推送农时农事、价格行情、农产品市场信息，根据时令节气向果农发送信息指导管理等。探索出众筹扶贫型、电商扶贫型和“互联网 + 基地”模式，带动贫困户减贫脱贫。井冈山市新城镇尝试农村电子商务扶贫开发，积极探索“互联网 + 基地”模式，依托农业科技示范园和农民合作社，将白鹅、梅花鹿、火龙果等特色农副产品放到淘宝网等平台销售，拓宽了农产品销售渠道。

（二）协调发展是脱贫攻坚的根本途径

脱贫攻坚是一项系统工程，必须从整体和全局的高度，协调各方利益和关系，才能使脱贫攻坚工作顺利进行。吉安市各县（区）成功的移民搬迁充分说明，协调发展是脱贫攻坚的根本途径。

对“一方水土养不了一方人”的区域实施整体搬迁，采取离乡不离土的方式，有序组织向县城、工业园区、中心镇（村）搬迁。移民搬迁扶贫要与推进新型城镇化进程结合起来。推进新型城镇化，吸纳更多贫困人口进城就业，实现贫困人口脱贫致富、融入城镇。在搬迁扶贫过程中，或采取移民进城进园安置的方式，使得有劳动能力的移民可以就近在城区、园区务工，增加就业收入，如遂川县移民搬迁扶贫试验区；或在建制镇、中心村建设移民安置区，如在圩镇繁华商贸地段建成的井冈山市下七乡“爱心公寓”统建楼和在圩镇中心建成的遂川县草林镇新苑社区，这些都促进了扶贫脱贫与新型城镇化、工业化的协调联动。

遂川县移民搬迁扶贫试验区项目位于县工业园区东区，移民实现了家门口就学、就医、就业，真正做到“整体搬得出、长期稳得住、逐步富起来”。井冈山市下七乡“由政府统一筹集资金、统一规划建房、统一配套设施、统一监督管理”的特困户搬迁模式，“省市补一点、财政投一点、项目捆一点、规费免一点、社会融一点、群众筹一点”的筹资办法，适合贫困地区，尤其是特困户的移民搬迁值得推广借鉴。

与此同时，上述移民搬迁扶贫项目还注重社会保障的转移，最低生活保障实行互转，社会养老保险、医疗保险可自愿选择城镇或农村，遂川县移民搬迁扶贫试验区为鼓励在园区企业务工的移民参加城镇职工养老保险，县财政补贴个人负担部分的50%；在实验区就医享受本人参保乡镇就医报销比例待遇。这些都解决了移民的后顾之忧，实实在在地推进了移民的城镇化。

吉安革命老区的搬迁扶贫，既从根本上改善了贫困户的生存环境，又与工业化、城镇化相结合，提高了贫困人口的生存能力，使脱贫变为现实。同时，贫困人口搬迁出来后，他们原有的土地在归属性质不变的前提下进行流转，又促进了贫困农村的适度规模生产和经营，促进了当地的经济发展，从整体上增强了脱贫能力。

（三）绿色发展是脱贫攻坚的重要基础

绿色发展是在生态环境容量和资源承载能力的制约下，通过保护生态环境实现可持续发展的新型发展模式。吉安市在脱贫攻坚过程中，无论是扶贫产业的确定还是生产方式的选择，都融入了绿色发展的理念，把绿色发展作为脱贫攻坚的重要基础。

井冈蜜柚、绿色蔬菜、花卉苗木、高产油茶、珍贵楠木、茶叶烟叶是吉安革命老区的六大富民产业，这些都是绿色产业。井冈蜜柚“千村万户老乡工程”，每亩可种植 33 株，盛产时约 4000 斤/亩，市场售价约 3 元/斤，亩均毛利润约 1. 2 万元，净利润约 1 万元，具有投资少、效益价值高、易保存、风险小的特点。可充分利用房前屋后、庭院、村旁路旁、空心村闲置土地、撂荒土地、荒山荒坡、稀疏残次林地等，广泛种植井冈蜜柚，发展庭院经济，柚叶飘香，既美化环境，又驱赶蚊虫，大大改善了人居环境。贫困村共种植井冈蜜柚 76. 4 万株，种植井冈蜜柚的贫困户达 4. 8 万户。

吉安县“一户一亩井冈蜜柚”“一户一亩横江葡萄”“一户一个鸡棚”都是绿色种养业，“一户一个鸡棚”的养殖户，除建鸡棚获得效益外，还可充分利用鸡棚周边荒地种植井冈蜜柚，通过“一个鸡棚一柚园”的生态循环农业发展模式，既实现了对鸡粪的无害化处理、变废为宝，几年后又增加了蜜柚的种植收入。

井冈山市新城镇现代农业生态示范园充分发挥产业扶贫的示范带动作用，吸纳了全镇 65 户贫困户以产业扶贫资金为股金加入该园区内的 2 个合作社，并承诺确保红卡户年利润 20%、蓝卡户年利润 10%，加快了贫困户脱贫步伐。井冈山市鹿源梅花鹿饲养专业合作社，吸纳了 15 户红卡户入社；井冈山市摇篮山鸡养殖专业合作社，吸纳了 22 户红卡户、28 户蓝卡户入社。同时，该农业园每年可吸纳 200 余名群众长期就业，临时用工近 2000 人次，增加了农户的工资收入。

七溪岭家庭农场采取种养结合的生产方式，实现了动物粪便在农场内能够得到充分的利用，具有良好的生态效益。特种动物园以饲养七彩山鸡为主、梅花鹿为辅，家庭农场饲养的梅花鹿、七彩山鸡，引来山上的麂子、野鸡，实现了生态平衡，形成人与自然和谐发展。

绿色种养在发展经济、致富增收的同时，保持生态平衡的做法值得推广。

（四）共享发展是脱贫攻坚的主要目标

脱贫攻坚的落脚点和目的在于实现共享，所有贫困群众都享受到改革发展成果，享受到均等的公共服务。共享发展是吉安市脱贫攻坚的主要目标。各种精准扶贫的举措，目的都是使全体贫困户共享改革和发展的成果。

共享发展在改善生存环境方面成效尤为显著。吉安市将1.7万户贫困户纳入全市农村危房改造范围，统一补助标准，对建档立卡的贫困户每户补助1.45万元，分散供养五保户每户补助1.65万元，确保农村贫困群众“居者有其屋”。在实施村庄整治过程中，将贫困村优先纳入美丽乡村点建设范围，全面整治村容村貌，提升村庄宜居水平。2015年，贫困村中有661个自然村实施了村庄整治，整治完成率100%。吉安县、万安县、井冈山市、永新县等地结合乡村旅游实施村庄整治，既改善了贫困村面貌，又增加了农民收入。

共享不仅仅是分享发展成果，还通过分享发展成果进一步促进发展、促进脱贫。吉安市创新政策，鼓励能人创业扶贫。对吸纳或优先安排贫困劳动力就业的公司、合作社、个体户给予奖补，并优先给予小额担保贷款扶持。贫困户既可以发展产业，又能就近务工，实现产业扶贫与劳务扶贫“双轮驱动”。吉水县设立贫困户劳务奖补基金50万元，凡吸纳或优先安排贫困人口达5人以上的企业，按每人每年600元的标准给予补助，达20人以上的则给予800元的标准补助。在共享发展成果的同时，进一步激发贫困群众参与发展产业的热情。

吉安革命老区扶贫工作以精准和攻坚为抓手，将创新、协调、绿色、开放、共享的发展理念贯彻到脱贫攻坚工作的各个环节，让贫困人口得到实惠，让人们对全面小康的目标更加充满期待和信心。

三　几点建议

经过多轮扶贫开发，扶贫工作越到后面难度越大，且出于历史、地理和政策等多种原因，吉安市脱贫攻坚任务仍然艰巨，主要表现在贫困面广、贫困程度深。其中，遂川县贫困发生率为16.09%，较全省、全市贫困发生率分别高8.85个和6.86个百分点，下七乡贫困人口占全乡总人口将近一半；贫困户希望得到输血的愿望强烈，自我造血意识和观念亟须转变；项目资金缺口有压力，部分项目如搬迁安置点的基础设施配套项目在县一级可供整合的资源有限，一些涉农项目省市一级是戴帽下达，配套项目实施有一定难度。为此，笔者提出如下建议。

（一）提高贫困老区项目补助资金

一些项目建设标准低，项目补助资金与实际投入相差较大。如农村饮水项目人均建设标准为500元，但贫困老区人口分散，铺设管网线路长，实际投入需1000~1200元。项目补助资金难以满足建设要求。通自然村公路省里的补助标准为每公里8万~10万元，但实际建设成本为每公里25万元左右，有的山区、偏远地区达到每公里30万元以上，桥梁建设亦是如此。建议对贫困老区贫困村基础设施建设予以政策资金倾斜支持。如在交通基础设施方面，打破现有的基本建设程序，在规模和标准上适当放宽，在补助标准上适当提高，单独切块支持贫困村基础设施建设。设立贫困村建设资金。按照每个行政村每年200万元的标准，以三年为一个周期，彻底改变贫困村基础设施建设落后的面貌。

一些项目补助资金太少，难以调动群众积极性。由于上级给予的农村危房改造补助资金太少，目前各级政府拨付的改造资金平均每户仅1.25万元，困难群众改造意愿不强。而有些困难农户由于自身经济基础太差，即使借钱也无法完成危旧房的改造，有的困难农户甚至会因为危旧房改造而重新返贫甚至更贫困。因此，仍有不少困难群众宁愿住在危旧房里也不愿意进行改造。建议针对特别困难户，改进改造办法，减少改造指标数，适当提高改造标准，促进困难群众进行危房改造。

（二）遵循自然规律，切忌盲目冒进、数字脱贫

根据江西省扶贫攻坚“三年大决战”的任务目标，各市县纷纷提出提前摘帽。值得注意的是在产业扶贫中，须充分考虑到农作物的生长周期，切忌急功近利、盲目摘帽、数字脱贫。

农作物从种植到成熟，进入稳定高产有一个较长的过程。如井冈蜜柚果树进入成熟高产期要5~8年，狗牯脑茶进入成熟高产期要3~5年，油茶进

入成熟高产期要 3～5 年，金橘果树进入成熟高产期要 3 年，而毛竹采伐的年限则需 6～7 年。也就是说，贫困户即使可以免费获得苗木、技术支持，零投入、零风险的种植，但其依靠所种植的农作物实现脱贫，却并非一朝一夕，一些刚刚种植井冈蜜柚、油茶等农作物的贫困户，要在 2～3 年内提前脱贫是不可能的。因此，不能一味地追求脱贫进度、摘帽速度，须实事求是、稳步推进，巩固脱贫效果。

B.16
鹰潭眼镜及国际眼镜城专业化市场发展调研

江西省社会科学院课题组*

鹰潭是中国著名的眼镜之乡。从最初“一副担子满天飞，走遍广东走辽西”的传统销售模式，发展到现在集眼镜零售批发、商贸会展、眼科诊疗、职业培训、眼镜文化、电子商务于一体的国际眼镜城专业化市场经营模式，鹰潭探索出一条眼镜产业与健康产业、文化旅游产业融合发展的新路径，在国内外市场产生了较大的影响。2012 年获得全国唯一一家眼镜产业“国家外贸转型升级专业型示范基地”称号，2016 年成功申报以眼镜文化为主题的国家级 4A 旅游景区。为全面了解鹰潭眼镜产业及国际眼镜城发展有关情况，省社会科学院成立课题组，专赴眼镜城调研，并形成如下研究报告。

一　鹰潭眼镜产业的发展历程

鹰潭眼镜业起源于清朝嘉庆六年，当地眼镜师傅背着箱子走南闯北卖眼镜，后人纷纷效仿。眼镜产业的兴起，凸显了鹰潭人敢闯、善于经营、不畏艰辛、乐于创业的传统。20 世纪 50 年代，鹰潭改造了传统帮会，组建了新的行业自律组织，形成了代代帮带、传承发展的产业基础。70 年代，当地自发形成了面向全国的“眼镜服务组”。80 年代，先后成立了“鹰潭眼镜同业公会”“鹰潭眼镜协会”“鹰潭眼镜商会”等机构，与浙江杜桥、河南长恒、湖南谦桥并称为中国四大眼镜市场。从发展历史、从业人员、销售规模

* 课题组成员：龚建文、李志萌、张秋兰、盛方富、马回、朱羚。

来看，鹰潭位列第一，自此鹰潭眼镜业进入了鼎盛时期，成就了国内眼镜市场的龙头地位。90 年代，随着眼镜产业竞争加剧，鹰潭眼镜产业发展日显疲软，市场交易额多年徘徊不前。进入 21 世纪，为了推动眼镜产业再度腾飞，当地政府抓住沿海制造产业向中西部转移的机遇，充分发挥鹰潭良好的采购半径和销售半径及交通、信息、物资等生产要素汇集和扩散中心的独特优势，2010 年引资建设鹰潭国际眼镜城，全力推动眼镜产业发展。2013 年，鹰潭成立了全国唯一的眼镜产业专业服务机构——鹰潭（余江）眼镜产业园区管委会。2014 年，国际眼镜城一期建设投资 6 亿元，招商引进 258 家经营户，建成眼镜专业市场。2015 年，随着鹰潭眼镜文化节的举办和世界眼镜博物馆的正式开馆以及国际眼镜城的开张营业，眼镜生产企业推广自主品牌的新平台开始发挥效益，开创了眼镜产业发展升级的新态势。

二　鹰潭眼镜产业发展现状和特点

（一）有一支国际视野的眼镜销售队伍

清朝嘉庆年间，鹰潭余江县中童镇人就形成“一副担子满天飞，走遍广东和辽西”的优良传统，鹰潭眼镜销售人员遍布全国。据不完全统计，目前，商铺遍布全国、触角伸向世界的鹰潭“眼镜人”营销规模达到 5 万人。鹰潭人在全国各地开设的眼镜店辐射 2980 多个城市，达 20000 多家；同时，他们的业务已扩展到俄罗斯、巴西、美国等 40 多个国家和地区，国外贸易网点有 310 多个，仅莫斯科就有 300 多名鹰潭人在经销眼镜，真正做到了“胸怀世界、放眼全球”。

（二）形成了特色鲜明的眼镜产业链

2006 年被命名为“江西省眼镜产业基地”、2012 年获批全国首家眼镜产业“国家外贸转型升级专业型示范基地”的鹰潭眼镜工业园区现已建成，约 2.6 平方公里，集聚了江苏亨得利眼镜有限公司、国内老视镜领军品牌

“夕阳红”生产企业万成光学科技有限公司等国内一批眼镜生产龙头企业，初步形成了集原材料、产品研发、制造加工、贸易流通于一体，眼镜配件、镜片、电镀、成品眼镜等行业相互协作配套的特色产业链。2015 年，规模以上企业（不含铜材企业）实现工业总产值 19.07 亿元，出口创汇 2492 万美元，缴纳税收 1967.36 万元。

（三）创新创业的眼镜文化底蕴深厚

有着悠久眼镜发展历史的鹰潭，孕育了底蕴深厚的眼镜文化，如“从小买卖到大开张”的创业精神、“一个包袱一把伞，走遍天下做老板”的闯荡精神、“以众帮众”抱团发展的互助精神、“使予而商，身饬母康”回馈社会的担当精神等，与江西历史上赫赫有名的“江右商帮”赣商文化一脉相承。2015 年 4 月 6 日正式对外开放的鹰潭世界眼镜博物馆，用眼睛看宇宙，展示了世界眼镜发展的前世今生和精湛的工艺、材质演变，展示了眼镜具有近视、老视矫正的医疗保健功能以及现代人正在追求的时尚装饰功能和巨大的市场潜力，反映了鹰潭眼镜人的创业发展史和与时俱进的商业精神。创新、科技正成为眼镜产业的新元素。

（四）开创了眼镜产业与文化旅游融合新模式

鹰潭将眼镜文化融入本地旅游业，通过国际眼镜城的打造，努力将“工业园区、商贸园区、城区、旅游区”四区联动发展，打造商业、文化与景观交互融合发展的旅游目的地。2016 年 1 月，鹰潭国际眼镜城已成功申报国家 4A 级旅游景区，该景区以鹰潭眼镜城为核心地，打造出一条别具特色的眼镜文化工业旅游线路。将眼镜生产线展示、眼镜文化体验地、医疗保健、时尚消费、娱乐休闲区、景观观赏点区等融为一体，景区自对外开放以来，已接待游客 4 万余人次。鹰潭正努力将世界自然遗产龙虎山、世界铜都、国际眼镜城串联成旅游精品线。

（五）努力打造“眼镜产业联盟”电商平台

运用“互联网 +”电子商务平台，开展线上与线下的融合，是眼镜产业发展的大趋势。鹰潭市“易镜电商产业园”平台项目顺应发展新变化、新需求，倡导“互联网+眼镜”新模式。于2014年成立并运作的江西易镜电子商务有限公司（以下简称“易镜”），正朝着“三个一”“五个化”① 的目标迈进。截至2015年底，余江眼镜电商实现交易额15亿元，涌现出左氏商贸、百盈光电等一批电商龙头企业。

三 眼镜产业发展面临的机遇与挑战

（一）市场需求潜力巨大

一是视力不良患者需求旺盛。从2014年全国大中小学生和60岁及以上老年人视力情况分析表得出，2014年全国有21917.69万名在校生，其中有14597.97万名在校生患有近视；有2150.5万名高中及以上学生毕业走向社会，其中患有近视的有1812.9万人；还有21242万名60岁及以上老年人需配戴老花眼镜。全国视力不良患者已有35839.97万人，这还不包括其他年龄段的患者（见表1）。

表1 2014年全国大中小学生和60岁及以上老年人视力情况

单位：万人，%

类别	小学生在校生	初中生在校生	高中生		大学生		60岁及以上老年人
			在校生	毕业生	在校生	毕业生	
数量	9451.10	5491.19	4242.90	1437.5	2732.50	713	21242
视力不良比例	45.71	74.36	83.28		86.36		100
视力不良患者	4320.09	4384.60	3533.49	1197.15	2359.79	615.75	21242

资料来源：《中华人民共和国2014年国民经济和社会发展统计公报》《2014年学生体质健康调研结果》。

① “三个一”即搭建一个全国最大的眼镜产业联盟，创建一个由所有眼镜零售商共享、共有的自主品牌，打造一个全新、完美、通畅的“鹰潭式”眼镜生产、采购、销售、服务模式；“五个化”即实现管理统一化、运营信息化、形象标准化、服务电商化、供应一体化。

二是时尚性消费需求增长。随着中国经济的快速发展，国民收入和消费水平的不断提高，消费者在注重眼镜品质和功能的同时，越来越重视眼镜的装饰功能和眼镜的科技含量，如钛、钛合金、记忆金属镜架和渐进多焦点、非球面及高折射率的镜片等，配镜数量增长较快。消费者对眼镜的消费开始由功能性消费逐步向时尚性消费转变。作为一种时尚消费品，眼镜已成为珠宝消费的组合物、时装消费的整合物、健康消费的必备物和休闲消费的时尚物，眼镜的装饰功能逐渐扩大。

三是老视镜需求潜力大。中国已步入老龄社会，2014 年全国 60 岁及以上老年人已超过 2.12 亿人。随着老年大学的开办、农村城市化进程的加快和儿女敬老爱老意识的提升，中老年近视患者配戴多副眼镜，其已成为眼镜消费的重要群体。而且随着城市眼镜消费结构的重大变化，老客户（包括维修、维护和咨询的客户）已成为眼镜店的主导客户资源。45 岁以下的中青年消费者注重眼镜店的专业化程度及品牌和款式品种，46 岁以上的中年消费者对服务和价格更加敏感。

四是特殊用途眼镜市场需求增加。如司机防护镜、电脑防护镜、休闲护目镜和运动护目镜等适用于特殊行业、特殊工种及休闲娱乐的眼镜品种不断拓展市场空间，特殊眼镜市场发展潜力非常可观。根据行业协会粗略统计，2014 年中国拥有近 10000 家眼镜生产企业，眼镜产量占全球眼镜生产的 80%。全球眼镜市场有超过 1000 亿美元的规模，而 2008 年中国眼镜零售业销售额已经超过 500 亿元，如每年均以 20% 以上的速度增长，预计到 2020 年可达 1500 ~2000 亿元。中国是世界上最大、最具发展潜力的眼镜市场。

（二）行业市场竞争激烈

从国际眼镜产业来看，中国取消外资经营零售行业的限制后，英特尔、谷歌等互联网巨头进军中国眼镜产业，陆逊梯卡、依视路等国际一流跨国眼镜企业加快在中国布局，大举并购眼镜制造厂商和优势品牌门店，如荷兰 HAL Investments Asia B. V 以 2.14 亿元收购红星眼镜公司，意大利 Luxottica 集团以 1.69 亿元、2.9 亿元分别收购北京雪亮眼镜有限公司、广东明廊眼镜。从国内重点眼镜产业基地来看，深圳、丹阳、温州等地眼镜产业转型升级较快，深圳市、龙岗区两级政府2014年和2016年专项扶持资金达2亿元；丹阳市高品质的第四代国际眼镜城于2014年5月开张营业，进一步巩固了其市场竞争优势。为了促进眼镜产业转型升级，国内重点眼镜产业基地借助互联网平台，充分发掘各自优势，合理布局，形成了具有各种用途的成镜、配装眼镜、角膜接触镜、眼镜片、眼镜架、眼镜片毛坯、眼镜盒及眼镜配套的原材料、设备仪器，并集生产、经营、标准、检测、培训于一体的完整产业链。

据统计，2014年广东省眼镜产品进出口贸易总额居全国榜首，进口额达4.6亿美元，占全国的52%，出口额达20.2亿美元，占全国的41%，为中国乃至全世界眼镜产品重要产地和贸易市场；浙江是全球最大的眼镜生产基地之一，有眼镜企业3000余家和近50年的眼镜生产历史，眼镜产品出口额为14.2亿美元，居全国第二，占全国的29%；江苏是世界上最大的镜片生产基地，眼镜产品出口额为4.8亿美元，居全国第三，占全国的10%。而鹰潭眼镜产品出口额只有1.18亿美元，占全国的2.40%。

四　鹰潭眼镜产业发展存在的问题

（一）产业核心竞争力不够强

鹰潭眼镜产业基地是全国重点眼镜生产基地，出于历史及市场的原因，目前与深圳、丹阳、厦门、温州四大基地相差甚远。一是龙头企业偏少。现已入驻的近80家企业中称得上龙头企业的屈指可数，本土培育壮大的更少。二是体量规模偏小。2015年，鹰潭全市规模以上眼镜企业实现主营业务收入18.92亿元，不到丹阳市（100亿元以上）的20%。三是自主品牌偏弱。目前，中国眼镜产品超过60%为出口，占世界低端市场80%的份额，而鹰潭眼镜企业大多是以生产低端产品为主的温州代加工企业，缺乏研发设计能力，抗风险能力较弱，产品技术含量低，附加值不高，受市场波动影响大。

在入驻的93家企业中只有8家称得上是龙头企业。绝大多数生产企业主要是“订单式”生产，主要是外贸低端产品出口，自有品牌较少，具有竞争力的自主品牌更是少之又少。

（二）产销及相关配套脱节严重

一是产销基本脱节。鹰潭眼镜最大的优势虽是5万多名在外销售眼镜的鹰潭人，但其“在外地卖眼镜、卖外地的眼镜”的局面并未好转，产销基本脱节。二是物流配套设施欠完善。实现产销有效衔接，发达的现代物流是关键。当前，眼镜城物流运输体系不健全，导致物流成本偏高，最终削弱鹰潭眼镜的综合竞争力。三是金融服务水平有待提升。以外贸订单为主要发展模式的企业，普遍对资金需求较大，然而囿于轻资产型的特性，难以通过传统融资渠道进行融资。

（三）眼镜产业与旅游融合发展有待深化

文化、旅游等拓展产业发展不足，带旺人气、做活综合体的作用未显现。一是文化展示的互动性不强。博物馆主要是对眼镜演进脉络和眼镜产品本身更替进行展示，互动性不强，缺少与眼镜文化相关的体验式项目；纵观眼镜城，与眼镜文化相关的创意实物展示不够。二是旅游内涵不丰富、未突出眼镜特色。获得国家4A级景区称号在全国众多眼镜城中是独一无二的，但当前鹰潭眼镜城可供游客观赏娱乐的项目种类少、不丰富，与眼镜主题相关的旅游项目不突出，并且交通便捷性有待提升、与鹰潭及周边地区景区的联动性不强。三是饮食餐饮等未植入眼镜元素。眼镜城虽引入中国台湾美食、乌克兰文化餐厅等，有一定的国际性和特色性，但均未植入眼镜元素，未推出与眼睛健康相关的饮食品类，饮食场所未摆设布置与眼睛健康相关的饮食知识和用眼保健知识等。

（四）产城融合水平有待提高

一是产业与综合体整合程度不够。鹰潭国际眼镜综合体“依城建园，以园兴城”，国际眼镜城应成为鹰潭经济发展的重要引擎。但整合程度不足，直接影响眼镜城的健康有序发展。核心专业人才队伍短缺，市场管理比较粗放，影响了入驻商户对市场繁荣的信心，对做旺市场存在观望心态。二是协调难度较大。眼镜城作为鹰潭新兴的眼镜行业专业市场，运营建设涉及鹰潭市、月湖区、高新区和余江县，一些涉及多个部门、事关各方利益的工作协调难度较大。三是平台建设滞后。人流、物流、信息流融入不足，与打造以眼镜生产、销售、商贸、物流为核心的新型商业圈的目标尚有较大的距离。

五　加快鹰潭眼镜产业及国际眼镜城发展的对策建议

（一）做大做强眼镜产业，打造“中国眼镜产业之都”

第一，培育壮大龙头企业。集中力量瞄准、主攻、引进龙头企业，攻克产业发展的关键技术并延伸配套项目。建立眼镜龙头企业动态管理机制，围绕睛美光学、亨得利、万成光学、恒慧、金余等重点企业，实施产业、企业、项目、技术、团队“五位一体”扶持，推动企业发展壮大和眼镜产业转型升级。

第二，强化质量品牌建设。针对中小企业居多的现实，完全依靠企业自身去做品牌比较困难，可组织申报“鹰潭眼镜”这一区域品牌，并积极鼓励企业抱团以“鹰潭眼镜”的统一品牌形象集体参加国内外各大眼镜展、眼镜博览会等；符合条件的会员企业经申请批准后均可标注“鹰潭眼镜”商标，使用其LOGO。在树立区域品牌形象的同时，大力挖掘园区有实力打造自主品牌的企业并给予大力扶持。

第三，大力发展“互联网＋眼镜”。鼓励扶持易镜电子商务平台上线运营，研发集3D虚拟试戴、社交分享于一体的眼镜O2O移动互联网软件——试镜秀，打造眼镜产业“互联网＋”服务平台，扩大产业辐射力，牵引鹰潭眼镜逐步走上电商销售道路。

第四，加快推动产销一体化。积极动员眼镜产业园区的眼镜制造企业进入眼镜城设立销售网点，建立集生产、销售于一体的经营方式。推动鹰潭城区原有眼镜批发类经营门店纳入鹰潭国际眼镜城，实行集中经营、集中管理、集中服务。高位推动鹰潭眼镜联盟平台建设与发展，推动实现从零散的眼镜销售、生产向眼镜产销深度融合转型。充分挖掘5万鹰潭眼镜人的人脉优势，发挥浓郁厚重的“同乡情”，引导组建不同层级的眼镜生产销售联盟，最大限度地共享资源、抱团发展，突破行业困局。对符合条件的会员企业标注“鹰潭眼镜”商标，规划建设鹰潭眼镜联盟总部大厦，做大眼镜产业总部经济，打响鹰潭眼镜品牌。

（二）推动“眼镜 + 文化”发展，打造“全球国际眼镜文化城”

第一，提升眼镜文化博物馆展示功能。加强体现美学观念、消费观念、生活观念变化的科技含量更高的眼镜产品展示，打造一个以“体验”为主题的眼镜文化区，让游客在体验中加强对眼镜文化的了解，并通过展示激发参观者购买欲望。尽快启动世界眼镜博物馆二期建设，加快建成国家级大型综合性眼镜文化博物馆。

第二，推进眼镜文化创意园建设。以鹰潭眼镜文化内涵为依托，积极推进眼镜文化创意园建设，充分发挥眼镜城电子商务平台和高端品牌沙龙眼镜会所等现代互动式媒介的作用，打造以眼镜文化为主题的休闲会所，构建体验式电子商务平台，开启个性化定制服务，聚集一批国内外知名设计师设计的眼镜产品，使创意园成为时尚潮流、品牌第一的眼镜产品全新交易展示舞台。

第三，加大宣传推介力度。一是让眼镜文化元素充斥眼镜城各个角落，如宣传栏、指示牌、休憩场所等，给人一种“处处是眼镜、时时有文化”的感觉。二是加大营销宣传投入，完善鹰潭眼镜网站和鹰潭余江眼镜产业园微信公众平台，在新闻媒体和眼镜行业核心专业期刊及重要交通枢纽、周边150公里范围国省道，通过树立大型广告牌、制作专题宣传片和宣传画册等多种形式进行眼镜宣传推介。三是举办系列眼镜文化活动，如中国（鹰潭）眼镜文化节、国际性产业发展论坛和贸易博览会等。

（三）加快“眼镜+旅游”发展，打造“全国眼镜文化主题旅游基地”

第一，丰富旅游内容，突出眼镜特色。一是健全完善眼镜商贸专业市场、世界眼镜博物馆、台湾风情街、进口商品城、文玩市场等的分块布局，将传统的眼镜专卖区升级为体验式旅游服务商业区。二是丰富眼镜旅游项目，积极培育国际眼镜城眼镜历史工艺游、视觉极限体验游等，创办眼镜模特走秀节目等，以在“配镜游”的基础上拓展眼镜游的内涵。

第二，加强与鹰潭龙虎山、铜都等其他景区的融合联动。一是加强与旅行社等的联系和洽谈，争取将眼镜城旅游纳入旅游线路。二是建立区域旅游协调机制，实现眼镜城旅游营销宣传与道教朝圣游、江铜文化游、余江雕刻游结合起来，让游客佩戴鹰潭眼镜，赏游龙虎山秀美风光，膜拜中国道都圣地；参观世界眼镜博物馆，领略广博的传统文化等，形成精品旅游线路。

（四）加快“眼镜+健康”发展，建设“全国眼睛健康科普研究基地”

第一，加强爱眼科普宣传。选择在“爱眼日”等特殊时日，组织眼科视光配镜中心为在校学生统一验光、统一配镜，为青少年进行近视、弱视治疗；邀请眼科领域专家为青少年科普爱眼、护眼相关知识，并播放“视力与眼镜”“视力保健”等主题教育片，在体验区设置各项娱乐设施及活动，对青少年进行“视力与眼镜”“眼镜与生活”的教育，将眼镜城打造成为青少年爱眼、护眼、治疗的基地。

第二，建立“眼睛健康数据库”。对每一位在眼科视光中心验光、配镜的顾客信息进行存储，建立“眼睛健康数据库”，并定期向顾客免费发送“爱眼健康温馨小贴士”，为顾客提供眼睛健康相关的常识和提示；同时，定期举办爱眼健康讲座等活动。

第三，加强眼睛健康相关研究。随着用眼强度的不断加大，人的眼睛健康问题呈现新的多样性变化，加大对“眼睛健康数据库”中相关信息的挖掘和研究力度，选择在“爱眼日”等特殊时点将研究结果通过召开发布会等方式对外发布，在普及爱眼健康相关信息的同时进一步扩大鹰潭眼镜城的影响力。

（五）让政府“有形之手”更有为

眼镜城综合体的打造，单凭市场力量难以推动，特别是在运作初期，必须由政府伸出“有形之手”，在尊重市场规律的基础上助推一把。一是拓宽融资渠道。加快组建眼镜产业信用担保公司，创新外贸企业融资担保方式，发展“眼镜贷”等特色融资服务项目。二是强化组织协调。对类似龙岗电镀集控区等牵涉多个主体而难以推动的项目，加强沟通和协调，争取上级支持和政策倾斜。三是着力稳商扶商。与鹰潭眼镜人多沟通、多联系，帮助眼镜企业解决困难、共谋发展。搭建好协商沟通渠道，坚持举办“鹰潭眼镜论坛”并注重实效，探讨眼镜产业发展路径。对鹰潭眼镜产业发展中暂时存在的困难要做好解释工作，稳住商人、做旺人气。四是完善管理服务体系，为眼镜产业提供政策法规咨询、技术培训、产品研发设计、人才培训及科技金融等服务。推广应用“六新”①，加快企业技术改造，提升眼镜生产、验配装备的水平，集中优势资源，创造条件开展行业品牌培育和建设工作，提高产品、验配服务的质量和附加值，培育行业科技队伍，组织卖家对科技关键项目进行调研、申报和储备。建立眼镜产业职业培训联盟，共享培训设施、设备、师资、项目、教研、教改、技术服务等平台资源。加强院校眼视光技术等眼镜产业相关专业建设，打造全省唯一的眼视光学实训中心，为眼镜制造、设计、销售、验光、配镜提供专业技术人才支撑，为眼镜产业向高端发展储备人才。

---

① “六新”：新产品、新技术、新工艺、新材料、新设计、新思路。

参考文献

《“互联网+”时代，批发商该何去何从?》,《中国眼镜科技杂志》2015年第17期。

胡平:《鹰潭眼镜产业戴上品牌“眼镜”》,《中国质量报》2006年6月第001版。

黄康:《鹰潭眼镜帮：抱团拿下定价权》,《中国经营报》2010年2月第A16版。

汤民:《余江做足“眼镜功”视角更清晰》,《质量探索》2015年第2期。

张兵红:《鹰潭市中小企业创新发展对策研究》,《老区建设》2014年第12期。

《鹰潭市着力打造国内一流眼镜生产基地》,《鹰潭日报》2015年7月9日。

《我市掀起电子商务产业发展新高潮》,《鹰潭在线》2015年10月29日。

何群、汤泉水:《形成“育岗、送岗、稳岗”良性循环》,《鹰潭日报》2015年10月26日。

典 型 调 查

Typical Investigations

B.17

打造精准扶贫的“遂川样板”

——遂川推进移民搬迁安居工程调查

甘庆华*

2015年12月29日，江西省委书记强卫在全省扶贫开发工作会议上强调，全省上下要坚决贯彻中央扶贫开发工作会议决策部署和习近平总书记的重要要求，举全省之力打赢产业扶贫、安居扶贫、保障扶贫三大攻坚战。小康不小康，关键看老乡；老乡要小康，首先看住房。作为三大扶贫攻坚战之一的安居扶贫，我们应该“怎样看、干什么、如何办”？作为国定贫困县的遂川，近年来将农村安居工程改造与精准扶贫工作紧密结合，严格按照“四个全面”（贫困人口要全面基本脱贫、贫困县的帽子要全面摘除、危旧房和土坯房的改造要全面完成、移民搬迁任务要全面完成）的基本要求，

* 作者工作单位：江西省社会科学院。

以农村贫困户危房改造为着力点和突破口，着力保障全县农村困难群众住房安全，正在交出一份亮丽饱满而又富有启迪的精准扶贫答卷。

一　亮丽的成绩单

遂川县位于江西省西南部、罗霄山脉南段东麓，西连湖南，南接赣州，毗邻井冈山，是湘赣两省八县交界之处，素有“红色政权之根、双仙福地之境、江西名泉之誉、世界名茶之珍”的美誉。全县现辖23个乡镇、309个行政村和24个居委会，辖区面积3144.17平方公里，总人口60万人，是吉安市辖区面积最大、人口最多的县，也是当年井冈山革命根据地的重要组成部分、井冈山精神发祥地之一。面对全县3.1万户危旧土坯房改造任务，2015年遂川启动扶贫攻坚“三年大决战”，经过一年来的努力，全县农村安居工程建设呈现协调力度大、推进速度快、建设质量优、社会反响好的良好态势，取得了显著成绩。

（一）实现了改造任务的新突破

自农村安居工程开展以来，遂川县遇到一系列困难和挑战。一是建设任务“最重”。占吉安市任务的1/3，名列全市第一，时间紧、任务重。二是贫困程度“最深”。全县贫困人口79900人，占全县总人口的14%，贫困面广、程度深。三是自然条件“最山”。遂川是典型的山区县，素有“八山一水半分田、半分道路和庄园”之称，由于“地无三寸平”，加之地质条件较差，塌方、山体滑坡、泥石流等地质灾害频繁发生，农户建房选址的局限性较大。面对“三最”的困难与挑战，遂川县大力弘扬井冈山革命精神，不等不靠，攻坚克难，千方百计推进农村安居工程建设工作，进展顺利，成效明显。截至2015年底，已全部落实省下达的改造任务12217户，开工12217户，开工率100%；竣工11648户，竣工率95.34%；其中已拆旧6100户。全县建设集中安置点88个，安置新建户1400户，其中县级精品示范点23个，申报市级精品示范点3个。

（二）实现了目标考核的跨越赶超

在吉安市2015年农村安居工程专项考核中，遂川县农村安居工程得到考核组的积极评价，荣获目标管理考评优秀单位第二名，其中遂川县梦想安居家园被列为全市十个集中安置精品示范点之一，并给予了表彰；2015年10月31日的全省通报，对该县总任务、国家下达任务、省下达任务及开工率等多项指标予以了表扬；省市媒体也对该县集中安置点建设等特色亮点工作，进行了报道；市委、市政府领导多次来遂川扶贫调研，对该县农村安居工程建设给予了充分肯定。2016年1月25日，中央电视台《新闻联播》以《告别土坯房　喜圆安居梦》为题，专题报道了该县安居扶贫工作。

（三）实现了安居扶贫的路径创新

遂川县因地制宜，充分发挥各乡镇积极性，充分尊重农民意愿，实现了安居扶贫模式的创新。一是采取“城镇化集中安置”模式。在遂川县“第二县城”——工业园东区着力打造“梦想安居家园”，采取县统一建设房屋和配套基础设施，统一完成简单装修并接通水电，农户可直接“拎包入住”，以成本价格（均价每平方米仅1350元）提供给全县符合条件的危旧房改造户，引导贫困户到县工业园集中安置。两年来共建设37栋，安置880户3302人，其中2015年建设11栋，安置282户1226人。此举加速了城镇化进程，既推动“楼”的城镇化，又推动“人”的城镇化，促进产城融合，圆了贫困农民“三上梦”：上县当上“城里人”，上楼住上“安居房”，上岸走上“致富路”。二是采取“高标准维修加固”模式。为保护有观光价值和人文历史印迹的土坯房，遂川在大汾镇米岭梯田风景区，对所有土坯房按整体客家风格进行了高标准维修加固，并全部完工，每户补助1万元，共维修改造85户，为实现“农旅结合”、发展乡村旅游奠定了扎实基础。三是采取“整村推进集中安置”模式。西溪乡黄源村兰岗整个自然村22户均为危旧土坯房，且存在地质安全隐患，该乡采取“四统一分”予以整体集中安置，即统一规划设计、统一选址、统一奠基、统一风格、分户建设，取得了良好效果。四是采取“交钥匙兜底集中安置”模式。黄坑乡周园村筹资40余万元，其中上级补助12万元、乡村垫资近30万元，建成一栋2层8套特困安置房，内设一室一厅一厨一卫，安置特困户、五保户零负担入住，产权归村集体，原宅基地流转回村集体，再由村流转给其他无地建房的农户。五是采取“安居工程+”模式。碧洲镇洲上安置点通过“集中安置+基础设施+文化建设+富民产业”实现安居乐业，共安置危旧房改造户50户；于田镇横岭村通过“安居工程+移民搬迁+美丽乡村+清洁工程”实现政策叠加，共安置危旧房改造户60户；黄坑乡水口村通过“安居工程+空心村改造+美丽乡村”的政策叠加，得到吉安市安居办的充分肯定。

二　实干的新举措

遂川县农村安居工程成绩的取得，缘于其高标准谋划、高起点推动、高效率落实，在这一过程中形成了一套行之有效的做法，概括来说，就是四个“两手抓，两手硬”。

（一）一手抓任务的全面完成，一手抓集中安置点的建设

遂川县既没有以点代面，也没有以面代点，而是切实做到点面结合、点面并重、协调推进。

抓任务的全面完成。帮助乡镇进一步提高思想认识，统一思想，将民生工程上升到政治任务的高度，县指挥部与乡镇明确提出“约法三章”：一是下达任务一户也不能减，二是完成任务一户也不能少，三是落实上报一户也不能虚。

抓集中安置点的建设。一是明确任务在先，在农村安居工程建设伊始，就明确每个乡镇必须打造一个县级精品示范点，使乡镇有了明确的目标。二是出台奖补在中，通过出台集中安置点建设基础设施奖补政策，激励乡镇加快示范点的建设。三是巡查考核在后，通过组织县四套班子对各乡镇县级精

品示范点的建设进行现场巡查，增强建设的严肃性、责任感，巡查结果将作为重要依据纳入全县农村安居工程考核。

（二）一手抓改造进度，一手抓信息录入

抓改造进度。面对2015年“雨冬”天气等影响农村安居工程建设的客观因素，遂川没有“怨天尤人”，大力发扬“晴+雨”“白+黑”的优良传统，倒排工期，挂图作业，积极抢抓工程建设进度。

抓信息录入。由于住建部的危旧房改造录入系统经常堵塞，遂川县着力在设备提质、网络提速、录入提效上下功夫，发扬“白+黑”“五+二”的工作作风，避开网络使用高峰，加快信息录入。由于措施得当，遂川县实现了信息录入与改造进度的全面匹配、共促共进。

（三）一手抓建新，一手抓拆旧

抓建新。在建新方面，主要做到了以下三点：一抓进度，加快安居工程建设进度，确保“按时”完成；二抓强度，加大质量安全监管强度，确保“按质”完成；三是抓力度，加大安居工程建设力度，确保“按量”完成。

抓拆旧。在拆旧方面，坚持“一户一宅”，严格拆旧建新，建新必须拆旧。将农村安居工程与空心村整治相结合，在解决农民住房问题的基础上，坚持“一户一宅”、拆旧建新的政策规定。一是以村民自治为基础，确立农民在农村安居工程中的主体地位，充分发挥村民理事会作用，建立拆旧建新的村规民约。二是以法律协议为依据，村民理事会对危旧土坯房宅基地予以确权，与建房户须签订拆旧建新协议，并坚决履行协议内容。三是以经济补偿为补充，已签订拆旧建新协议的空心房应予以直接拆除整理，对不属于搬迁移民和无拆旧建新协议的空心房，应在一定的范围及标准内给予经济补偿。

（四）一手抓统一风格效果，一手抓建房质量安全

抓统一风格效果。遂川县安居办、城建局结合遂川客家人多的实际，从

美丽乡村建设新要求出发，聘请专业技术人员推出了《遂川县农村安居工程客家风格设计图集》，对房屋建设风格进行了统一。图集要求，农村危旧房改造新建必须采用包含“黛瓦坡顶、白墙红柱、吊楼翘角、墙裙花窗”8项元素的客家民居风格，此举为遂川客家风情的形成打下了基础。

抓建房质量安全。为严格规范建房管理，遂川印发了《关于建立遂川县农村安居工程质量安全管理制度的通知》，各乡镇成立农村安居工程质量安全监管组，严格执行国家有关质量安全及相关的标准规范和最低建设要求，加强对工程质量安全的监督检查与技术指导，规范工程建设过程与竣工验收，以确保农村安居工程建设质量安全和施工安全。

三　宝贵的经验与启示

遂川县以农村安居工程为抓手，大力推进精准扶贫，努力实现精准脱贫所表现出的创新精神和发展经验，对于江西抢抓机遇、迎接挑战，在新的背景下打好脱贫攻坚战，顺利实现习近平总书记2016年2月在江西视察时所做出的“在脱贫攻坚方面领跑”指示，实现“五年决战同步全面小康”的宏伟目标，有着普遍的指导意义与深刻的启迪。

（一）必须在组织机构、目标考核、精准帮扶等方面构建起科学的保障机制

扶贫是一项系统工程，需要集中方方面面的力量，“兵团式”作战，整体推进。在实践过程中，遂川县坚持高规格配备组织机构、高额度目标考核奖励、高标准推进工程帮扶，实现了在短时期内的快速推进，取得了实实在在的效果。具体来说，高规格配备组织机构，即建设指挥部由主要领导亲自挂帅，四套班子分管领导包片负责，办公室主任由分管副县长担任；各乡镇和部门成立主要领导负责的相应工作机构，确保了工作的有效调度。高额度目标考核奖励，即把工程建设工作纳入各乡镇、有关部门年度目标考核内容，设立考核单项奖，并在额度上大大高于全县目标考核综合奖的标准。高

标准推进工程帮扶，即县财政对每个县级、市级精品示范点分别安排不少于20万元、不少于100万元的基础设施建设奖补，县直帮扶单位每年帮扶乡镇的建设资金“起步价”，大大高于美丽乡村、扶贫驻村等其他县委、县政府中心工作的帮扶资金基数。这一生动实践告诉我们，推进脱贫攻坚战，一定要在组织机构、目标考核、精准帮扶等方面全面谋划，通过科学的保障机制，形成坚实的发展基础，以确保扎扎实实的效果。

（二）必须坚持走规范、科学、高效的精准扶贫之路

扶贫工作牵涉面广，政策性、针对性、操作性、时效性都非常强，需要我们在具体工作中坚持规范操作、高效推进。遂川县在推进安居扶贫的过程中，始终把政策关、资金关、质量关放在最严格的位置，不断加以规范。在严把“政策关”方面，该县为解答基层的政策困惑，对督查调研收集上来的问题，编印了《遂川县农村安居工程政策解答》，及时对乡镇予以指导，防止出现政策偏差，确保了社会稳定和工程建设的平稳推进。同时，为指导和规范全县集中安置点建设，遂川提出并实施了集中安置“十定”工作法，即定地址、定规划、定风格、定规模、定对象、定政策、定进度、定帮扶、定责任、定产业，有效地规范了集中安置点建设。在严把“资金关”方面，该县采取监察和审计部门事前介入、全程监督的方式，并先后出台《遂川县农村安居工程建设专项资金管理实施办法》《遂川县农村危旧土坯房改造贷款贴息资金管理办法》，从而确保了资金安全。在严把“质量关”方面，遂川坚持“安全为先、质量为本”的理念，建立了以严把“六关”为主要内容的质量安全管理制度，即要求各乡镇严把选址关、确保场地安全，严把设计关、确保结构安全，严把队伍关、确保持证上岗，严把建材关、确保真材实料，严把施工关、确保建房质量，严把验收关、确保执行最低建设要求。这一生动实践告诉我们，在推进脱贫攻坚这一系统性工程方面，必须坚持走规范、科学、高效的精准之路，以扎实有效的工作，提升资金的使用效率，保障工程的质量标准，从而取信于民、取效于实。

（三）必须把民生福祉、群众期待、群众满意作为“第一信号”“第一标准”

扶贫攻坚取得实实在在的效果，关键要以民生福祉为重，响应群众新期待，令人民群众满意，这是我们推进该项工作的根本出发点与落脚点。遂川县注重建平台、送服务、强督导，实现了真扶贫、扶真贫的根本要求。在建平台方面，遂川建立遂川安居网，全面宣传农村安居工程政策，及时传达省、市、县有关农村安居工程建设的会议精神，报道农村安居工程的先进经验和典型做法，方便各乡镇进行工作交流。同时，在遂川电视台、《今日遂川》开辟农村安居工程建设专栏，及时报道各乡镇和各部门的安居动态，总结经验、宣传典型，营造全民参与安居工程建设的浓厚氛围。在送服务方面，遂川开展“送技术下乡”“送图纸上门”“送温暖到家”等活动，满足了农民建房用工需求，形成了“农旅结合，客家风情”的遂川特色，并实现了危房改造、补助资金、贴息贷款等系列惠民政策与人民群众的“零距离”接触。在强督导方面，遂川定期刊印《安居简报》《安居通报》，介绍工作进度和做法，展示工作特色和亮点，并经常安排专人督查各乡镇工程建设情况，对督查中发现的问题下发《督查整改通知单》，督促有关单位整改。这一系列组合拳的推出，使党的扶贫工作切合了民生福祉，自然就获得了群众满意的效果。

（四）必须始终以创新的理念、开拓的精神、协调的办法不断破解前进中的难题

发展无止境，创新无终点。国家和省“十三五”规划明确了今后五年全面建设小康社会的宏伟蓝图，这需要我们在实际工作中坚持将创新、绿色、开放、协调、共享五大发展理念融会贯通，活学活用，落在实处。遂川县推进移民搬迁安居工程建设的一条重要经验与启示，就是不唯书、不唯上、只唯实，以创新的理念、开拓的精神、协调的办法不断破解前进中的难题。在服务理念创新方面，遂川树立“服务就是管理”的理念，做到服务、

监管并重，与“干部夜访”相结合，切实为群众服务，做到有顾虑去动员、有困难去帮扶、有问题去答复，与“三严三实”相结合，切实为基层服务，为提高基层干部安居业务水平，组织乡镇分管领导、业务人员及相关职能部门经办人员共140人进行业务培训。在集中安置模式创新方面，遂川县创造了“城镇化集中安置”模式、“高标准维修加固”模式、“整村推进集中安置”模式、“交钥匙兜底集中安置”模式、“安居工程+”模式等。在工作方式创新方面，遂川在黄坑乡、衙前镇等基层工作经验的基础上，及时总结推广，着力破解农村安居工程“四无”难题，做到无地建房集中安置、无钱改造政府帮扶、无力建房乡村兜底、无暇打理干部代办，大力推行安居工程代理代办制、结对帮扶制，对无力建房的低保户、困难户等，实施村帮、镇联系、帮扶单位支持等帮建制度，签订建房委托书，着力解决农民各种建房困难，竭尽全力满足群众各类需求，确保了安居工程惠民政策落地。所有这些都生动地告诉我们，创新的理念、开拓的精神、协调的办法，是新时期大力推进脱贫攻坚不可或缺的重要法宝。

B.18
晶能光电创新创业的不懈探索与启示

孙育平*

晶能光电创始团队凭借坚韧的意志力，持续进行技术研发与产品革新，坚持专利技术的产业化转化探索，在硅衬底LED技术开发与产业化应用领域实现了新突破。晶能光电以技术研发为核心，以风投融资与产业化应用为发展壮大路径，实现了江西本土高端科技研发项目与市场化的紧密融合，缔造了创新创业的成功典范。在转变经济发展方式、实现产业结构调整升级的关键时期，江西制造面临加快转型升级的严峻挑战与考验，如何实现从“江西制造”向“江西创造”的历史性跨越，晶能光电创新创业的不懈努力与探索，给予我们深刻的思考与启迪。江西要实现“发展升级、小康提速、绿色崛起”，必须紧紧呼应“大众创业、万众创新”的国家号召，需要更多的晶能光电式的创新型团队与企业，引领时代发展潮流。

一　缔造“江西创造”奇迹的晶能光电

随着环保意识的不断增强，以及低碳经济成为可持续发展的主导经济形态，新材料革命在全球范围已经呈现加速推进之势。作为新一代照明产品，LED照明以其寿命长、光效高、能耗低的特质，与当前各国倡导的节能环保、“绿色低碳”的政策契合。面对新一轮全球产业变革和国内经济新常态，如何打破日、韩等国在世界LED主产地的技术壁垒？需要技术创新的勇气与市场化的发展眼光。江西晶能光电有限公司在十余年的奋斗中，演绎

* 作者工作单位：江西省社会科学院。

了感人的创新创业发展史，不仅为科技研发的转化应用谱写了新曲，同时也为江西经济加快转型升级发展步伐、为江西企业走向全国乃至世界，奏响了“江西制造”向“江西创造”转变的进行曲。

2016 年 1 月 8 日，在 2015 年度国家科学技术奖励大会上，由南昌大学、晶能光电（江西）有限公司、中节能晶和照明有限公司共同完成的“硅衬底高光效 GaN 基蓝色发光二极管”项目（以下简称硅衬底 LED）获得国家技术发明一等奖，一举打破长期以来日本、美国公司的技术垄断。全球越来越多城市的夜空，将被“江西创造”的 LED 灯源所照亮。这是江西时隔 17 年后再次荣获国家科技进步一等奖，是江西科技界与实业界凤凰涅槃的辉煌时刻，是江西稳步迈向“十三五”全面建成小康社会战略目标的良好开端。

晶能光电（江西）有限公司是一家高科技企业，企业股本由多家跨国集团与国际投资公司的资本组成，包括金沙江基金、淡马锡集团、Mayfield 基金、永威投资公司和凯旋创投基金等。晶能光电公司革命性的技术创造——6 寸、8 寸硅衬底 LED 技术，给企业与市场带来了大规模的生产效应，让原来 LED 高企的尖端技术与成本，真正成为普通百姓能够从容消费的产品，其对人类沟通和照明的贡献极其突出。

晶能光电的成功不是偶尔的运气，而是晶能光电创始团队长期紧盯国际 LED 发展前沿技术所缔造的奇迹。正是由于长期的技术追踪与创新，江西在发展 LED 产业上的技术优势日益显现。2003 年，为掌握自己的核“芯”技术，已跟踪日本蓝宝石衬底技术 7 年并成功实施了国内首批蓝宝石衬底 LED 技术产业化的南昌大学江风益教授，毅然将研发路线转到了硅衬底技术上。2006 年，江风益教授和其研发团队经过 3000 多次的试验，研制成功硅衬底蓝光二极管材料及器件，成功走出了世界 LED 技术的第三条路线，使得我国 LED 产业摆脱了国外巨头的专利垄断与控制。与同行业蓝宝石和碳化硅衬底技术不同，硅衬底材料在单面出光器件方面有明显的成本优势。也正因此，在上年国内 LED 行业受到经济环境影响下行时，晶能光电却保持良好的发展势头，手机用的闪光灯和车用大功率 LED 出货量在国内排名居首位，利润水平高于同行业企业。2016 年伊始，晶能光电就设计了企业发展的市场目标，将新增100台MOCVD设备，助力“南昌光谷”建设。

长期的技术积淀与专业方向的高关注度，逐渐形成了江西在LED技术与产业研发上的优势。2011年，晶能光电因用普通设备制造更低成本的LED，与Apple、IBM等国际大公司一道入选“全球最具创新力企业50强”。2012年，晶能光电以硅衬底大功率LED芯片的量产，入选国际半导体照明联盟年度新闻，轰动业界。2014年，美国能源部在《固态照明研究与发展制造蓝图》报告中，充分肯定晶能光电在硅衬底LED技术上的突出贡献，对硅衬底氮化镓LED芯片量产高度赞赏。该成就让人印象深刻之处在于，这是一条众多重量级研发机构砸重金探索了几十年却一无所获的技术路线。而现在这条艰难之路被江风益团队走通了，而且在极短时间内实现了量产，中国“芯”让全球同行震惊。

晶能光电的成功，不仅震惊了同行，而且掀起了全球半导体照明市场的巨大波澜。硅衬底LED产品照亮了江西的夜空，同时美国、德国、意大利、智利等国家也都开始采用硅衬底LED照明产品。目前，晶能光电在路灯、隧道灯等方面的出口量日渐提升，如在印度中了4万盏LED灯的标。晶能光电利用知识产权优势与技术储备优势，积极迈入世界市场，加强与跨国集团合作，如与跨国公司飞利浦的合作，将强化公司技术与产品的国际影响力。还将在国外选择100个城市，通过EMC（合同能源管理）、PPP（公私共同投资合营）的方式进行产品推广。目前，晶能光电依靠专利技术优势，把产品定位于国外市场和国内的高端市场，逐步实现进口市场替代。

“技术领先，资本关注，市场看好”，晶能光电硅衬底LED发展前景可期。江西已经构建起从衬底材料、外延片制造、芯片封装、照明灯具到应用的完整产业体系和产业链，并实现规模化生产。2016年初，江西明确未来五年LED产业发展目标：到2020年，全省LED产业主营业务收入将超过1000亿元，占全国比重达15%；保持LED产品生产技术、核心设备制造技术、配套材料制造技术在全国的领先地位。

二 “晶能模式”成功的要素条件分析

晶能光电的成功基于一个来自五湖四海、志同道合的创业团队，基于不断的研发创新、与国际接轨的融资机制，基于面向市场、面向客户务实求进的发展理念，基于精益求精的民族产业振兴精神以及坚定不移的意志。晶能光电在技术研发与推进产业化的成长过程中，形成了个性独特的发展模式，“晶能模式”引领着团队不断迈向更高的台阶。

（一）技术研发为企业立身之本

毋庸置疑，掌握核心关键技术与知识产权，是晶能光电屹立世界半导体照明行业前沿的制胜法宝。高工产研 LED 研究所（GGII）调查显示，目前 LED 能用于产业化生产蓝绿光的衬底材料包括：蓝宝石（$A_{12}Q_3$）、碳化硅（SiC）和硅衬底。蓝宝石衬底技术掌握在日本公司手中，制造成本相对较低，是市场化运用的主流路线。而美国公司主导的碳化硅技术，成本高昂，LED 制备技术被高度垄断。“硅衬底技术”则由南昌大学自主研发，南昌大学已在硅衬底上研发出发光性能与蓝宝石、碳化硅衬底相媲美的 GaN 蓝光 LED，成为目前外延生长 GaN 薄膜的最佳选择。有专业人士指出：硅衬底技术是中国人自主研发的，弥补了前两大技术路线的不足，保证了成本下降与量产，若获资本大力追捧，全球 LED 产业格局将被重塑。

然而，坚持科技创新又是渐进式的长期过程，要具备坚韧的意志力并进行系统化推进。由于没有可供借鉴的技术模式，晶能光电对硅衬底技术的研发，每一步都是在未知的领域探索。研发团队只有一个信念，即“为创造世界级企业而战”。按首席技术官赵汉民博士的说法：对照研发初期的设想，如今的技术不断升级换代，已然面目一新。2009 年，晶能光电通过硅衬底小功率 LED 芯片量产，在数码产品领域迅速确立了优势地位。2012 年 6 月，晶能光电在硅衬底大功率 LED 芯片技术上实现了突破，并成功应用于路灯、矿灯、手电筒、汽车前大灯等高端照明领域。在国际半导体照明联盟（ISA）的 2012 年度“全球半导体照明新闻”评选中，“晶能光电硅衬底大功率 LED 芯片量产”的报道入选。

硅衬底技术的重大创新意义在于，我国拥有硅基氮化镓技术完全的自主知识产权与技术路线，长期以来国外 LED 技术垄断被打破，并将形成 LED

产业的中国标准，我国在LED产业领域后发优势将充分展现。硅衬底LED技术作为高新技术产业项目，将获得国家产业政策的大力支持，其产业格局将发生根本性变革。从国家科技战略高度看，高新技术产业具备了一项充满底气与民族自豪感的专利技术，避开了国际贸易的专利纠纷，同时也标志着这项由南昌造的“中国芯”走向了世界的舞台。从产业角度看，硅材料价格低廉、易于获取以及硅基氮化镓技术是优势所在，借助我国集成电路生产能力，将形成从设备到芯片、从封装到应用的全产业链形态。目前，晶能光电围绕硅衬底LED技术已经申请或拥有国际国内专利330多项，已授权专利147项，其中国际专利47项。

照明电器协会理事长刘升平表示，硅衬底LED应用产品可为出口企业免除专利纠纷的困扰，从而占领先机、赢得优势。“我们相信，拥有自主知识产权的硅衬底LED技术将有助于推动中国制造走向中国创造；具有核心竞争力的硅衬底大功率芯片一定会在海内外的照明领域大放异彩。”

（二）技术与产业的深度融合

技术研发与创新研究所获取的知识产权与专利技术，必须转化为现实生产力，才会有旺盛的生命力，才能够充分体现技术储备的社会价值。晶能光电能够通过不懈努力，在硅衬底LED技术研发领域实现突破，就是看准了该领域研发产品应用的巨大市场需求与潜力，进而紧盯目标努力创新与探索，实现了在该技术研发项目上的重大突破。而技术与专利的获得，其目的还在于满足市场需求，提升人们的生活品质，晶能光电积极推进专利技术的市场化、产业化应用，并且致力于为社会提供高质量的环保产品，其在技术开发与产业应用方面的积极作为令人印象深刻。

美国经济咨询机构IHS预测，至2020年，全球LED照明市场将达到1000亿美元，已形成美国、欧洲、亚洲三足鼎立的产业分布与市场竞争格局。其中，到2020年硅衬底LED市场占有率将达到40%。在“中国制造”“走出去”方面，随着我国“一带一路”战略的深入实施，沿线国家的LED照明市场对我国半导体照明制造企业来说是一个重大战略机遇。晶能光电硅衬底 LED 技术产品的企业级用户已经超过 300 家，几乎覆盖全部照明应用领域。在海外市场，晶能光电同样表现不俗，如在印度中标 4 万盏硅衬底 LED 灯项目。2013 年晶能光电硅衬底 LED 产业链销售额达 6.78 亿元，2014 年达 9.75 亿元，2015 年 1～10 月达 16 亿元，增长势头强劲。

晶能光电通过多年在技术与市场两端的发力，形成了高端集聚优势，服务衍生产业，技术撬动资本，于全球竞合中缔造了加速产业崛起的“晶能模式”，“晶能模式”正在以独特方式实现跨越式发展。晶能光电的硅衬底 LED 技术材料散热性能好，承载电流密度高，发光方向更可控，大功率产品成本更低，光品质更好。技术优势促使晶能光电实施芯片的产业化，而且在初始阶段就选择进入高端细分市场，高点起跳。当前，晶能光电大功率芯片在大中华区已经做到了第一。强光手电、矿灯、汽车前大灯等需要大功率和方向光的 LED 细分市场，晶能光电都排名全国第一。还有需要更高光品质的室内高端照明灯，高密度的显示屏、数码管等，也是晶能光电的优势所在。

晶能光电还将技术研发向产品服务渗透，将产品服务与产业拓展链接，组建晶瑞公司，引进管理和技术团队，渗透进封装产业。先进的陶瓷封装技术最大化地释放出大功率硅衬底 LED 芯片的优势，并且将成本降低 30% 以上。从封装到模组，把散热、电路、光学等问题，都在一个模组内集成解决，进一步增强了硅衬底 LED 产品的市场竞争力。王敏团队早在 2009 年就投资孵化了专注大功率 LED 应用的晶和照明，在全国率先推进路灯、隧道灯模组化。透镜阵列是模块标准化最核心的技术之一，其有一个贡献就是把晶和 LED 模组和传统灯壳结合，使得灯具具有多样化的外观，也避免了社会资源的浪费。2013 年晶和照明吸引了中国节能环保集团的投资，将硅衬底大功率 LED 路灯、隧道灯、景观灯推广到世界各地的 LED 照明改造工程和景观照明工程中。晶和照明的隧道灯，2014 年出货量全国排名第三，路灯则排名第六。

中国照明学会秘书长窦林平表示，具有核心技术的产业才能可持续健康发展，如更多的企业加入硅衬底 LED 产业链，可形成从高端装备、原材料、外延芯片制造、封装器件模组，到照明应用，完整的具有核心竞争力的照明产业集群。作为江西省八个战略性新兴产业的重点支持产业，LED 产业被寄予厚望。从芯片到封装，到模组，再到应用，晶能光电垂直一体化的产业架构自然生成，整条产业链产生了协同创新效应，形成了良性的技术与市场循环。硅衬底技术不仅为江西省 LED 上游芯片制造企业带来自信，实现盈利，也为中下游封装企业和应用企业带来广阔的市场发展前景。

（三）成功的融资运作

在专利技术实现产业化应用的过程中，资本是不可或缺的关键要素。同时，如何利用好资本市场上的各类金融资源，同样考验企业经营者的智慧与能力。对晶能光电专利技术的产业化与市场化而言，不仅技术是要跨越的“门槛”，而且资金供给与保障是更为关键的考验。而晶能光电硅衬底 LED 产业得以快速崛起，技术撬动资本是其不二法器。

前沿专利技术要实现生产力转化，需要强大的投入作支撑。如果没有雄厚的资金作后盾，要将硅衬底 LED 技术快速实现产业化，犹如天方夜谭。面对金融市场对新技术研发与市场化推广的审慎态度，晶能光电团队可谓受尽了冷嘲热讽，尝尽了追寻资本的苦头。2005 年，负责筹集资金的王敏想尽办法，找遍了能够出钱的各类企业、银行及政府，但收效甚微。设计、实验、中试的每一步都充满艰难与险阻，期待资本的倾注。一台核心生产设备 MOCVD 就需要 2000 多万元，设法“找钱”，成为王敏心头之痛。幸运之神总算眷顾了硅衬底 LED 研发团队，金沙江创投抛出“橄榄枝”。

在全球绿色产业发展的大潮下，金沙江创投当时正好在寻找项目，其中 LED 产业项目是其关注的重点领域。在听闻中国南昌的江风益教授研究硅衬底 LED 技术获得突破后，金沙江创投高层产生浓厚兴趣。金沙江创投组织相关专家团队，几十次往返美国与南昌，细致考察江风益团队硅衬底 LED 技术研发现状，在充分调研基础上形成详尽的考察报告。金沙江创投于 2006 年投资 1000 万美元给江风益教授做中试。同年，与硅衬底 LED 技术紧密结合的晶能光电公司正式成立，硅衬底 LED 技术量产也开始起步。到 2007 年，晶能光电实验室技术日益成熟，中试也获得成功。金沙江创投在晶能光电发展的关键时刻，联合其他投资人追加投入近5000万美元，加快专利技术的市场化步伐，建设3条生产线。2010年，国际金融公司IFC投入5050万美元，晶能光电继而把生产线扩大到21条，产品领域也从发光材料和芯片向封装和产品应用产业链延伸。2009年，晶能光电创办了以路灯和隧道灯等大功率产品为主的晶和照明公司。之后，晶和照明公司与央企中节能环保公司“联姻”，于2013年合资成立中节能晶和照明公司。

技术优势引来资本逐鹿。晶能光电的发展与风投资金的关注密不可分。由于看好硅衬底技术市场前景，10年来先后有20多家风险投资公司关注晶能光电。截至目前，晶能光电已经与8家风险投资公司达成合作，共计获得风投资金1.95亿美元。王敏毫不讳言“我们这颗‘中国芯’的壮大，得益于风险投资的助力”。“刚开始我们是到处找资金，现在只要有好项目，风投会第一时间主动联系我们。这就是源于技术自信的资本自信。”晶能光电正积极谋划在境外上市，希望借助国外资本市场力量，将硅衬底LED产品优势扩展，进行现有产能扩大，开拓新的优势应用领域进而实现新的增长；通过借力国外资本与基金，整合并购海内外优质产能资源，增加渠道和品牌影响力，扩大硅衬底LED产品的市场。

通过资本市场的“一娶一嫁”，实现晶能光电产业布局的重大调整。2014年晶能光电产业链总产值超过20亿元，预计2016年总产值将达到70亿元。随着全球LED市场的“深耕细作”，中国科学院先进计算技术创新与产业化联盟曹俊松博士认为，仅国内上千亿元的市场规模，就为LED产业的创新提供了巨大空间：“未来几年肯定是向智能化方向扩展，在一些非照明领域的用途也会发展，比如在医疗方面、农业方面，植物培育包括害虫的防治方面。”王敏对产业未来发展也充满期待，希望通过利用资本的力量，并购与晶能光电配套的企业，并想方设法引进江西，进而把“南昌光谷”产业集群做强做大。

（四）独具的创新文化与创业环境

晶能光电的成功，表面看是在于硅衬底LED技术与产品应用的突破，在于获得了国家科技大奖。实际上，一个科技团队的成功，其背后的决定性因素，一定是其有别于其他团队或企业的创新文化与创业环境。晶能光电独具的创新文化、创业环境，为企业凝聚了高端人才，吸引了海内外风投资本，在半导体照明的研发与应用领域愈战愈勇。

晶能光电最核心的是创新文化。在自主研发这条路线上，我们看到的不仅仅是产品研发创新，还有合作模式、商业模式和融资模式的创新。如晶能光电是江西第一家引进国外风险投资的企业。在晶和照明公司大门口高悬"大气开放，诚信图强"八个大字。在客户、供应商和政府、投资人眼中，诚信，是最闪亮的名片与徽章。分享，也是晶能文化的重要内涵之一。晶能光电能够参透产业发展的诚信之道、合作共赢之道，让利于利益相关者，共同分享创业成果，得道多助。晶能光电的企业文化已烙印在每一个员工的脑海里，并且自觉贯穿于言行之中。

人才始终是保证晶能光电傲立半导体照明市场的关键。那么，是什么在召唤全球拔尖人才跨越大洋来到晶能光电，正是核心团队十余年的并肩战斗；是什么力量支撑着团队不断前行，正是"诚信、创新、分享"的晶能文化，形成了晶能团队最深厚的凝聚力。该公司 CTO 赵汉民博士，是入选国家"千人计划"的专家。在美国，赵汉民博士有优越的工作岗位，有美满的家庭生活，却毅然回到国内，加盟晶能光电的创业团队。赵汉民博士不无自豪地表示，希望未来看到中国的马路边、许多家庭，都使用上晶能光电的产品，那将是事业奋斗的骄傲。还有耶鲁大学高材生孙钱博士、诺贝尔奖得主中村修二的学生陈振博士等多位归国学人，无一不是怀着理想加盟晶能团队。可以毫不夸张地说，晶能人心中分量最重的，不是财富积累，而是价值创造，是自我价值与民族振兴目标实现的协同。晶能光电团队有着一致的价值观，即坚持自主创新，攀登 LED 技术高峰，是为了让世界更明亮、更温暖，晶能光电的光芒不仅照亮企业员工心中的梦想，也必将照亮中国 LED 产业漫漫前路。

（五）政府的产业引导与扶持

晶能光电的成长史，也是政府与高校、科研机构与项目紧密协作、相互帮衬，实现共同发展进步的历史。南昌市是我国较早从事 LED 研发和生产的地区之一，具有较为雄厚的 LED 产业基础，拥有一支高素质的研发及经营管理队伍，熟练的产业技术工人也具备。不仅如此，南昌还是江西省硅基 LED 技术研发及产业化承载地，也是“国家半导体照明工程产业化基地”和国家“十城万盏”半导体照明应用工程试点城市。这与政府对 LED 产业的大力扶持和规划息息相关，南昌做大 LED 产业的努力一直没有停歇。

南昌市制定《关于印发南昌市支持 LED 产业的若干政策措施》，对硅衬底 LED 产业链上游环节（衬底、外延、芯片制备、大功率封装）企业的国内销售额给予 30% 的补贴。同时，南昌市按累计计算原则对重大项目投资进度给予奖励，并对企业当年产能扩大带来的销售额增加部分按累计计算原则予以奖励。目前，南昌市初步形成了 MOCVD、MO 源、外延片、芯片、芯片封装、光源、灯具、LED 显示屏、背光源等 LED 光电产业，并具有全世界首条硅衬底 LED 全产业链。为做强 LED 产业，南昌市提出了以晶能光电及其并购的飞利浦 lumileds 项目为载体，引领带动南昌乃至全省 LED 产业集群发展的思路，紧盯照明市场，突出市场应用环节，大力引进芯片封装和下游应用企业落户，打造龙头带动作用明显、上中下游协调发展的产业集群。

2015 年 12 月 17 日，江西省政府印发了《关于打造南昌光谷、建设江西 LED 产业基地的实施方案》。方案指出，江西省将依托硅衬底 LED 原创技术领先优势及市场竞争的制高点，抓住全球 LED 产业快速发展的重要机遇，实施“双轮驱动、硅基优先”战略，形成和强化产业规模优势、产业体系优势、产业技术优势，把南昌打造成全国的 LED 光谷，把硅衬底 LED 产业发展成为全省“十三五”时期工业经济转型升级的新增长极。力争到 2020 年，江西省 LED 产业主营业务收入达到 1000 亿元，其中按地区分布，南昌达到 500 亿元；按技术分布，硅衬底 LED 主营业务收入达到 500 亿元。“南昌光谷”的打造得到了科技部的支持。根据科技部和省政府会商会议决定，今后两年科技部将大力支持江西加强战略性新兴产业技术创新，通过建立健全产业技术创新体系，支持江西聚焦重点产业，扩大具有自主知识产权的硅衬底 LED 产能。

三 启示与思考

晶能光电的成功，不是偶然的创业成功案例，而是新经济时代发展的必然产物，“晶能模式”在我国经济新常态下具有其典型价值与意义。江西经济发展升级，缺乏像晶能光电式的科技型创业团队与企业，要推动经济转型与产业结构调整升级，就有必要培育更多的创新型企业，形成具有技术优势和市场竞争力的特色产业，以“江西创造”“江西智造”引领“江西制造”走向全国，享誉全球。晶能光电的创新创业探索与成功，给我们以深刻启示。

（一）科技是第一生产力

谁掌握了核心技术，谁就掌握了市场主动权。经济发展形态已经走过了传统的竞争阶段，依靠增加投资或低廉劳动力以扩大再生产做大产品市场，已经难以适应经济新常态下产业转型升级发展的客观现实。在转变发展方式、调整产业结构的大环境下，高新技术产业、战略性新兴产业成为引导产业转型发展的主导方向。依靠科技进步，增加产品的科技附加值，以满足低碳、绿色、环保的市场新趋势，是产业结构调整与升级的重要路径。晶能光电正是走出了一条科技研发与市场需求紧密结合的创新之路，在硅衬底LED技术研发领域实现了突破，进而在半导体照明产业的高端领域掌握了话语权，为中国的半导体照明产品开发与应用不再受制于西方专利垄断，争取了市场发展的主动权。晶能光电的创新创业成就充分印证了，江西本土科研机构与科技型企业完全有实力与能力，在现代工业与制造业广阔的技术与产品开发领域，寻找“江西创造”的优势空间与地位，通过“江西创造”“江西智造”推动“江西制造”的历史性跨越。事实也证明，依靠坚实的原创性自主技术专利，将为地方特色产业集聚集群发展奠定雄厚的技术基础，也将吸引国内外要素资源汇集江西，为进一步做强做大特色主导产业，形成组团发展的良好态势。

（二）科技成果要与产业化紧密结合

科技成果必须与现实生产力结合，形成有益于社会进步发展的功能性产品，才能够充分体现其价值。晶能光电硅衬底 LED 技术专利，在应用于产业化生产过程中也经历过波澜曲折，专利技术在应用过程中也有过磨合提升等生产阶段的考验。但持之以恒地推进技术专利的产业化应用，带给企业的一定是丰厚的回报，也给地区经济发展带来创新驱动的强劲动力。晶能光电的硅衬底 LED 专利技术向产业链的不断转化，给我们以下重要启示：一是企业要牢固树立技术专利与知识产权意识，要在企业的技术研发与新产品开发上投入足够的资金与人力，营造良好的创新文化，创造能够加速企业成长的专利技术与新产品，以占领市场的制高点。二是企业要具备开放协作的意识，要善于利用市场上的各类资源，为企业的创新发展凝聚足够的能量。三是地方政府要从扶持优势产业或潜力产业发展的角度，有预见性地设计或规划地方特色产业的发展格局，要在科研机构设置、技术研发项目资金投入、高端尖端人才引进培养、科技成果转化等多方面，为科技型企业发展提供有力的支持。

（三）投融资体制亟待创新

江西资本市场存在诸多问题，其中企业融资难一直以来是困扰企业尤其是民营企业发展的主要问题。晶能光电融资方式具有典型性，是江西第一家接受境外风险投资资本而成长起来的企业。对于改革开放 30 多年来的江西而言，其资本市场有太多的空白与不足。为什么风险投资、天使投资、私募基金没有能够在急需资金支持本土企业发展的江西成长起来？为何国际资本难以关注内陆江西的发展？为什么唯独晶能光电能够得到多家国际风险投资公司的青睐？笔者反思认为，有以下方面的原因：一是江西本土的金融机构成长缓慢，开放度有所欠缺，民间资本活跃度也不够。二是江西本土产业多为传统产业，对风险投资、私募基金的客观需求不足。三是科技型企业观念相对落后，在技术研发和新产品开发上，眼睛仅仅盯住政府有限的科技扶持政策性资金、企业税收减免等方面，甚至担心风投融资导致企业股权分化与经营权的旁落。

改变当前江西本土企业融资难的被动状况，须在以下方面下功夫：一是加快金融体制改革，强化金融机构的投资功能，培养专业化的投资类金融组织。二是营造宽松的金融环境，在国家金融政策范围内，鼓励民间资本组建风险投资与私募基金，政府应该加强对这些机构的引导与监管。三是在政策设计上鼓励科技型企业引入风险投资、天使投资等，帮助企业完善和优化资本结构，构建有利于适应市场竞争的企业治理结构。

（四）加强政府的产业引导与政策扶持

晶能光电的成功给江西省与南昌市的LED产业发展带来全新的战略机遇。然而，我们同样要思考这样一个问题，第二个、第三个晶能光电式的企业产生，需要怎样的创新环境、政策环境、成长环境呢？企业的努力非常重要，也是决定技术研发与产品应用市场成败的主体与关键。从晶能光电的成长历程看，政府的市场守护者角色作用凸显。营造良好的科技创新环境，对基础研究与应用研究给予资金支持，构建信息通畅的技术交易市场，建设人才充分流动的人力资源市场，打造多品种、高效率的金融市场等，都需要政府进行制度设计与安排。对事关地方特色产业或支柱产业成长的，政府要在政策扶持、资金配置上给予大力支持。

参考文献

张江、徐小芳：《从无到有　从有到优　从优到强》，《南昌日报》2016年1月12日。

李兴彩：《LED产业迎来中国标准》，《上海证券报》2015年12月22日。

吴思勇：《创新驱动　南昌点亮世界“芯”》，《南昌日报》2016年1月10日。

赖永峰、沈慧、刘兴：《让中国“芯”光耀世界》，《经济日报》2016年2月1日。

B.19

发展中医药产业　重振樟树药都风采

江西省社会科学院课题组*

樟树作为我国唯一被中国中药协会授予“中国药都”称号的县级市，拥有1000余年的药文化历史，久享“药不过樟树不灵、药不到樟树不齐”之美誉，以经营、技艺独树一帜的“樟树帮”与“京帮”“川帮”并列为中国三大药帮之一，为中华医药事业做出了卓越的贡献。2015年屠呦呦喜获诺贝尔奖，2016年2月习近平总书记考察江中药谷时，充分肯定了江西把中医药作为发展的着力点，指出中医药在世界的地位越来越重要，是中华文明的瑰宝，是5000多年文明的结晶，一定要保护好、发掘好、发展好、传承好。因此，把樟树中医药精湛技艺传承好、发展好，在中医药产业上走出一条独具特色的道路，重新焕发“中国药都”的活力，成为樟树市也是江西省在“十三五”这一中医药产业发展关键“窗口期”的重要任务。

本报告分为两部分，第一部分采用SWOT竞争力分析法，对樟树中医药产业的优势、劣势、机遇和挑战进行分析；第二部分为发展思路与对策建议。

一　樟树中医药发展SWOT分析

SWOT竞争力分析包括优势、劣势、机遇和挑战四部分内容。

（一）优势

樟树发展中医药产业，在历史传承、炮制技艺、经营方式、专业市场和

---

* 课题组组长：吴锋刚；成员：蒋小钰、邱信丰。

产业基础等方面具有比较明显的优势。

1. 悠久的历史传承

“樟树帮”历史源远流长，早在东汉建安七年葛玄就在樟树阁皂山建坛立灶，专心采药、洗药和制药，是樟树中药材加工炮制的创始人；唐代时期前来阁皂山学医者高峰时达500多人，阁皂山丰富的药材资源为学医者提供了极为便利的条件；宋代樟树中药发展迅速，州府设有官办药局，私人药铺也不断增加，宋室南渡后，江南经济更趋繁荣，进一步促进了樟树药市的发展，南宋词人宋远在《意难忘·题樟树镇华光阁志别》中写道：“更与谁题诗药市，沽酒新丰”，这表明南宋时期樟树镇已经成为“药市”；明代樟树镇商贩大兴，各地药商不远千里齐聚樟树，以四川、广东药材为多，遂有“药码头”之称；清代初期，樟树多年在外的药人掀起回乡潮，药号老板、伙计带回了一些当地的道地药材，药市空前兴旺。

2. 精湛的炮制技艺

“药不过樟树不灵”很大程度上得益于“樟树帮”精湛的炮制工艺和医药结合的传统行医方式。樟树中药炮制无论是炒、浸、泡、灸，还是烘、晒、切、藏，都十分考究，独树一帜，炮制工具、辅料和工艺都别具一格。樟树中药炮制技艺经过长期的完善，已经形成一套独特的传统加工炮制工具，主要工具有铡刀、片刀、刮刀、铁锚等，尤其是片刀、侧刀面小口薄，轻便锋利，被称为“樟刀”；樟树中药炮制中辅料讲究地道，有“术遵岐伯，法效雷公”之训；饮片工艺独具风格，有“白芍飞上天，木通不见边，陈皮一条线，半夏鱼鳞片，肉桂薄杜片，黄柏骨牌片，甘草柳叶片，桂枝瓜子片，枳壳风眼片，川芎蝴蝶双飞片，槟榔切108片，一粒马钱子206片”的说法。

“樟树帮”坚持在中医药理论指导下的经典方法，坚持“药为医用，药为病用”的原则，“药不过樟树不灵”是樟树中药业坚持药医结合、药材集散和药材加工炮制同步发展的结果。中药业鼎盛时期的樟树，已不仅是药材的集散中心，而且也是“药材技术中心”，汇聚于此的各路药师药工反复实践创造，才形成精湛的加工炮制技术，才有质量上乘的成药产品。

3. 独特的经营方式

“樟树帮”通过“走出去”和引进外地中药字号，坚持药医结合，独创经营体系，使樟树药都闻名远扬。樟树中药业在明清400余年的鼎盛时期，经营方式、管理方法、采购销售和药商食宿等都别具一格，独树一帜的药行、药号、药店、药庄遍布全国。药行是“一把算盘一把秤”，全靠四方药商代购、代销、代运、代存，从中抽取佣金；药号是“深购远销，自行贩运，零发整批”，有特定的业务范围和经营路子；药店的主要特点是“前堂卖药，后堂加工”；药庄则是樟树药店的派出机构，主要任务是采购、销售和传递药价行情。在“樟树帮”“走出去”的同时，也引进“外商”在樟树设立字号，形成“以我为主，主客并存”的药业体系。

4. 领先的专业市场

樟树中药材专业市场是新中国成立初期被国务院认定的全国十大中药材市场之一。1996年，被卫生部、中医药管理局、工商局等部门批准为全国17家中药材专业市场之一，是江西省唯一的国家级中药材专业市场，年交易额最高曾达80亿元。目前，有16个省（市）、72个县（市）的300多家药商在场内经营，60余家地产大货药商直接供货给同仁堂、仁和、济民可信、江中等近百家中药生产企业，品种达2600余个，主要以中、西部道地中药材品种为主，包括栀子、黄芪、党参、白术、田七、枳壳、车前子、草珊瑚等200多个常用品种，形成了车前子、枳壳、田七、夏天无等20多个品种的全国主要集散中心，引领市场行情变化，并辐射全国21个省（市）、港澳台及东南亚地区。

5. 产业的集聚优势

樟树医药业已经形成以中成药为主，集中药材加工、炮制、中药和保健品研发于一体的发展格局，现有医药生产企业140家，其中规模以上企业26家，药品剂型有丸剂、片剂、颗粒剂、散剂、酒剂、胶囊剂等29类，共计500多个品种，其中有国家级新药3个、中药保护品种5个、全国独家品种13个。2015年，樟树医药业规模以上企业可实现工业增加值30亿元，销售收入115亿元，上缴税收3.4亿元，分别较上年增长10.4%、15.7%和

51.2%。2014年，樟树市被认定为国家中药原料生产供应保障基地、国家新型工业化中医药产业示范基地，樟树医药产业集群被列为江西省20个示范产业集群之一。

如表1所示，樟树市中药材种植面积有一定的规模，并呈缓慢增长态势。2014年江西省中药材种植面积为4.52万公顷，樟树占5.8%，种植面积在全省县级市中排名第一。与中药材种植面积增速相比，中药材产量的增速更快，特别是在2007年中药材产量增速达到122.3%；中成药产量在2012年及之前发展较为迅速，从2600吨增至8852吨。

表1　2005～2014年樟树中药材种植面积、产量及中成药产量

年份	中药材种植面积(公顷)	同比(%)	中药材产量(吨)	同比(%)	中成药产量(吨)	同比(%)
2005	2264	14.4	899	45.5	2600	68.6
2006	2456	8.5	1241	38.0	2867	10.3
2007	2551	3.9	2759	122.3	3469	21.0
2008	2586	1.4	2706	-1.9	2477	-28.6
2009	2568	-0.7	3744	38.4	4017	62.2
2010	2603	1.4	3735	-0.02	5327	32.6
2011	2511	-3.5	3661	-2.0	7604	42.7
2012	2585	2.9	4093	11.8	8852	16.4
2013	2612	1.0	4138	1.1	3167	-64.2
2014	2615	0.1	4320	4.4	3408	7.6

注：以上中药材面积仅为农业类种植面积，不包括山地药材面积；中药材产量是中药材种植面积的产量；中成药产量为规模以上工业生产的中成药产量。

资料来源：樟树市历年《国民经济和社会发展统计公报》。

从表2可知，樟树市医药产业主营业务收入在全省的比重均远远高于其经济总量及人口的比重，2014年樟树市经济总量只有全省的1.86%，人口仅有全省的1.33%，却在全省医药产业主营收入中占8.87%，这说明樟树中医药产业有明显的区位优势。特别是在江西省四个主要医药制造产业集群中，2014年樟树医药产业集群完成主营业务收入111.7亿元，与袁州医药产业集群的116.5亿元相当，与小蓝医药产业集群的89.8亿元和进贤医疗器械产业集群的78.8亿元相比均有较大优势，同时其增速高达21.2%，在四大医药制造产业集群中位居第一，这表明樟树市医药产业发展势头仍然强劲。

表2　樟树市医药主营收入占全省的比重与其他指标的比较

年份	樟树市			江西省			樟树占全省之比		
	医药主营收入(亿元)	经济总量(亿元)	人口(万人)	医药主营收入(亿元)	经济总量(亿元)	人口(万人)	医药主营收入(%)	经济总量(%)	人口(%)
2009	34.45	121.97	54.38	202.89	7589.2	4432.2	16.98	1.61	1.23
2010	47.78	152.06	55.70	468.57	9435.0	4456.7	10.20	1.61	1.25
2011	67.14	188.56	59.16	631.74	11583.8	4488.4	10.63	1.63	1.32
2012	66.30	234.02	59.68	1004.48	12948.5	4503.9	6.60	1.81	1.33
2013	62.68	267.11	59.26	1137.08	14338.5	4522.2	5.51	1.86	1.31
2014	111.67	292.27	60.62	1258.72	15708.6	4542.2	8.87	1.86	1.33

资料来源：江西省和樟树市历年《国民经济和社会发展统计公报》。

（二）劣势

樟树发展中医药产业的劣势主要有以下几个方面。

1. 集散优势不再

樟树曾经拥有的交通优势是“药不到樟树不齐”的重要因素之一。樟树自古就有“八省通衢之要冲，赣中工商之闹市”之称，水陆交通十分便利。樟树背山面河，濒临赣江，是袁江和赣江的交汇地，沿赣江上可达吉安、赣州、两广，下可至南昌、安徽、湖北，陆路东至福建、浙江，西连湖南、四川，正是四通八达的交通使樟树成为中药材贸易中心。然而，随着现代交通的发展，水运已不再是主要的交通工具，同时樟树的铁路、公路运输已经没有比较优势，这很难使樟树继续成为地理意义上辐射范围广阔的中药材交易中心。

樟树药材种植基地大部分是利用国家退耕还林政策建立起来的，经过多年种植，品种逐渐老化，产量逐渐降低，再加上药材市场价格波动，中药材种植面临较大困境。而安徽亳州市中药材种植面积达7.3万公顷，不仅远远高于樟树市1.3万公顷的种植总面积，而且还高于江西省的种植总面积。由此导致樟树中药材专业市场在全国17家中药材专业市场中的规模偏小，2014年中药材交易量仅为亳州的1/10。樟树中药材专业市场经营的品种除一部分为当地的道地药材外，大部分货源来自安徽亳州等中药材一级市场，成为其他药材市场的二级市场。由于准入门槛低，不少质次价低或掺杂掺伪的药材充斥市场，不利于樟树中药材市场良性发展；中药材市场中散户不具备药材销售资质，这制约了药材市场的发展壮大；此外，药材交易的不规范问题，也使一些大户购买者望而却步。

2. 技术人才缺乏

传统医药方面，忆往昔，樟树药业从事人数之多、辐射范围之广、影响之大，居全国之首，几乎垄断了东南各省的药材市场，故又有“南国药都”之称。樟树中药业即使在衰弱的民国时期也有七八万人到外地经商，他们以高超的技术、高尚的药德、雄厚的资金，占有长江中下游和珠江流域一带广阔的市场，形成以樟树为中心的全国药业网络。然而，当今樟树既无“樟树帮”这样向外开拓的药师群体，药医结合、药材集散和药材加工炮制同步发展的理念也式微，掌握传统技术和工艺的老药工不断减少，“樟树帮”传统的加工炮制技艺濒临灭绝，这不仅导致樟树药都在全国影响力下降，而且使中药技术传承和发展受到制约。

现代制药方面，2014年樟树市共有药业专业技术人员2000余人，具有副高以上职称的仅有20余人，仅占1%。中药材生产种植技术人才缺乏，全市中药材基地大多是没有经过专业培训的老药农按传统习惯进行种植生产，无法适应现代科学种植的需要。樟树市作为县级市很难吸引到中医药产业科技领军人才，虽然与一些高等院校、科研院所建立了战略合作关系，但是合作流于形式，不够全面深入。人才和技术上的比较劣势使樟树很难重回鼎盛时期的中药技术中心，现代人才和技术大多在发达的城市聚集，就中药产业人才和技术而言，樟树无法与北京、上海、广州及省会南昌相比。这是樟树振兴药都面临的重要难题，也是如何重新定义药都的关键问题。

（三）机遇

当前，绿色发展成为五大发展理念之一，江西省也提出绿色崛起，致力于打造生态文明建设的江西样板。中医药产业资源消耗低、环境污染少，是典型的绿色产业和朝阳行业，可继续作为樟树市的支柱产业。在全省大力发展绿色经济的背景下，樟树中医药产业的发展前景广阔。樟树与江西一样，面临着发展中医药产业至关重要的五年“窗口期”[①]。

1. 广阔的发展前景

2015 年，屠呦呦荣获诺贝尔生理学或医学奖，显示出中医药广阔的发展前景，越来越得到国内外的认可。中医药不仅在防治疾病上卓有成效，而且在养生保健、健康养老领域也受到人们青睐，中医药服务的需求越来越旺盛。2014 年，江西省 60 岁及以上人口达 611 万，占总人口比重约为 13%，65 岁及以上人口达 414 万，占总人口比重约为 9%，这为樟树发展中医健康养生基地、中药文化旅游基地等提供了良好的机遇。

2. 市场的质量呼唤

当前全国强调供给侧改革，说明产品品种和质量还不能完全满足消费者的需求，中医药产品和服务亦是如此。从中药材种植、加工和交易三个方面来看，樟树都有改进的余地，可以抓住供给侧改革的机遇，将中医药产业从追求数量向提高质量转变。

此外，当前中医、医药分开的行医模式并不能保证应有的疗效，即使药方有用，药材质量有问题也会影响疗效，这会使人们对中医产生不信任。“樟树帮”采用药医结合的方式，既开药方又卖药，直接对患者负责，这种模式对今天仍然有借鉴意义。樟树可以利用国家放宽中医药服务准入的有利

① 所谓“窗口期”，一般指发展的最佳阶段，错过了则机会不再。

时机，挖掘本市中医药方面具有一技之长的人员，采取医药结合的行医方式，提高中医治疗能力。

3. 强力的支持政策

党的十八届五中全会审议通过的“十三五”规划建议中明确提出要“坚持中西医并重，促进中医药、民族医药的发展”。2016 年 2 月，国务院发布《中医药发展战略规划纲要（2016－2030 年）》，提出到 2020 年中药工业总产值占医药工业总产值的 30% 以上，到 2030 年中医药治理体系和治理能力现代化水平显著提升，中医药服务领域全覆盖，切实提高中药医疗服务能力、中医养生保健服务，全面提升中医药产业发展水平。2016 年 2 月，江西省发布的“十三五”规划纲要提出要加强中医药服务体系和服务能力建设，支持中医药科研机构、科研基地和临床研究基地建设，加强中药材资源保护和合理利用，充分利用中国（樟树）药交会等平台推动中医药服务“走出去”。从中央到地方都出台了支持中医药产业发展的有利政策，这为樟树振兴药都营造了优良的政策环境。

（四）挑战

在中国经济新常态的背景下，中医药产业发展的区域竞争已经白热化，国家扶持中医药产业发展的政策也在密集调整，樟树市重振药都面临严峻的挑战。

1. 经济发展“新常态”

2015 年上半年，我国医药行业总体增速放缓，比上年同期下降 4.76 个百分点，其中中成药增速下滑最快，从上年同期高于行业平均增速，到 2015 年增速全行业垫底。2015 年上半年，中成药规模以上企业实现主营业务收入 2796.02 亿元，同比增长 5.20%，但低于医药行业平均增速 3.71 个百分点，中药饮片加工主营业务收入也较上年同期下降 4.7 个百分点。

中医药行业单纯靠卖药甚至“踩红线”的经营模式一去不复返。造成中成药增速下滑的主要因素有以下几个方面：如今的招标模式唯低价者中标，挤压了产品的利润空间；医保控费力度不断加大，药占比不断下降，产品需求量减少；一些地方出台限制辅助用药目录，中成药受此影响较大。如表1所示，樟树中成药产量在2013年就出现大幅下滑，在中医药行业增速跌入历史低谷的背景下，樟树中药行业很难独善其身，唯有更加注重中药质量、坚持药医结合，使传统技艺与现代信息、科技相融合，才能攻坚克难，脱颖而出。

2. 市场竞争“白热化”

2014年，江西中成药主营业务收入410.88亿元，较上年增长9.8%，占全国总量的7.1%，但是在全国各省市同行业中却退居第三位，被山东超越；此外，全省已经形成南昌高新区、袁州医药工业园、小蓝医药产业园、桑海工业园和樟树医药产业集群五个中药产业特色工业园，还有众多中医药企业落户抚州经开区、吉安经开区，业已形成相互竞争的产业格局。

中医药产业在国内的竞争也异常激烈，安徽亳州、河北安国、河南禹州等县市中医药产业发展迅猛，都提出了重点发展中医药产业的政策目标，这进一步加大了樟树振兴药都的难度。从表3来看，樟树没有一个指标在四大药都中位居第一，甚至位居第二的指标都没有。首先，从面积而言，樟树市作为县级市，其面积仅为亳州市的1/7，这对樟树发展中药材种植和壮大中药工业极为不利；其次，由于樟树市面积相对较小，影响了中药材种植面积，在四大药都中仅排第三，是亳州的1/6；最后，从中药材市场交易额和中药产业总值来看，樟树也远不及亳州和安国，仅为亳州的1/6和安国的1/5。当前，亳州和安国都提出了发展中药产业的目标，特别是亳州已经提出“十三五”时期中药产业发展规划，正在重点推进打造“双千亿”产业；安国市早在2012年就由省长亲自主持召开省长办公会，确立建设“安国中药都”的目标，在河北省政府的大力推动下，2014年安国数字中药都上升为省部共建，作为河北省的重大战略重点推进。综上分析，樟树在以上各项指标中都失去了比较优势，在未来发展目标的选择上也有一定差距，振兴中国药都面临严峻的挑战。

表 3　中国四大药都相关指标比较

药都	行政区类别	面积(平方公里)	中药材种植面积(万亩)	中药材市场交易额(亿元)	中药产业总值(亿元)	发展目标	定位
安徽亳州	地级市、省辖市	8523	110	220	610	打造“双千亿”产业①	中华药都
河北安国	县级市	486	15	130	500	建设“三区、三基地、三体系”②	安国中药都
河南禹州	县级市	1461	40	70	10	全国中药材种植中心、贸易中心和区域加工制造中心	无
江西樟树	县级市	1291	18	80	111	打造千亿产业集群	中国药都

注：亳州市各指标数据均为 2015 年度，樟树市均为 2014 年度，安国市中药材种植面积和中药材市场交易额均为 2013 年度数据，中药产业总值为 2015 年度预期值，禹州市中药材种植面积为 2015 年度数据，中药材市场交易额和中药产业总值为 2016 年度预期值。①“双千亿”产业是指中药交易额突破 1000 亿元，中药工业总产值达到 1000 亿元。②“三区、三基地、三体系”是指仓储物流商贸区、健康养生文化区、绿色循环工业区，中药研发基地、中药出口基地、中药材种植示范基地，道地药材种植规范及质量标准体系、流通等级分类标准体系、中药质量追溯体系。

资料来源：由亳州、安国、禹州、樟树四市政府及其统计局网站数据综合整理而得。

3. 产业政策“大洗牌”

我国中医药企业多、小、散、乱，从目前的中医药企业规模看，规模以上企业不足 5%，市场竞争无序，基础研究薄弱。随着国家食药监总局飞行检查常态化，且趋于严格，中成药特别是中药材、饮片的一些质量问题逐渐暴露出来。尽管中医药行业经过两轮 GMP 认证升级，产品质量有了很大提升，但由于基础研究薄弱，尚需临床再评价。在新一轮 GMP 认证中，截至 2015 年 9 月 2 日，仅有 20% 的中医药企业通过了认证，而在 64 家被收回 GMP 证书的药企中，中医药饮片生产企业多达 47 家。

另外，2016 年 2 月 3 日，国务院印发《关于取消 13 项国务院部门行政许可事项的决定》，决定取消中药材生产质量管理规范（GAP）认证，这意味着试行了十余年的中药材 GAP 认证正式停止了。中药材 GAP 认证本意是规范中药材种植、加工技术，控制农药残留量，以提高中药材质量。但是实践过程中，中药材按 GAP 标准种植成本太高，而 GAP 与非 GAP 药材价格并无多大差异，这削弱了人们按 GAP 标准进行种植的积极性。中药材 GAP 认证是从源头控制中药材质量，估计将来要转向生产流通控制，通过中成药或中药饮片标准倒逼中药企业加强源头种植规范，这使樟树已有的 GAP 认证基地丧失优势，如樟树吴城乡庙前黄栀子种植基地。

二　樟树重振药都的发展思路与对策建议

基于对樟树中医药产业的 SWOT 分析，笔者认为，樟树中医药悠久的产业传统是最值得挖掘的，特别是其精湛的炮制技艺和独特的经营模式。樟树市要发展中医药产业，就要在经济发展“新常态”下中医药市场竞争“白热化”的格局中，积极应对政策洗牌，把握中医药广阔的发展前景，准确定位，采取切实可行的措施发挥优势、解决问题，用好用足国家和地方政府强力的支持政策，重振药都风采。

（一）发展思路

“药不到樟树不齐”，述说着“药码头”樟树作为中国重要的中药材聚散地，总汇南北川广药材形成药市的盛况。在以水运为主的年代，樟树是重要的码头。起于宋、盛于清的樟树药市，在鸦片战争之后逐渐衰落，也是因为陆运的兴起、水运的萎缩。在公路、铁路和航空成为主要交通工具，内陆水运日渐式微的格局中，如果把成为“全国最大的中药材交易中心”作为重振药都风采的目标，是抱残守缺。这个缺就是，樟树不具备公路、铁路和航空的比较优势，已经不再是现代中国交通中枢或中转站，没有集散功能，何谈总汇南北川广药材？

“药不过樟树不灵”，是樟树药帮独特的中药材炮制工具、辅料、工艺的形象写照。尤其是樟树帮的“樟刀”，面小口薄、轻便锋利，刀工独具一格，片型美观，厚薄适中，能很好地发挥药性。众所周知，中医中药的疗效在很大程度上取决中药材炮制工艺。炮制工艺越精道，越能发挥中药的药性，疗效就越好。因此，扬长避短，重振樟树药都风采，必须从充分发挥樟树中药材独特的传统工艺价值着眼，以中医药相结合、创一流质量品牌为目标。

“樟树帮”药店行天下，说出了当年樟树药帮以药铺为载体的“行医+卖药”营销组织的成功。从市场营销的角度，行医与卖药有机结合，以行医促进药品销售，以药品销售确保行医的效果，两者互动，仍然是现代医药市场营销的有效组织形式。所谓“医药分开”的目的不过是要改变“以药养医”的模式，对于标准化程度较高的西医比较适合，但对中医药并不适合，而要从重视中医诊断入手，医药相长。

与时俱进，运用现代移动互联网技术提供“互联网+中医”和“互联网+中药”的线上服务，以医药结合的“樟帮药店”为线下体验实体，形成“樟帮药 O2O 体系”，牢牢地控制中医中药的市场终端，应该成为未来药都樟树最亮丽的风景线。

（二）政策建议

笔者以为，“中国药都”背后的连锁医药店、休闲养生谷和养生药酒，有望成为樟树中医药产业“走出去”的三大亮点，将以全新的方式诠释“药不到樟树不齐、药不过樟树不灵”，成为重振“中国药都”的标志符号。

1. 科学规划中医药产业链

中医药产业，是以中药材种植、中药制造与中医药服务为代表的第一、第二、第三产业的融合体，体系庞大，涉及面广，包括中医药农业、中医药工业、中医药养生保健产业、中医药商业、中医药文化产业等。中医药产业一头连着广大农户，一头连着现代工业和现代服务业，是第一、第二、第三产业互动关联的产业。

建议尽快由省级层面高规格制定“樟树市中医药产业发展‘十三五’规划”，厘清发展思路、采取有力举措，迅速抢占中医药产业发展的制高点和大健康产业发展的先机，在用地审批、产业引导、人才引进等方面实施要素倾斜配置，把举办了46届的“樟树全国药材药品交易会”升格为省政府主办，把樟树中医药产业的发展纳入“南昌大都市区”建设中进行统筹。

樟树市本级则要站在更高的平台上谋求更大的发展：一是要改变现行的中医医疗、中药种植、加工制造和流通等管理环节隶属不同政府部门的状况，设立一个规划和统筹的专门机构，提升产业集群发展水平；二是要以共享发展的理念加强与省会南昌诸多科研院所的合作，把科技创新人才、市场创新人才和资金提供方结合起来，加快中成药的协同创新；三是要强化人才培养、信息服务、市场监管、政策扶持、资金引导、创新激励。

2. 从自然种植中药材入手

樟树属于亚热带气候，气候温和，雨量充沛，地形地貌多样，有良好的中药材生长条件。以“三子一壳”（车前子、黄栀子、吴茱萸和枳壳）为代表，可生产枳壳、黄栀子、杜仲、黄柏、绞股蓝等 20 多个道地药材品种，有丰富的中药材资源可供开发。

“中医将亡于中药”之说尽管耸人听闻，却道出了中药质量的重要性。为实现创一流质量品牌的目标，建议学习贵州“林药套种”“果药套种”“药药套种”“林下仿野生种植”等方式，以樟树市阁皂山为中心区域，在封山育林的同时，用“自然农法”种植中药材，在保证中药材质量的同时，改善生态环境，提高药农种植收益。在樟树本地“自然农法”种植中药材成功的基础上，利用樟树药商在全国的人脉资源，扶持药农“走出去”，承包外地山林，同样用“自然农法”种植各种地道中药材，力求掌握全国的地道中药材资源，以把握中药材种植这个源头的方式再建立“药不到樟树不齐、药不过樟树不灵”声誉。

3. 形成中药种植事实标准

在目前国家停止《中药材 GAP 认证检查评定标准（试行）》实施的情况下，要依据国家食药监总局自 2002 年开始推行《中药材生产质量管理规范认证管理办法（试行）》，利用二维码技术，实施种质资源基因库保护、种苗选取、种植地环境选择、种植农户、播种、田间管理、采购、产地初加工、产品检验、包装运输、入库、物流等全生产链可追溯监控，建立“樟树帮”中药材的溯源系统，成为中药材的事实标准，掌握市场话语权。

4. 挖掘传承“樟树帮”中药文化

通过挖掘、收集、整理、保护、开发“樟树帮”确有真才实学的老药工、草医、老中医的独特疗法、医案、教案、典籍、秘方、偏方、工艺、一技之长等，设立“樟树名中医传承工作室”，出版“樟树帮医典和药典”，分析研究“樟树帮”的学术思想、理性认识、医药体系、技艺特性和临床经验，保护知识产权，拯救濒临失传的医术和工艺，培育“樟树帮”新的传人，深度挖掘“樟树帮”中医药学的文化内涵和历史底蕴，充分发挥中医以“治未病”为指导的综合调理养生保健优势，形成樟树独特的中医药文化旅游。

5. 建设阁皂山休闲养生谷

中药材种植还有很好的旅游开发前景，如木通果实和藤可入药，果实是上好的野生水果，每年5~10月挂果期长达6个月，种子可榨油，其中不饱和脂肪酸高达70%，果浆可做饮料，是极好的药、食、赏、玩对象。又如白莲，集观赏、食用、保健、药用为一体，荷叶中含荷叶碱，是极好的天然减肥降脂药，其芯有降压、降脂、清火之功效。

建议依据阁皂山、店下水库的优质山地、水面、湿地资源，迎合“民宿改造”等现代乡村旅游开发趋势，以阁皂山为中心，建设药膳品尝地、中药知识观赏地、中医体质辨识中心、中医药体验中心等，把自然景观与“樟树帮”中医药文化有机结合起来，建设阁皂山休闲养生谷。

6. 叠加樟树药酒两大优势

樟树“四特酒”名称源于1959年周恩来总理对其“清香醇纯”四个特色的评价。“四特酒”以纯正大米、优质大曲为原料，汲地下矿泉酿造，经勾兑师精心勾兑久贮而成，风味独特，属“特香型”。自1963年以来，“四特酒”先后被评为省优、部优、国优，是江西唯一的国家名酒。酒精是一种良好的半极性有机溶剂，中药的各种有效成分都易溶于其中。而且，药借酒力、酒助药势，能提高疗效。因此，将强身健体的中药与酒“溶”于一体的药酒，是我国特有的一种传统药品和食品。建议叠加樟树中药与白酒两大优势，大力挖掘和研发各种樟树特色的药酒产品，以“中国药都”的唯一性地域品牌为统一商标形成市场准入标准，细分出多种养生药酒产品标准，这势必成为药都樟树的一个亮点。

7. 突破县级交易平台局限

虽然樟树是四大药都之一，享有“中国药都”称号，同时樟树中药材专业市场是江西唯一的中药材市场，是江南最大的药材集散地，是目前国家批准的 17 个中药材专业市场之一；虽然樟树举办过 46 届“樟树全国药材药品交易会”，享誉中外，但是，樟树毕竟是一个县级市，受到行政区划的局限。因此，要用好用足省直管县的各项政策，主动融入“南昌大都市区”，樟树中医药产业的发展要突破县级局限，整合市场、政府、社会等各种资源，要站在更高的平台上谋求更大的发展。

8. 借“一带一路”东风国际化

目前，中医药已经传播到 140 多个国家和地区，“一带一路”沿线国家大多有中医药或传统医药的应用历史。东南亚各国和澳大利亚、加拿大等国已立法承认中医地位，美国还成立了中医药研究院。截至 2014 年底，国家中医药管理局已经与外国政府、地区组织签订了 83 个中医药领域的合作协议。2015 年 6 月，国家中医药管理局设立首批共 17 个中医药国际合作专项，支持范围涵盖“一带一路”海外中医药中心建设、中医药健康服务业国际化建设等 4 个板块。这为樟树中医药“走出去”提供了可能。建议依据江西省 2015 年出台的《江西省参与丝绸之路经济带与 21 世纪海上丝绸之路建设实施方案》和卫计委《关于推进“一带一路”卫生交流合作三年实施方案》，在与江西中医药大学深度合作的基础上，成立“樟树国际中医药健康中心”，为境外消费者提供高端中医医疗保健服务；举办“樟树国际中医药研修班”，吸引更多海外留学生来华接受学历教育、非学历教育、短期培训和临床实习；整合樟树中医药科研资源并集中省域科研力量成立“樟树国际中医药产学研基地”，为境外机构提供科研外包服务；也可以扶持樟树优秀中医药企业和医疗机构走出国门，在国际高端市场申请认证，到境外开办中医医院、连锁诊所等中医药服务机构。

9. 用“互联网＋中医药”走世界

所谓“互联网＋中医药”是利用互联网、云计算、大数据以及可穿戴设备等构建平台，以多种方式提供多层次中医药健康管理和服务。建议打造“中国药都”网上交易中心，实现中药材产地、价格、产量等信息共享，实现线上下单、线下配送和服务，完成“樟帮药”O2O体系建设，使“樟树帮”重新“走出去”。这不仅可促使中医药产业供需双方信息更加对称，帮助公众找到适合的医生，使医生精准地解读个体化的行为和数据，给出一个精准的医疗保健方案；而且还能降低中医药产业发展的交易成本，使更多中医药从业者、生产者加入这个行业，同时也使更多的人有机会消费中医药产品和服务。

10. 创新财政金融扶持方式

建议设立由政府引导、金融和产业资本共同筹资的中医药产业投资基金，统筹支持中医药产业发展；鼓励中医药企业通过在银行间市场交易商协会注册发行非金融企业债务融资工具，积极支持符合条件的中医药健康服务企业上市融资和发行债券；完善财税政策，对符合条件、提供基本医疗卫生服务的非公立中医医疗机构按规定提供财政补助；从供给侧结构性改革的角度实现樟树中医药产业在“窗口期”的快速发展。

B.20 加强鄱阳湖区农业面源污染治理的对策建议

孔凡斌　潘 丹*

农业面源污染已经成为我国环境污染治理的重点和难点。鄱阳湖是我国最大的淡水湖和世界著名的国际性生态湿地，也是我国重要的水生态安全战略基地，具有重要的气候稳定、水位调节以及生态维护等功能。近年来，随着区域经济社会的快速发展和各类资源开发强度的加大，鄱阳湖流域的水质状况不断恶化，严重威胁鄱阳湖流域生态安全屏障作用的发挥①，其中农业面源污染对鄱阳湖流域水质的影响达到60%以上。鄱阳湖生态经济区（以下简称鄱阳湖区）农业面源污染的治理不仅直接影响长江中下游乃至全国的用水安全、粮食安全和生态安全，更直接关系我国在国际社会中的形象。《江西省生态文明先行示范区建设实施方案》提出要加大对农业面源污染的减排与治理力度，有效控制农业面源污染对鄱阳湖流域水环境的破坏。鄱阳湖区以不足全省37%的耕地面积生产了全省47%的粮食、85%的棉花、56%的油料、39%的肉类、55%的禽蛋和53%的水产品，并为全省50%的乡村人口提供了生产和生活空间。② 加大鄱阳湖区农业面源污染治理力度，是推进江西省生态文明先行示范区建设的重要任务。当前，可以破解鄱阳湖区和江西省农业面源污染困境为突破

* 孔凡斌，江西省社会科学院；潘丹，江西财经大学鄱阳湖生态经济研究院。

① 潘丹：《资源环境约束下的区域农业生产效率研究——兼及鄱阳湖生态经济区建设》，《鄱阳湖学刊》2013年第1期。

② 潘丹、孔凡斌：《鄱阳湖生态经济区畜禽养殖污染与产业发展的关系——基于脱钩和LMDI模型的实证分析》，《江西社会科学》2015年第6期。

口，带动江西省生态文明制度体系的建立和完善，进一步推进江西省生态文明建设。

二　鄱阳湖区农业面源污染特点及发展趋势

（一）鄱阳湖区农业面源污染特点

随着农业生产方式和农民日常生活方式的转变，鄱阳湖区农业面源污染日趋严重，占全省地区生产总值26%的鄱阳湖区排放了全省48%以上的农业面源污染物，污染物对江西省江河流域水体环境质量带来了现实威胁。

鄱阳湖区农业面源污染的来源主要包括三个方面：一是种植行业过量和不当使用化学产品（化肥、农药）所导致的污染，二是农村生活污水与生活垃圾污染，三是养殖行业（畜禽养殖和水产养殖）的废弃物排放。

第一，在种植业面源污染方面，作为全国主要的粮食作物生产基地，为保证产量，鄱阳湖区种植业中不合理使用和过量使用化肥、农药的现象十分普遍。[①] 2000年鄱阳湖区化肥施用量为45.29万吨，占全省总量的比重为42.37%，到2013年鄱阳湖区化肥施用量增加到63.72万吨，占全省总量的比重上升到44.59%。鄱阳湖区化肥施用量在2000～2013年期间年均增长2.66%，高于全省同期2.26%的年均增长率（见图1）。2013年，鄱阳湖区单位耕地面积化肥施用量为602.87千克/公顷，是全省和全国平均水平的1.20倍和1.22倍，是世界平均水平的5.48倍，是一些发达国家安全上限的2.68倍；单位耕地面积农药施用量是全省和全国平均水平的1.57倍和3.25倍，绝大部分进入水体流失。

第二，在农村生活污染方面，鄱阳湖区大多数村、镇都是依水而建的，绝大多数村庄生活污水收集和处理设施不完备，生活垃圾得不到合理的处理。

第三，在养殖业面源污染方面，鄱阳湖区畜禽养殖污染物产生量大且集

① 邱秋：《突破农村面源污染防治困境》，《湖北日报》2010年12月30日。

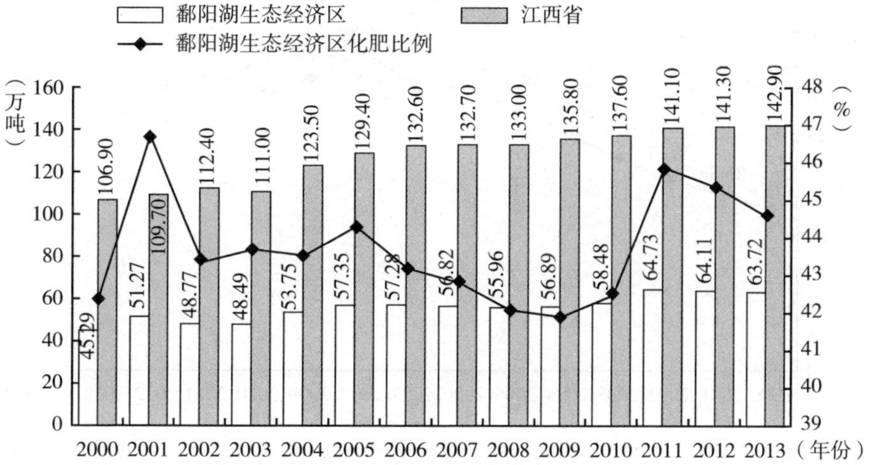

图 1　江西省以及鄱阳湖区化肥施用量

资料来源：吴罗发：《鄱阳湖区农业面源污染时空分布研究》，《江西农业学报》2012 年第 9 期。

中，大部分畜禽养殖污染物未得到环境友好型处理。图 2 显示，鄱阳湖区畜禽养殖污染等标排放量由 2000 年的 24.32 万吨增加到 2013 年的 37.87 万吨，增加了 13.55 万吨，年均增长率为 3.46%。2008 年以前，鄱阳湖区畜禽养殖污染等标排放量一直处于稳步攀升中，2008 年之后则呈现小幅下降的趋势，这可能与 2009 年鄱阳湖生态经济区规划实施有关。2009 年 12 月 12 日，国务院批准实施《鄱阳湖生态经济区规划》，《鄱阳湖生态经济区规划》中明确提出了要“加强农业面源污染防治，大力发展高产、优质、高效、生态、安全的现代农业”，并制定了各地区生态环境保护的约束性目标，从而使得畜禽养殖污染排放量下降。① 鄱阳湖区水产品总量一直占全省的 50% 以上。大部分水产养殖废弃物没有得到合理处理，直接排入湖库和内河。据统计，鄱阳湖区网箱、围栏和精养池塘等集约化养殖所产生的总氮污染排放量占全省农业总氮污染排放量的 48% 左右。

① 潘丹、孔凡斌：《鄱阳湖生态经济区畜禽养殖污染与产业发展的关系——基于脱钩和 LMDI 模型的实证分析》，《江西社会科学》2015 年第 6 期。

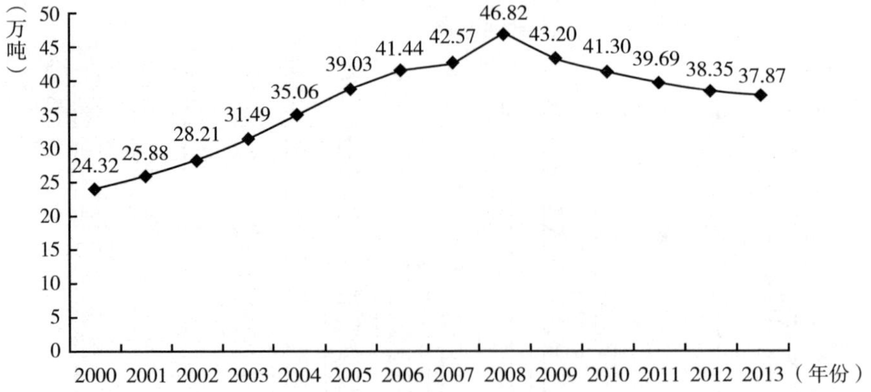

图 2　鄱阳湖区畜禽养殖污染等标排放量

表 1 显示了 2013 年鄱阳湖区农业化肥、畜禽养殖以及农村生活污染的总体情况，从中可以看出，畜禽养殖污染是鄱阳湖区农业面源污染的主要来源。2013 年，鄱阳湖区畜禽养殖总氮、总磷和化学需氧量排放量占农业面源污染中这三种污染物排放总量的比例分别为 72.64%、81.09% 和 85.43%，超过了农业化肥和农村生活污染排放量比例的总和，畜禽养殖污染是鄱阳湖区农业面源污染的主要来源。

表 1　2013 年鄱阳湖区农业面源污染排放量及比例

单位：吨，%

类别	排放量			排放比例		
	总氮	总磷	化学需氧量	总氮	总磷	化学需氧量
农业化肥	20194.52	4154.31	—	14.49	7.01	0.00
畜禽养殖	101249.32	48071.01	741224.04	72.64	81.09	85.43
农村生活污染	17940.11	7055.12	126395.32	12.87	11.90	14.57

（二）鄱阳湖区农业面源污染治理及发展新态势

目前，国外农业面源污染治理政策主要分为以下四种：一是制定在政府干预理论基础上的命令控制型政策，以排污标准和排污禁令为代表。这类政策为政府以强制性制度形式参与环境治理提供了基本框架。二是制定在“庇古”理论基础上的市场经济激励政策，以税收（费）和排污权交易为代表。理论上讲，这类政策可以使不同排污者根据各自的污染控制成本选择污染控制量，从而达到最优排污水平，但由于农业面源污染本身具有不确定性、不可监测性等特征，这类政策的治理目标在现实中很难实现。三是制定以区域环境污染水平为基础的集体激励政策。这类政策将区域内的每个经济个体综合为一个集体来考察，观测该区域内特定观测点的污染水平情况，若污染物超标，则对集体中的每个经济个体进行惩罚。这类政策能够促使每个经济个体对集体经济活动的环境影响承担责任，但是，实施这类政策需要政策制定者对农业面源污染拥有足够的信息，而这一要求目前在国内还难以得到满足。因此，这类政策在农业面源污染治理实践中还并未得到应用。四是制定在内在治理制度基础上的自愿参与政策，以教育、培训和信息传播为代表性政策工具。这种基于排污者自愿参与而实现的内在治理制度，在发达国家农业环境污染治理实践中有着大量的应用。这类政策能够成功实施在很大程度上取决于微观主体对这类政策的响应。

为促使农户进行农业面源污染治理，目前江西省政府对农业面源污染的治理实施了多项政策措施，例如实施沼气补贴、有机肥补贴和畜禽养殖标准化养殖补贴，制定农业面源污染控制的法律法规和技术标准，推广测土配方施肥技术、统防统治技术等。尽管目前江西省有关农业面源污染治理的政策措施较多，但是农业面源污染形势依旧严峻。政策措施以命令控制政策为主，未形成农业面源污染治理的完整思路，政策的绩效相对较低。近年来，鄱阳湖区农业面源污染又呈现新的发展趋势，主要表现在以下三个方面。

第一，随着地方政府对农业面源污染的日益重视、农业生产结构的调整以及环境友好型施肥技术（例如测土配方施肥技术、缓控施肥技术、适地养分管理技术）的推广，未来鄱阳湖区种植业中化肥污染排放量将呈现下降趋势，但是从短期来看，鄱阳湖区部分地区形势依然严峻，南昌、乐平、丰城、高安和鄱阳等县（市）的化肥污染将有可能继续加重。

第二，随着人们生活水平的提高和食品消费结构的转型，肉类、家禽和蛋类等畜禽产品的需求会呈现不断上升的趋势，这将导致即使畜禽养殖的规模化程度和畜禽废弃物利用率不断提高，鄱阳湖区畜禽养殖污染也有可能进一步加重，其中，高安、丰城、南昌、进贤和鄱阳等县（市）畜禽养殖污染形势依然严峻。

第三，在城镇化进程的推进下，农村人口数量将会呈现不断下降趋势，同时随着农村沼气池的建设、农村传统厕所的改建以及农村生活垃圾与污水排放集中处理设施的建立，鄱阳湖区农村生活面源污染排放量将会呈现下降的趋势。但是，鄱阳、丰城、余干、南昌县和都昌等县（市）农村生活污染形势依然严峻。

二　导致鄱阳湖区及江西省农业面源污染日趋严重的主要原因

（一）农业经营方式粗放

一是从种植业看，2013 年鄱阳湖区人均耕地面积仅为 0.089 公顷，分散、小规模家庭经营是现阶段鄱阳湖区的主要农业经营方式。小规模农业生产提高了测土配方施肥、合理轮作、统防统治等环境友好型农业生产技术的实施成本，不利于农业面源污染防治。二是从畜禽养殖业看，目前鄱阳湖区的畜禽养殖方式逐渐由家庭散养向规模化、专业化养殖转变，规模化养殖后，没有足够的配套耕地消纳畜禽养殖污染物，畜禽养殖污染物的利用率不断下降，难以实现种养结合下的循环农业，从而使得鄱阳湖区畜禽粪便对环境污染有日趋加重的趋势。如图 3 所示，2013 年鄱阳湖区大部分县市每公顷承载猪数量都高于德国的最高承载量（15 头），只有丰城市、都昌县、德安县、九江县、湖口县、彭泽县以及瑞昌市的每公顷承载猪数量在德国最高承载量之下。由此可见，鄱阳湖区的大部分地区都处于种植业和养殖业脱节的状态，没有足够的土地来消纳畜禽废弃物。

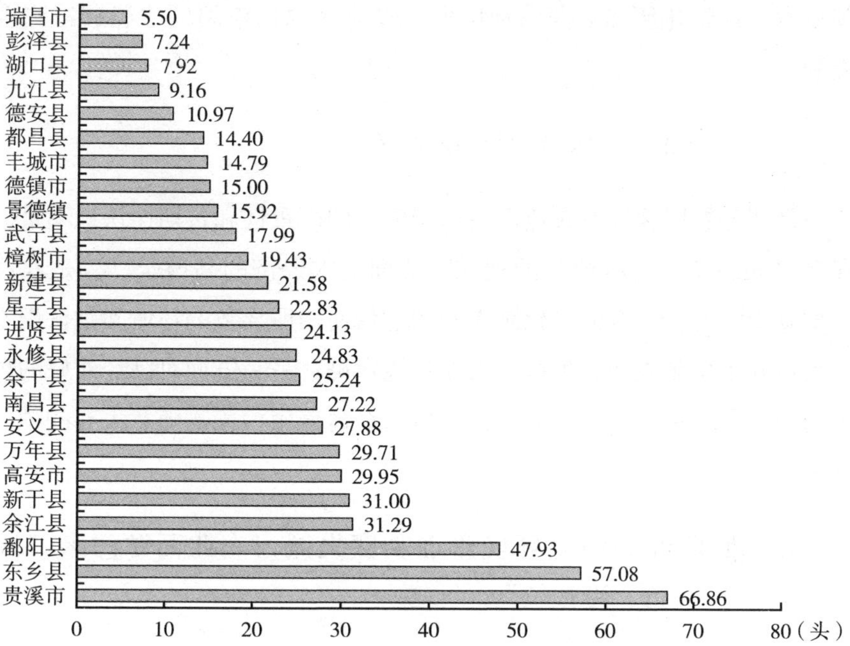

图 3　2013 年鄱阳湖区各地区每公顷承载猪数量

（二）农业技术推广体系不健全

20 世纪末推行的乡镇机构改革使得我国农业技术服务和推广机构功能瘫痪、人员流失。农民得不到细致、以保护环境为导向的农业技术指导，从而导致化肥和农药的滥用。调查数据表明，目前，鄱阳湖区几乎所有农民都从市场化渠道购买化肥、农药等农业生产资料，大多数农民在生产过程中遇到问题只能向市场化渠道求助。在农药使用过程中，鄱阳湖区 92% 的农户遇到问题只能求助于农药经销商，而几乎没有人去咨询农业技术推广人员。化肥使用也是如此，73% 的农户主要根据以往的经验来决定施肥量，而只有 12% 的农户会去咨询农业技术推广人员。然而，虽然农民遇到问题时很少去咨询农业专业技术人员，仍有 82% 的农户认为自己需要获得农业技术指导。因此，如果政府能够提供优质、足够的农业公共服务，保证一支良好的基层农业技术推广队伍，帮助农民掌握或采用环境友好型的田间管理技术，提升化肥和农药的利用率，农业面源污染问题才能够得到合理的控制。[①]

（三）农业面源污染治理意识淡薄

一是部分基层领导对农业面源污染危害的严重性和长期性认识不足，依然存在“先污染、后治理”的观念，片面追求经济的高增长。二是农民环境保护意识淡薄，一方面对化肥农药的过量使用所导致的环境问题认识不到位，大量施用化肥农药，加剧了农业环境污染；另一方面对已经建好的环保设施的使用和管理认识不足，生活垃圾、畜禽养殖污染物随意丢弃的陋习依然存在。

（四）农业面源污染环境管理制度失灵，农业面源污染“没法（律）管、没人管、没钱管”

一是相对于城市和工业点源污染，江西省农业面源污染防治法规几乎是空白，政府管理找不到相应的法律支撑。二是工业污染仍然是鄱阳湖区环境规制的主要对象，针对农业面源污染的政策措施、排放标准、监管机构较少。三是鄱阳湖区污染防治投资绝大部分在城市，农村生活垃圾处理设施、污水处理设施等农村环保设施建设严重滞后，增加了农村面源污染治理的困难。已经建好的农村环保设施，由于缺乏合理的技术支持和资金支持不能正常运行，环保设施在农业面源污染治理中发挥的作用较小。四是缺乏专项经费对农业面源污染进行治理，也缺乏专门的组织机构和人员对农业面源污染的综合治理进行系统研究，农业面源污染科研攻关投入严重滞后。[②] 五是农业面源污染生态补偿和税收、补贴等经济机制严重缺失，对地方政府和农户进行农业面源污染的防治经济激励不足。

---

① 饶静、纪晓婷：《微观视角下的我国农业面源污染治理困境分析》，《农业技术经济》2011年第12期。

② 吕忠梅等：《农村面源污染控制的体制机制创新研究——对四湖流域的法社会学调查报告》，《中国政法大学学报》2011年第5期。

（五）农业面源污染治理监管不力

一是对农药、兽药、饲料的使用和投入监管不力，加剧了农业生产对环境的污染。二是对农村已建的环保设施监管不力，农业环境污染改善难度加大。数据显示，鄱阳湖区农村户用沼气池的弃置率达到了45.45%。

（六）农业清洁生产技术应用不足

农业清洁生产技术是指既可以满足农业生产需要，又可以合理利用资源达到保护环境目标的农业生产技术，是农业面源污染治理的主要手段之一。随着日益严峻的食品安全和环境保护问题，目前鄱阳湖区正在推广以下农业清洁生产技术：施肥技术（测土配方施肥技术、商品有机肥、缓控施肥技术、适地养分管理技术）、病虫害防治技术（生物农药、统防统治）和农机技术（机插秧技术）。然而，目前鄱阳湖区推广的几种农业清洁生产技术的使用率都很低，测土配方施肥技术、机插秧技术、商品有机肥技术的使用率分别只有23.15%、36.1%及7.47%。很多农户对推广的清洁生产技术并不了解，知道“测土配方施肥”技术的农户只有35%，知道“商品有机肥”技术的农户只有28%。

三　加强鄱阳湖区及江西省农业面源污染治理的对策建议

（一）优化农业生产经营方式

调整农业结构，大力发展循环农业和生态农业。以农业面源污染削减和农业经济发展为目标，制定鄱阳湖区农业协同发展规划，进一步优化农牧比例、种植业内部的粮经比例，并根据鄱阳湖区不同地区自然和社会经济条件的差异，合理调整农业生产在鄱阳湖区内的布局。根据种养结合原则对畜牧业生产空间布局进行合理调整，采取相应的激励性或者强制性政策措施，促进养殖户主动进行畜禽养殖污染物处理，降低畜禽养殖污染排放量。

（二）建设高效农业技术推广体系

一是增加农业技术推广投入，完善农业技术推广体系的推广职能。二是将农业技术推广与商业活动（如经销化肥农药）严格分离。三是引入参与式培训理念，让农民有反映问题的机会和渠道，同时让农民主动参与新的环境友好型技术培训，使他们充分认识到自身行为和农业面源污染之间的关系。四是加强对农业技术推广人员的培训，加快知识更新，增强技术推广人员的环境保护意识。

（三）完善农业面源污染生态补偿政策

一是对农业清洁生产行为进行补贴。对农户环境友好型技术（如测土配方技术、病虫害综合防治 IPM 行为、施用农家肥）采纳行为、养殖户畜禽粪便处理行为（建立沼气池）、秸秆还田处理行为、轮作行为、节水灌溉行为等进行补贴。二是加强对从事农业清洁生产行为的企业进行补贴。如对生产农药、化肥的企业征收农业环境污染专项税，对具备一定规模的集约化畜禽养殖场产生的废弃物征收废弃物税，为生产生物无害农药、商品有机肥的企业提供税收优惠等。

（四）健全农业面源污染法规

一是明确法律责任。建议结合鄱阳湖区的地理、经济、社会及污染特征，尽快制定“江西省农业面源污染防治条例”，按照生态利益优先、共同发展、负担与收益相一致的原则，明确鄱阳湖区内农业面源污染监督管理、法律责任等内容。二是尽快修改和制定农业面源污染防治和农业清洁生产的政策法规、相关标准、技术规范、操作规程，使农业面源污染防治工作有法可依、有章可循。三是强化行政执法职能，加大农业执法力度，让农业面源污染防治的政策法规、规范标准落到实处。

（五）加大宣传培训力度

配合农业面源污染治理的重点工作，有计划地组织新闻媒体披露和批评农业面源污染防治中的违法违纪行为，宣传报道农业面源污染防治中的先进典型经验，增强全社会保护农业农村环境和坚持农业可持续发展的意识。

（六）提高农业规模化和组织化程度

农业面源污染控制的最大难度在于其空间的分散性以及农业经营权的分散性。在大量分散的小规模经营体制下，仅仅依靠市场机制无法对生态农产品与常规化学农产品进行区分，从而无法通过价格机制的形式对生态农产品的外部性进行内部化，从而导致市场失灵和农业面源污染的加剧。因此，在现有体制下，创造更多的非农就业机会，鼓励土地流转，有效提高农业的规模化经营程度，从而使农业的经营主体数量不断减少，农业的平均经营规模不断扩大，是促使农业面源污染在一定程度上实现“点源化”、降低农业面源污染处理成本和难度的有效途径。同时，也需要加强农民专业组织的建设，提高农民组织化程度。国际经验表明，农民技术协会或专业经济合作组织可以有效组织小农户和分散的农民进行市场销售、获得技术培训等，同时可以引导农民增强公众环保意识。另外，农民专业组织还可以从公共信誉方面对环境友好的农作方式进行鼓励。例如，日本在发展可持续农业的过程中，设立了生态农民（Eco－farmer）的荣誉称号，激励农民保护环境。英国在建设有机农场时，规定每1～2年需要注册一次。① 提高农民组织化程度是鄱阳湖区农业面源污染治理的有效途径。

（七）实施农业清洁生产工程

一是实施种植业农业技术推广工程。大力推广测土配方施肥、缓控施肥技术、适地养分管理技术，激励农民增加有机肥的使用，促进农户农药、化肥使用行为的合理化。该类工程的重点区域建议为南昌、乐平、丰城、高安和鄱阳等化肥污染较为严重的县（市）。二是实施畜禽养殖业废弃物综合利用工程。按照“减量化、再利用、资源化、无害化”的原则，大力发展养

① 周早弘：《农业面源污染实证分析与政策选择》，南京林业大学硕士学位论文，2010。

殖业循环经济，以沼气为纽带，形成“猪-沼-菜”“猪-沼-果”“猪-沼-林”“猪-沼-鱼”等多功能生态养殖和循环经济模式。① 该类工程的重点区域建议为高安、丰城、南昌、进贤和鄱阳等畜禽养殖污染较为严重的县（市）。积极推广“猪-沼-果（粮、茶、菜、鱼等）”等赣南模式生态循环农业建设的成功经验，配套发展有机果蔬、油茶、苗木基地。三是全面实施农村生活垃圾处理工程。加强实施农村生活垃圾集中处理和农户分散式处理，实行生活垃圾集中堆放、生活污水定点排放，逐步完善村镇污水、垃圾处理系统，推广“户分类、村收集、镇处理”的城乡垃圾一体化处理模式。该类工程的重点区域建议为鄱阳、丰城、余干、南昌县和都昌等农村生活污染较为严重的县（市）。四是建立工程长效运行机制。通过政策引导、企业和农民参与，形成以村为基本单位、农户为基本服务对象、物业服务技术员为基本队伍的物业化服务体系，逐步实行生态治理技术、种植养殖技术、设施设备维护维修等内容的有偿服务，发挥工程建设的长期效益，建立工程长效运行机制。②

（八）规范农资市场环境

由于农户流动资金的有限性以及农资经销商便利的服务（如经销商允许农户赊账购置农药化肥等农资；在需要农资的时节，经销商将农资免费送到农户家中或者农户田头），目前鄱阳湖区农户的农资购买渠道很大部分来源于市场上零散的农资经销商。农资经销商在农户化肥农药使用过程中发挥着重要的作用，其农药化肥知识水平的高低对农户合理使用农药化肥至关重要。然而，目前农资经销商的化肥农药知识技术水平不高，对化肥农药的品种和功能了解不够，难以合理指导农户购买和使用化肥农药；同时部分农资经销商在利益的驱使下，向农户推荐的化肥农药使用量往往会高于说明书的

---

① 潘丹、孔凡斌：《鄱阳湖生态经济区畜禽养殖污染与产业发展的关系——基于脱钩和 LMDI 模型的实证分析》，《江西社会科学》2015 年第 6 期。

② 赵辉、郑嘉宁：《实施乡村清洁工程　推进社会主义新农村建设》，《农业环境与发展》2009 年第 2 期。

标准用量。[①] 另外，市场上也存在着一些低质化肥农药。低质化肥农药在市场上流通不仅会令农户蒙受损失，也会使农户形成过量施肥施药的习惯，造成更大的面源污染问题。研究表明，有购买过低质化肥经验的农户往往倾向于向耕地投入更多的化肥，这是因为低质化肥的养分含量低于包装袋上的标明含量，农户需要施用更多的化肥才能获得同样的目标产量。因此，各地政府部门应规范管理农资市场。首先，政府通过审批管理和质量控制等手段来规范化肥市场环境，减少市场上低质化肥的流通，这相当于提高市面流通化肥的肥效，因而在一定程度上可以降低施肥强度。[②] 其次，农资监管部门要加强对农资生产厂商及分销商对农资品质的标准化监督。同一名称的化肥，如尿素、复合肥中各有效成分的含量要标准化。最后，规范农资销售市场的不正当竞争现象，农资销售旺季，在各村各点设置农资投诉点和开通免费农资投诉电话，坚决查处无照经营、一照多点经营、随意流动经营等情况。[③]

（九）强化农业面源污染管理体制

一是建立配套的农业面源污染管理机构，由地方领导小组、专家技术指导组构成。领导小组负责日常工作，协调不同部门之间的沟通和协商。专家技术指导组由领导小组聘请有关专家组成，具体负责：制定农业面源污染调查、评价方法，提出农业面源污染防治技术和综合对策，推广先进实用技术，开展科技研究和攻关，参与项目建设和管理，指导项目申报、可行性论证、实施进度以及项目考核和验收等工作。二是建立定量考核制度和责任追究制度，将农业面源污染的治理成效与当地政府的政绩挂钩，实行城乡一体化的环境管理体系。三是完善排污调控机制。对于化肥、农药的污染按照市场机制采用源头控制，对畜禽养殖污染采用排污权交易、排污许可证制度以

① 孙勇：《基于利益相关者分析的农业面源污染治理研究》，南京农业大学硕士学位论文，2011。

② 张锋：《中国化肥投入的面源污染问题研究》，南京农业大学硕士学位论文，2011。

③ 宁泽逵、宁攸凉、万生新：《小规模农户化肥购买决策特征及农资市场规制——基于传统内陆农区农户的案例分析》，《新疆农垦经济》2011 年第 4 期。

及“锦标赛”制度等末端控制。[①] 四是健全环境监测体系。建立重点区域的化肥、有机肥和农药的检测、监测体系，在面源污染监测结果的基础上，建立基于环境结果的奖惩机制，对超出预定环境污染水平的进行惩罚，小于预定环境污染水平的进行奖励。

（十）积极推进鄱阳湖区国家级生态循环农业先行示范区建设

推进鄱阳湖区农村面源污染控制国家级试点区建设，通过畜禽养殖污染治理与废弃物资源化利用、畜禽生态养殖提升以及种植业化肥农药双控和减量等重大工程，逐步实现江西省农业的生态循环可持续发展，形成江西省现代生态农业发展体系和农业可持续发展长效机制。要建立农村水污染防治的新机制，包括全过程控制机制、技术开发及农技推广机制、投入机制和农村环保自治机制等。大力研究和推广生态农业新模式，强化农技推广服务系统。[②]

参考文献

De Vries F. P. , Nentjes A. , Odam N. . Voluntary Environmental Agreements: Lessons on Effectiveness, Efficiency and Spillover Potential, *International Review of Environmental & Resource Economics*, 2012, 6.

Huang J. , Huang Z. , Jia X. , et al. Long - term Reduction of Nitrogen Fertilizer Use through Knowledge Training in Rice Production in China, *Agricultural Systems*, 2015, 135.

Kling C. L. . Economic Incentives to Improve Water Quality in Agricultural Landscapes: Some New Variations on Old Ideas, *American Journal of Agricultural Economics*, 2010, 93 (2).

Ribaudo M. , Savage J. , Aillery M. . An Economic Assessment of Policy Options to Reduce Agricultural Pollutants in the Chesapeake Bay, *Economic Research Report*, 2014.

Rousseau S. , Proost S. . Comparing Environmental Policy Instruments in the Presence of

① 吴罗发：《鄱阳湖区农业面源污染时空分布研究》，《江西农业学报》2012 年第 9 期。

② 邱秋：《突破农村面源污染防治困境》，《湖北日报》2010 年 12 月 30 日。

Imperfect Compliance - A Case Study, *Environmental & Resource Economics*, 2005, 32 (3) .

Segerson K. , Wu J. J. . Nonpoint Pollution Control: Inducing First - best Outcomes through the Use of Threats, *Journal of Environmental Economics & Management*, 2006, 51 (2) .

Suter J. F. , Vossler C. A. , Poe G. L. . Ambient - based Pollution Mechanisms: A Comparison of Homogeneous and Heterogeneous Groups of Emitters, *Ecological Economics*, 2009, 68 (6).

Taylor M. A. , Randall A. , Sohngen B. . *A Collective Performance - based Contract for Point - nonpoint Source Pollution Trading*, 2003.

Zhang W. , Horan R. D. , Claassen R. . *The Economics of Green Payments for Reducing Agricultural Nonpoint Source Pollution in the Corn Belt*, 2003.

潘丹、孔凡斌、张雅燕:《基于环境要素禀赋的畜禽养殖总量控制研究——以鄱阳湖生态经济区为例》,《中国农学通报》2015 年第 29 期。

潘丹、孔凡斌:《养殖户环境友好型畜禽粪便处理方式选择行为分析——以生猪养殖为例》,《中国农村经济》2015 年第 9 期。

饶静、许翔宇、纪晓婷:《我国农业面源污染现状、发生机制和对策研究》,《农业经济问题》2011 年第 8 期。

万金保、孙蕾、刘峰等:《鄱阳湖区农村面源污染控制中最佳管理措施示范研究》,《水土保持通报》2012 年第 32 期。

朱兆良等:《中国农业面源污染控制对策》,中国环境科学出版社,2006。

✧ 皮书起源 ✧

“皮书”起源于十七、十八世纪的英国，主要指官方或社会组织正式发表的重要文件或报告，多以“白皮书”命名。在中国，“皮书”这一概念被社会广泛接受，并被成功运作、发展成为一种全新的出版形态，则源于中国社会科学院社会科学文献出版社。

✧ 皮书定义 ✧

皮书是对中国与世界发展状况和热点问题进行年度监测，以专业的角度、专家的视野和实证研究方法，针对某一领域或区域现状与发展态势展开分析和预测，具备原创性、实证性、专业性、连续性、前沿性、时效性等特点的公开出版物，由一系列权威研究报告组成。

✧ 皮书作者 ✧

皮书系列的作者以中国社会科学院、著名高校、地方社会科学院的研究人员为主，多为国内一流研究机构的权威专家学者，他们的看法和观点代表了学界对中国与世界的现实和未来最高水平的解读与分析。

✧ 皮书荣誉 ✧

皮书系列已成为社会科学文献出版社的著名图书品牌和中国社会科学院的知名学术品牌。2011 年，皮书系列正式列入“十二五”国家重点出版规划项目；2012~2015 年，重点皮书列入中国社会科学院承担的国家哲学社会科学创新工程项目；2016 年，46 种院外皮书使用“中国社会科学院创新工程学术出版项目”标识。

法律声明

权威报告·热点资讯·特色资源

皮书数据库

ANNUAL REPORT(YEARBOOK) DATABASE

当代中国与世界发展高端智库平台

WWW.PISHU.COM.CN

皮书俱乐部会员服务指南

1. 谁能成为皮书俱乐部成员？

- 皮书作者自动成为俱乐部会员
- 购买了皮书产品（纸质书/电子书）的个人用户

2. 会员可以享受的增值服务

- 免费获赠皮书数据库100元充值卡
- 加入皮书俱乐部，免费获赠该纸质图书的电子书
- 免费定期获赠皮书电子期刊
- 优先参与各类皮书学术活动
- 优先享受皮书产品的最新优惠

3. 如何享受增值服务？

（1）免费获赠100元皮书数据库体验卡

第1步 刮开附赠充值的涂层（右下）；

第2步 登录皮书数据库网站（www.pishu.com.cn），注册账号；

第3步 登录并进入“会员中心”—“在线充值”—“充值卡充值”，充值成功后即可使用。

（2）加入皮书俱乐部，凭数据库体验卡获赠该书的电子书

第1步 登录社会科学文献出版社官网（www.ssap.com.cn），注册账号；

第2步 登录并进入“会员中心”—“皮书俱乐部”，提交加入皮书俱乐部申请；

第3步 审核通过后，再次进入皮书俱乐部，填写页面所需图书、体验卡信息即可自动兑换相应电子书。

4. 声明

解释权归社会科学文献出版社所有

皮书俱乐部会员可享受社会科学文献出版社其他相关免费增值服务，有任何疑问，均可与我们联系。

图书销售热线：010-59367070/7028
图书服务QQ：800045692
图书服务邮箱：duzhe@ssap.cn

数据库服务热线：400-008-6695
数据库服务QQ：2475522410
数据库服务邮箱：database@ssap.cn

欢迎登录社会科学文献出版社官网
（www.ssap.com.cn）
和中国皮书网（www.pishu.cn）
了解更多信息

社会科学文献出版社 SOCIAL SCIENCES ACADEMIC PRESS (CHINA) 皮书系列

卡号：9089478943153180

密码：[illegible]

S 子库介绍
Sub-Database Introduction

中国经济发展数据库

涵盖宏观经济、农业经济、工业经济、产业经济、财政金融、交通旅游、商业贸易、劳动经济、企业经济、房地产经济、城市经济、区域经济等领域，为用户实时了解经济运行态势、把握经济发展规律、洞察经济形势、做出经济决策提供参考和依据。

中国社会发展数据库

全面整合国内外有关中国社会发展的统计数据、深度分析报告、专家解读和热点资讯构建而成的专业学术数据库。涉及宗教、社会、人口、政治、外交、法律、文化、教育、体育、文学艺术、医药卫生、资源环境等多个领域。

中国行业发展数据库

以中国国民经济行业分类为依据，跟踪分析国民经济各行业市场运行状况和政策导向，提供行业发展最前沿的资讯，为用户投资、从业及各种经济决策提供理论基础和实践指导。内容涵盖农业，能源与矿产业，交通运输业，制造业，金融业，房地产业，租赁和商务服务业，科学研究，环境和公共设施管理，居民服务业，教育，卫生和社会保障，文化、体育和娱乐业等 100 余个行业。

中国区域发展数据库

以特定区域内的经济、社会、文化、法治、资源环境等领域的现状与发展情况进行分析和预测。涵盖中部、西部、东北、西北等地区，长三角、珠三角、黄三角、京津冀、环渤海、合肥经济圈、长株潭城市群、关中—天水经济区、海峡经济区等区域经济体和城市圈，北京、上海、浙江、河南、陕西等 34 个省份及中国台湾地区。

中国文化传媒数据库

包括文化事业、文化产业、宗教、群众文化、图书馆事业、博物馆事业、档案事业、语言文字、文学、历史地理、新闻传播、广播电视、出版事业、艺术、电影、娱乐等多个子库。

世界经济与国际政治数据库

以皮书系列中涉及世界经济与国际政治的研究成果为基础，全面整合国内外有关世界经济与国际政治的统计数据、深度分析报告、专家解读和热点资讯构建而成的专业学术数据库。包括世界经济、世界政治、世界文化、国际社会、国际关系、国际组织、区域发展、国别发展等多个子库。